이 책을 함께 만든 독자에디터들의 소감

독자에디터는 본 책의 초안을 검토하고, 편집 아이디어를 제공하고, 오탈자를 확인하는 등 독자의 눈높이에 맞는 책을 만들 수 있도록 많은 도움을 주셨습니다. 바쁜 시간을 쪼개어 참여해주신 독자에디터 10기 여러분께 깊은 감사를 드립니다.

연말이면 내년 트렌드를 짚어내는 책이 정말 많이 출간되고, 나 역시 꼭 체크하는 편이다. 하지만 많은 경우 책의 두께에 넘치던 의욕은 어느새 사라져버리곤 하는데, 정말 오랜만에 '술술 잘 읽힌다'는 말이 딱 맞는 책을 발견한 것 같다. 꼭 주식을 하거나 부동산 투자를 하는 사람을 위한 책이라기보다는 세상을 보는 시야를 틔워주는 책 같다. 물론 재테크 도서답게 괜찮은 종목들에 대한 인사이트 제공은 기본이다. 독서력이 좀 있는 편이라면 초등학생도 읽을 법하다고 감히 이야기할 수 있을 것 같다. – 다능 님

경제를 알기 전에는 '굳이 연어처럼 물살을 거스르며 살 필요는 없다'고 생각했습니다. 하지만 흐름을 읽는 물고기만이 물길 따라 헤엄치며 살 수 있지요. 살아가는 법을 배웁니다. – 다담 님

주식, 아파트, 재건축, 재개발, 상가, 창업, 세금까지⋯ 우리가 투자를 하면서 꼭 알아야 하는 내용을 중요 키워드로 소개하며 읽기 쉽게 쓰인 책. 올해의 정리와 2024년에 대한 투자 방향을 함께 잡을 수 있는 투자 필독서로 강추합니다! – 미로나 님

이제는 연말마다 출간되는 유명 트렌드 서적처럼, 각 투자 분야 네임드들의 전문적인 지식을 바탕으로 재테크 트렌드의 새로운 장을 열게 될 것 같은 『부트 2024 : 부자 되는 트렌드』. 요즘 투자자들의 관심사인 미국 주식, 재건축·재개발 투자, 창업 등 주요 투자 분야에 대해 2023년을 돌아본 후 2024년 전망과 투자 전략까지 아주 잘 정리정돈된 책입니다. – 부대손손 님

올해의 투자 성적표를 받아보니 어떠셨나요? 2023년은 저에겐 참 어려운 해였습니다. 그래서 공부 잘하는 친구들의 필기를 베끼듯 투자를 복기하는 마음으로 '부트'를 읽었습니다. 역시 투자 고수들은 이미 다음 해의 투자 키워드를 정리해 뒀더라구요. 왠지 2024년엔 자신만만하게 시험볼 준비를 한 것 같아 마음이 놓입니다. – 알라코코 님

요즘 경제 상황에 대한 우려가 크다. 그러나 故이건희 회장은 불경기에도 돈은 살아서 숨을 쉬므로 돈의 숨소리에 귀를 기울이라고 했다. 불황에도 돈이 모이는 곳은 따로 있다! 돈이 어디에 있는지, 어디로 향하는지 이 책이 알려줄 것이다. – 주호하마 님

책은 정보보다 늦다는 말이 있지만, 이 책을 보면 2024년을 준비하기에 늦지 않았음을 알 수 있을 것이다. 세상에 재테크 방법은 여러 가지가 있고, 충분히 돈 벌 기회가 있음을 알 수 있다. 딱 지금 읽으면 도움될 책! 2024년 돈 벌 기회를 발견하고 싶다면, 지금 이 책을 읽기를 추천한다. – 책재미 님

과거를 이해하고, 현재를 알아가며, 미래를 대비할 수 있게 해주는 진짜 '부자 트렌드'가 담겨있다. 주목할 만한 주식, 아파트 단지, 투자 지역에 대한 내용은 바로 행동할 수밖에 없게 만든다. 책을 읽고 나니 지금 당장 무엇을 해야 할지 방향이 보인다. – 초혜 님

새로운 한 해를 맞기 전 반드시 읽어야 할 투자자들의 필독서라고 생각합니다. 급변하는 세상 어디쯤에 내가 서 있는지 '감 잡히는' 안내서예요. 흥미롭고 유용한 이 책을 매년 만나고 싶습니다. – 칠봄 님

주식, 부동산, 외식창업, 세금을 고려한 부동산 투자 등 다양한 영역별로 2023년을 돌아보고, 2024년의 키워드를 제시하는 형식으로 되어 있습니다. 재벌집 막내아들처럼 무슨 일이 일어날지 미리 알 수는 없더라도 '금리가, 세금이, 경기가' 이렇게 된다면 '주식은, 재건축은, 부동산 가격은 이렇게 되겠네?'와 같은 흐름을 이해하기 쉬웠어요. 투자는 예상이 아니라 대응의 영역이라고 하는데, 몇 가지 관전 포인트를 통해서 '실제로 그렇게 되어간다면 이렇게 대응하면 되겠다'는 액션플랜을 세우는 데 도움이 될 것 같아요. – 칼과나 님

'부트'는 유행할 트렌드만 이야기하는 기존 책들과 다르다! 한국주식, 미국주식, 아파트, 재건축, 재개발, 외식창업, 세금정책 등 분야별로 구분하여 2023년을 복기하고 기존의 개념을 정리해줌으로써 인과적으로 2024년을 이끌고 갈 수밖에 없는 트렌드를 알려준다. 처음부터 끝까지 모두 머리에 기억해두고 싶은 책이다. – 터틀코은 님

주식, 부동산, 창업 시장의 흐름을 보는 눈이 부족하다면 이 책 한 권으로 따라잡아 보세요. 흘러가는 2023년을 정리 및 분석해 보고, 다가오는 2024년을 대비해 볼 수 있는 책입니다. 2024년 투자 트렌드를 통해 내 시야를 확장할 수 있습니다. – 함다 님

BOOT
2024
부자 되는 트렌드

BOOT 2024
부트2024 : 부자 되는 트렌드

초판1쇄 발행   2023년 11월 15일

지 은 이   효라클, 슬라브, 싱그레, 오래임장,
바니이모, 집이두채, 와이직, 깨깨부

발 행 처   잇 콘
발 행 인   록 산
편   집   홍민지
마 케 팅   프랭크, 예디, 감성 홍피디
경영지원   유정은
디 자 인   김은정
출판등록   2019년 2월 7일 제25100-2019-000022호
주   소   경기도 용인시 기흥구 동백중앙로 191
팩   스   02-6919-1886

ⓒ 김성효 외, 2023

ISBN   979-11-90877-76-3   13320
값   19,000원

◀ 독자설문
더 나은 책을 만들기 위한
독자설문에 참여하시면
추첨을 통해 선물을 드립니다.
(당첨자 발표는 매월 말 개별연락)

◀ 커뮤니티
네이버카페에 방문하시면
출간 정보 확인, 이벤트, 원고투고,
소모임 활동, 전문가 칼럼 등
다양한 체험이 가능합니다.

BOOT 2024
부자 되는 트렌드

효라클·슬라브·싱그레·오래임장·바니이모·집이두채·와이직·깨깨부 공저

#국내주식 #해외주식 #아파트 #단지내상가 #재건축 #재개발 #창업 #세금

잇콘

김지현

(SK경영경제연구소 부사장 · 『IT트렌드 2024』 저자)

트렌드를 읽는 것은 흩어진 키워드의 점들을 서로 연결해서 선을 만들어 해석하고, 이 선들을 모아 면으로 이어 시장의 변화를 전망하는 것이다.

지난 27년간 기술 트렌드를 연구하고 전망하면서 이를 기업에서 사업 전략에 활용하고 서비스에 반영해오는 일을 해왔다. 하지만, 기업의 직원이 아닌 개인으로서 이 트렌드를 어떻게 내 삶에 반영할지는 소홀히 했던 것 같다.

이 책『부트2024 : 부자 되는 트렌드』를 정독하면서 시장의 트렌드를 읽고, 이를 내 경제활동과 재테크에 어떻게 활용할 수 있을지 인사이트를 얻게 되었다. 시장, 산업, 기업은 끊임없이 변화하고 그 과정에서 돈은 흐른다.

그런 돈의 흐름을 읽고 어느 타이밍에, 무슨 산업과 기업에, 얼마나 투자를 할 것인지 정하는 것이 투자이다. 투자의 성과는 결국 트렌드를 잘 읽고 선제적 대응을 하는 데서 결정된다.

여덟 가지 영역(한국 주식, 미국 주식, 아파트, 재건축, 재개발, 단지내상가, 외식업과 창업, 세금과 정책)에서 여덟 명의 저자가 서로 다른 관점으로 시장과 산업, 미래를 전망하고 그 과정에서 돈의 흐름을 전망한 이 책 덕분에 평소 기술 트렌드를 전망하는 나로선 그 기술 혁신으로 돈이 언제, 어디서, 얼마나 흘러갈 것인지 생각해보는 계기를 갖게 되었다.

　투자자들 각자 눈여겨보는 시장, 산업, 기업이 있을 것이다. 이 책으로 머니 트렌드를 어떻게 전망하고 그 과정에 돈의 흐름을 어떻게 읽을 수 있을지 깨닫고 그 지식으로 관심 영역에서 더욱 성공적인 투자를 할 수 있는 지혜를 얻기를 기대한다.

그냥 노력하지 말고
'돈이 될 곳'에서 노력하라

부자가 된 사람들의 공통점은 무엇일까? 이에 대한 분석은 사람마다 다를 것이다. 하지만 대부분 동의하는 것은 열심히 노력했다는 것이다. '열심히 노력했기 때문에 부자가 되었다'라는 것은 우리 사회에서 꽤 넓은 공감대를 형성하고 있는 명제다.

나도 어렸을 때부터 "열심히 공부하면 성공한다"라는 말을 믿었다. 그래서 열심히 공부했고, 남들이 부러워하는 과학고에 진학했고, 명문대에도 합격했다. 하지만 늘 머릿속을 떠나지 않는 의문이 있었다.

'열심히 공부해도 모두가 좋은 학교에 가는 것은 아닌데, 과연 노력이 전부일까? 성공에 더 많은 영향을 끼치는 것은 노력일까, 아니면 유전적 요인일까? 그것도 아니면 집안 환경일까?'

결국 이 질문에 대한 해답을 찾지 못한 채로 대학을 졸업했고, 회사를 다녔다. 이 오랜 의문은 유튜브 채널 「부자탐사대」를 운영하면서 풀렸다. 수많은 부자들을 만나 이야기를 나누면서 나는 비로소 부자가 되는 사람과 못

되는 사람의 차이를 알 수 있었다. 바로 '돈이 되는 곳에서' 열심히 노력했다는 점이다.

그냥 무작정 열심히 노력만 했던 게 아니라, 세상의 트렌드를 정확하게 읽고 돈이 될 만한 곳에 시간과 노력을 쏟아부은 사람들만이 결국 부자가 된다. 무작정 오래 공부만 하는 게 아니라, 출제 경향을 잘 분석해서 시험에 나올 만한 부분을 집중적으로 공부한 학생들이 좋은 성적을 거두는 것처럼 말이다.

투자의 세계도 마찬가지다. 자산은 그대로인데 트렌드에 따라서 가치가 다르게 평가되는 것이 이 세계다. 김포라는 땅은 새로 생겨난 게 아니라 아주 오래전부터 그 자리에 있었지만 서울로 편입될 수 있다는 새로운 가능성 덕분에 높은 가치로 평가받게 됐다. 한국의 방위산업체들은 오래전부터 무기를 만들어왔지만 이스라엘과 팔레스타인 전쟁이 터지면서 가치 평가가 새롭게 이뤄졌다. 탕후루는 중국의 오래된 간식이지만 한국에서 트렌드를 타면서 핫한 아이템으로 급부상했다. 이렇게 똑같은 자산도 트렌드에 따라 가치가 급변하기 때문에 투자에 있어서 트렌드를 파악하는 것은 필수라 하겠다.

하지만 트렌드를 정확하게 파악하고 대비할 수 있는 사람은 많지 않다. 어쩌면 당연하다. 모두가 쉽게 트렌드를 파악할 수 있다면 아무도 돈을 벌지 못할 테니 말이다. 그렇다면 그런 능력이 없는 사람은 평생 가난하게 살아야 할까? 방법은 간단하다.

그런 능력을 가진 사람을 따라가면 된다. 내가 학창시절을 보냈던 대치동 학원가에는 출제 경향을 꼼꼼히 분석하고, 앞으로 시험에 출제될 확률이 가장 높은 내용을 집중적으로 가르치는 수많은 전문가들이 있다. 나는 그저 따라가기만 하면 됐다. 전문가는 괜히 전문가가 아니다.

투자와 돈에 대해서도 트렌드를 귀신 같이 파악하는 고수들이 분명 있다. 그런 고수들이 세상을 바라보는 방법을 보여주고자 각자의 전문 분야를 맡아 의기투합한 것이 바로 네이버 프리미엄 콘텐츠 「투자고수의 비밀노트」다. 그리고 이 책은 그 내용을 바탕으로 좀 더 넓은 시야에서 투자 세상을 분석하고 정리해 보고자 기획한 결과물이다. 국내주식, 해외주식, 아파트 투자, 단지내상가 투자, 재건축 투자, 재개발 투자, 창업, 세금에 이르기까지 돈과 관련된 거의 대부분의 분야에서 남다른 시각으로 트렌드를 분석하고 키워드를 제시한다. 이것을 우리는 '부자 되는 트렌드', 줄여서 『부트』라고 부르기로 했다.

『부트 2024』는 2024년의 투자 전략을 어떻게 짤지 고민하고 있을 독자 여러분들이 새로운 투자를 훌륭하게 시작(boot)할 수 있도록 돕겠다는 뜻도 담고 있다. 필진들의 성향에 맞게 돌려 말하지 않고 콕 짚어 시원시원하게 이야기하지만, 동시에 왜 그런 예측을 하고 있는지에 대해서 분명한 근거를 제시해 줄 것이다. 그러니 독자들은 짚어주는 것만 기억하지 말고 우리가 왜 그런 결론을 도출했는지에 대해 더욱 주목해 주었으면 한다. 그래야 이 책이 여러분의 성장을 도울 부트캠프(boot camp) 역할을 할 테니 말이다.

급변하는 경제 상황에서 어디로 가야 할지 혼란스러울 때 이 책은 든든한 길잡이가 되어줄 것이다. 물론 2024년에는 어떤 돌발변수가 생길지 모르고, 이 책에서 언급한 트렌드가 바뀔 수도 있다. 하지만 그렇다 하더라도 실시간으로 업로드되는 「투자고수의 비밀노트」에서 친절하게 대응 방법을 A/S해 줄 것이니 걱정할 필요는 없다. 이제 여러분이 해야 할 일은 이 책을 통해 '돈이 되는 곳'을 찾는 것, 그리고 그곳에서 열심히 노력하는 것뿐이다.

여덟 집필진을 대표하여

김성효(효라클) 씀

목차

제 1 장

한국 주식 트렌드
by 효라클

제 2 장

미국 주식 트렌드
by 슬라브

제3장
아파트 투자 트렌드
by 싱그레

제4장
재건축 투자 트렌드
by 오래임장

제 5 장

재개발 투자 트렌드
BY 바니이모

제 6 장

단지내상가 투자 트렌드
by 집이두채

제 7 장

외식업·창업 트렌드
by 와이직

제 8 장

세금 및 정책 트렌드

by 깨깨부

제1장

한국 주식 트렌드

by 효라클

주식은 결국 수급 놀음

"2023년 한국의 경제는 어땠을까?"라고 물어본다면 대부분의 사람들이 당연히 좋지 않았다고 대답할 것이다. 2023년 한국의 경제를 힘들게 한 원인은 크게 세 가지로 요약할 수 있다.

첫째, 무역수지 악화다. 오랜 기간 한국이 무역수지 흑자를 낼 수 있었던 것은 뭐니뭐니 해도 중국 덕분이었다. 한국산 상품의 경쟁력에 힘입어 대(對)중국 수출이 호조를 보이며 중국은 한국의 최대 교역국으로 떠올랐다. 하지만 2016년 미국의 사드(THAAD, 고고도미사일방어체계)가 한국에 배치되면서 이에 대한 보복으로 한한령(限韓令, 한류 콘텐츠의 공식 유통 금지 조치)이 내려졌고, 이로 인해 중국과의 교역은 타격을 받기 시작했다.

그 이후 트럼프 전 미국 대통령이 중국과의 무역전쟁을 벌이면서 시작된 무역갈등은 바이든 대통령 때에 이르러서도 봉합되지 않았다. 봉합은 커녕 오히려 주변국들이 미국이냐 중국이냐를 선택해야 하는 분위기가 연출됐다. 이제는 단순히 미국과 중국 두 나라의 싸움이 아니라 동맹국들도 동참하는 국제전 양상이 된 것이다.

이런 상황에서 중국으로의 수출은 크게 줄어들었고 당장 중국을 대체할 만한 시장을 찾지 못한 한국은 무역수지 악화를 막을 수 없었다. 그나마 상반기에는 가까스로 흑자를 기록했지만, 수입액이 수출액보다 더 크게 줄어들어 나타난 '불황형 흑자'라서 실제로는 좋지 않았다.

물론 정치적 요인만 있는 것은 아니다. 중국 내부에서는 부동산 경기가 크게 꺾이며 대형 부동산 개발업체 비구이위안(컨트리가든)이 위기를 맞았다. 중국 당국은 금리를 인하하며 경기를 부양하려고 애썼지만 오히려 디플레이션 우려가 나타나는 등 중국 경제에 짙은 어둠이 드리워지면서 중국의 소비 여력 자체가 크게 줄어들었다.

한국 상품의 경쟁력 자체가 중국에 비해 떨어지게 된 탓도 있다. 10년 전까지만 하더라도 모든 분야에서 큰 격차를 보이던 한국과 중국의 기술력은 이제 일부 품목을 제외하고는 큰 격차가 없게 되었다. 굳이 중국인들이 한국의 제품을 비싼 돈 주고 구매할 이유가 없어진 것이다. 또한 세계적으로 반도체 수요가 떨어지며 반도체 경기가 크게 꺾인 것도 대중국 수출이 줄어든 주요 요인으로 작용했다.

둘째, 세수 감소다. 2023년 상반기 국세 수입은 전년 동기 대비 38조

원 이상 줄어들었다. 여기에는 크게 두 가지 이유가 있다. 기업의 실적 악화로 인한 법인세 수입 감소와 부동산 거래 급감으로 인한 취득세 및 양도소득세 수입 감소다. 2023년 상반기 삼성전자와 SK하이닉스 등 대기업들이 반도체 부문에서 줄줄이 적자를 기록하며 법인세 수입이 급감했다. 또한 2023년에는 부동산 경기 침체로 전체 거래액이 급감하며 취득세 및 양도소득세 등 부동산 관련 세금 수입이 크게 감소했다.

무역수지 적자가 이어지는데다가 세수마저 감소하자 나라 살림은 매우 팍팍해지게 되었다. 그런 와중에도 정부는 감세 정책을 이어갔다. 정부가 7월에 내놓은 '2023년 세법 개정안'에 따르면 향후 2028년까지 정부의 추가적인 세수 감소액은 3조 원에 달한다.

셋째, 물가 상승이다. 2022년부터 이어진 우크라이나 전쟁은 지속적인 물가 상승을 불러왔다. 식량부터 천연자원에 이르기까지 각종 원자재 가격이 들썩였고, 이는 곧 완제품의 가격을 줄줄이 인상시켜 소비자들을 괴롭게 하였다. 여기에 엘니뇨에 의한 폭염과 여름철 태풍은 식량 가격이 오르는 데에 더욱 악영향을 미쳤다. 기업 입장에서도 갑작스러운 원자재 가격 상승을 바로 제품가격에 전가하기는 어렵기 때문에 실적이 악화되는 부담 요소로 작용했다.

미국이 계속해서 금리를 올리면서 상승폭은 점차 줄어들긴 했지만 그래도 여전히 높은 물가 상승이 이어졌다. 미국이 금리를 5.5%까지 올리면서 2001년 이후 가장 높은 금리를 기록한 반면 한국은 계속해서 금리를 동결했다. 물가 통제보다는 금융시장의 불안 관리에 초점을 둔 정책을 편 것이다. 금리를 미국처럼 급격하게 올리면 한국의 높은 가계부채율이 뇌관이 되어 금융위기가 올 수도 있다는 판단 때문이다.

종목에 따라 엇갈린 희비

하지만 "2023년 한국의 주식 시장은 어땠을까?"라고 물어본다면 얘기가 전혀 다르다. 코스피지수는 2,240선에서 시작하여 7월에 2,600선을 돌파했다. 코스닥지수는 680선에서 시작하여 7월에는 950선을 뚫기도 했다. 지수만 놓고 보면 2020년 이후 최고의 호황을 보였다.

2023년의 한국증시는 2022년의 하락장이 무색할 만큼 강한 회복력을 보여줬다. 특히 코스닥지수의 상승률은 세계 1~2위를 다투며 글로벌 증시에서 두각을 나타냈다. 그만큼 한국의 주식 시장은 실제 경기와 동떨어진 채로 움직였다. 이것은 2020년 코로나19로 수많은 사람들이 고통받고 경기가 좋지 않았지만 주식 시장은 불을 뿜었던 때와 비슷하다.

그렇다면 2020년과 2021년처럼 주식에 투자했던 사람들은 과연 돈을 벌었을까? 이것은 사람마다 극명하게 갈렸다. 에코프로로 대표되는 2차전지 관련 주식에 투자했던 사람은 매우 좋았다고 할 것이고, 소외된 주식에 투자했던 사람들은 상대적 박탈감에 시달리면서 최악이었다고 할 것이다.

2023년 한국증시는 수급이 몰린 특정 종목만 상승하는 차별적 장세가 나타났다. 아무리 실적이 좋아도 수급이 몰리지 않으면 상승은 더디기만 했고, 실적이 별로여도 유행을 타면 급등을 이어갔다. 예를 들어 패션회사 F&F는 상반기에 중국 리오프닝 수혜를 받으면서 매출과 영업이익이 동반 성장했지만 주가는 내려가기만 했다. 항공주들은 해외여행객의 급증으로 코로나19 이전 수준보다도 높은 실적을 기록했지만 주가는 내리막길이었다. 하나금융지주는 사상 처음으로 상반기 순이익 2조 원을 넘기는 깜짝 실적을 냈지만 주가는 계속 흘러내렸다.

반면 정밀화학 기업인 금양은 상반기 영업이익 손실을 기록하며 부진한 실적을 기록했지만, 2차전지 관련 사업에 대한 기대감으로 주가는 다섯 배 이상 뛰어오르며 시가총액 10조 원을 돌파하기도 했다. 영상진단 기업 루닛과 의료기기 기업 뷰노는 계속해서 영업이익 적자를 기록했지만 의료AI 열풍이 불면서 주가는 세 배 이상 뛰었다. 로봇기업 레인보우로보틱스는 상반기 누적 영업이익 적자를 기록했지만 로봇주 열풍으로 주가는 연초 대비 네 배 이상 뛰어올랐다. 지수는 상승했지만 그 혜택은 시장에 골고루 퍼지지 않았던 것이다.

이 같은 극단적 쏠림 현상의 배경으로는 단연 공매도가 꼽힌다. 에코프로 등 공매도 비중이 높았던 종목들을 개인투자자들이 단결해 매수하면서 공매도 세력을 패닉에 빠뜨렸다는 것이다. 그 과정에서 나머지 종목들은 수급의 공백이 생길 수밖에 없었다. 에코프로가 계속 오르자 포모

(FOMO, 뒤처짐에 대한 공포)에 **빠진** 개인투자자들이 다른 종목을 팔고 계속 에코프로에 올라타면서 주가는 걷잡을 수 없이 상승했다. 이렇게 공매도 세력과의 한판승부가 벌어지는 동안 쏠림 현상은 더욱 심해질 수밖에 없었다.

주가를 움직이는 건 실적이 아니다

이 같은 현상이 보여주는 것은 명백하다. 주가는 결국 수급이 좌우한다는 것이다. 주식 투자에 있어서 중요한 것은 경제 상황도 아니고 실적도 아니다. '유행을 타는 것'이 중요하다.

이해하기 쉽도록 외식업을 예로 들어보겠다. 예전에는 외식업 성공의 기본 요소가 뛰어난 맛이었다. 그러나 지금은 인스타그램 계정을 얼마나 잘 운영하는가가 성공의 핵심 요소다. 맛이 그렇게 뛰어나지 않아도 인스타그램 운영만 잘한다면 일단 장사는 잘된다. 맛은 평균 정도면 충분하다. 음식점을 찾는 고객이 주로 이용하는 SNS가 인스타그램이기 때문에 거기에 몰려든 사람들을 잘 공략하는 것이 맛보다 훨씬 중요하다.

따라서 이제는 외식업에서 성공하려면 제한된 자원을 맛에 투자하기보다는 SNS 운영에 쏟아부어야 하는 시대다. '음식만 맛있으면 언젠가는 사람들이 알아봐 주겠지' 하는 식의 마인드는 2010년대에나 통했을 뿐이다. 주식도 마찬가지다. '실적이 좋으면 시장이 알아봐주겠지' 하는 생각은 코로나19 시대 이전에나 통하는 논리이다. 이제는 유튜브나 텔레그램을 통해 기업의 활동을 적극적으로 알려야 하는 시대가 됐다.

실제로 에코프로가 2023년에 이렇게 극단적인 상승을 한 배경에는 '배터리 아저씨'로 유명한 박순혁 작가를 언급하지 않을 수 없다. 2차전지주가 끊임없이 상승할 거라는 그의 예측이 하나둘씩 현실이 되면서, 박순혁 작가의 한마디 한마디는 유튜브를 타고 대중들에게 널리 퍼지면서 개인투자자들의 구심점 역할을 했다. 주식 투자 정보를 찾는 사람들 대부분이 유튜브나 텔레그램에 몰려있기 때문에 그 사람들의 관심을 끌면 주가는 오르게 되어 있다.

결국 기업에 대한 홍보 활동이 사람들의 행동을 변화시키면서 수급을 끌어올 수 있게 만드는 것이다. 아무리 증권사가 좋은 실적 전망치를 제시해도 이미 사람들의 관심은 증권사를 떠났기 때문에 소용이 없다. 따라서 유튜브에서 사람들의 관심을 많이 끄는 종목에 투자하는 것이 실적에 따라 투자하는 것보다 훨씬 높은 수익률을 올리는 방법 중 하나가 되었다.

이런 현상을 두고 옳고 그름을 따지기 시작하면 인생은 피곤해진다. '맛있는 가게가 장사가 잘돼야 한다'거나 '실적이 좋은 기업의 주가가 올라야 한다'는 식의 당위성을 고집하는 것은 투자에 아무런 도움이 되지 않는다. 마찬가지로 '맛은 별로인데 인스타 운영만 잘해서 큰돈을 버는 것은 나쁘다'라거나 '실적도 안 좋으면서 유튜브 여론몰이를 잘해서 주가가 올라가는 것은 틀렸다'라는 식의 가치판단을 하는 동안 세상은 이미 바뀌어 있다.

'자동차같이 비싸고, 위험하고, 기름 넣을 데도 별로 없는 기계를 타고 다니는 것보다는 사람이 모는 마차가 최고다'라며 말 산업에 투자한 사람과 '많은 사람들이 자동차에 관심을 가지는 것을 보니 자동차 산업이 성장할 것이다'라며 투자한 사람의 미래는 어떻게 됐을까? 실제로 자동차가 생겨난 후 교통사고로 엄청난 사람들이 사망했고, 배기가스로 인해 엄청난 온실가스가 발생하며 기후변화를 초래하는 원인이 되었지만, 자동차 산업에 투자해서 돈을 번 사람을 비난하는 이는 없다. 오히려 부러워할 뿐이다. 사망자도 적고 친환경적인 말 산업에 투자한 사람은 시장에서 도태되었다.

'실적도 안 좋은 기업이 홍보만 잘해서 주가가 급등하는 것은 옳지 않다'라며 고지식하게 생각하는 사람은 결국 시장에서 도태될 뿐이다. 시장 참여자들의 습성을 관찰하고 트렌드를 빨리 따라가는 사람이 살아남는다. 게다가 어차피 시간이 흐르면 그런 목소리도 점점 줄어들게 되어 있다. 비난하던 사람들은 모두 시장에서 퇴출됐기 때문이다.

그런 의미에서 2023년은 한국 주식 시장에 매우 의미 있는 한 해였다. 트렌드가 수급에 큰 영향을 미친다는 것을 숫자로 분명하게 보여주었기 때문이다. 비록 2023년 트렌드를 따라잡지 못했더라도 요즘 주식 시장이 어떤 원리로 돌아가는지를 깨우쳤다면 충분히 소득을 거두었다고 할 수 있다. 아직도 주식 시장에는 이걸 깨닫지 못한 사람이 대부분이기 때문이다.

시대가 바뀌고 사람들의 행태가 바뀌는 것에 적응하면 투자하기 편하다. 물론 언젠가는 다시 유행이 돌고 돌아 실적에 따라서 주가가 움직이는 때가 올지 모른다. 그러면 그때 다시 거기에 맞춰서 투자하면 그만이다.

우주

: 반짝반짝 작은 별

여러분은 밤하늘의 반짝이는 별을 본지 얼마나 됐는가? 도시 사람에게 밤하늘의 별은 일종의 로망이자, 답답한 도시 생활을 벗어나 한적한 곳에 나가서 누리는 여유의 상징이 된 지 오래다. 도시에서는 밝은 불빛 때문에 별이 보이지 않다 보니 불빛이 없는 곳에 나가야지만 별을 볼 수 있기 때문이다.

하지만 2024년부터는 밤하늘에 반짝이는 별이 점점 많아질 것이다. 어쩌면 도시에서도 보일 만큼. 요즘 어린이들은 도시에서도 반짝이는 별들을 보며 지낼 수 있을지 모른다. 지금 우리의 밤하늘 풍경을 완전히 바꿔놓을 변화가 여기저기서 일어나고 있다. 물론 그것들이 진짜 천체는 아니다. 지구에 아주 가깝게 떠있는 '저궤도위성'들이다. 말 그대로 저궤도이기 때문에 인간이 육안으로도 충분히 볼 수 있는 수준이다.

지금 지구 곳곳에서는 저궤도위성을 하나라도 더 빨리 쏘아 올리기 위한 경쟁이 벌어지고 있다. 대표주자는 역시 일론 머스크가 이끄는 미국의 우주기업 스페이스엑스이다. 사람들은 보통 일론 머스크를 전기차 제조사인 테슬라의 수장으로만 생각할 뿐 그의 또 다른 기업인 스페이스엑스에 대해서는 잘 알지 못한다. 혹은 알고 있다 해도 슈퍼리치의 호기심에 근거한 취미활동 정도로 여기는 경우를 많이 보았다. 테슬라로 버는 돈이 워낙 많으니까 그 돈을 가지고 평소에 관심이 많던 우주 탐사를 하고, 인류의 화성 이주라는 어처구니없는 꿈에 돈을 펑펑 써대는 줄 안다.

하지만 그게 아니다. 스페이스엑스는 철저하게 미래의 통신산업에 진출해서 이익을 창출하려 하고 있다. 스페이스엑스는 2021년 10월, 위성과 위성을 연결하여 무선으로 인터넷을 사용할 수 있도록 하는 스타링크 서비스를 시작했다. 이를 위해 현재 3,500개 이상의 저궤도위성을 쏘아 올렸고 전 세계 가입자는 150만 명을 넘어섰다.

그 뒤를 쫓고 있는 것은 영국의 원웹이다. 원웹은 2019년 2월 첫 번째 위성 발사를 시작으로 꾸준히 위성을 쏘아 올려서 현재 600개 이상의 위성을 보유하고 있고, 2023년 전 세계를 대상으로 서비스를 시작했다.

미국에서 스페이스엑스와 대적할 만한 기업으로 꼽히는 곳은 아마존이다. 일론 머스크와 우주개발 경쟁을 벌이고 있는 제프 베이조스는 마찬가지로 저궤도위성 3,000여 개를 쏘아올리겠다는 카이퍼 프로젝트를 통해서 우주 시장에 진출했다. 2023년 2월에 미국 연방통신위원회로부터 위성 인터넷 사업 허가를 받고 본격적으로 위성 제작에 들어갔고, 2024년 말 상용서비스를 개시한다는 목표를 가지고 있다.

하지만 이 모든 걸 양으로 압도하는 곳이 있다. 바로 중국이다. 국제전기통신연합(ITU)에 따르면 중국은 현재 최소 8,000여 개의 저궤도위성을 쏘아 올렸다.

그렇다면 한국은 어떨까? 2023년 5월 한국은 누리호 3차 발사에 성공하면서 본격적으로 저궤도위성을 쏠 수 있는 국가의 반열에 올랐다. 물론 미국이나 중국처럼 몇천 개씩 위성을 쏘아 올린 것은 아니지만, 그래도 자체기술로 위성을 쏘아 올릴 수 있는 나라는 몇 개 없다는 점에서 의의가 크다.

5G서비스 커버리지맵(2023년 상반기 기준)

(출처 : 정보통신과학기술부 보도자료)

저궤도위성이 가져올 통신산업의 변화

그렇다면 도대체 왜 이렇게 다들 저궤도위성을 많이 쏘지 못해서 안달인 걸까? 그것은 위성통신과 관련이 깊다. 저궤도위성은 말 그대로 낮은 궤도를 돌기 때문에 무선통신을 위한 기지국 역할을 할 수가 있는 것이다.

그러면 또 궁금할 수 있다. 아니 지금도 땅에 박혀 있는 기지국을 통해서 통신을 잘하고 있는데 왜 굳이 위성까지 쏘아 올리면서 통신을 하려는 걸까? 단순히 생각해봐도 지상에 기지국을 추가로 건설하는 것이 위성을 쏘는 것보다 비용이 훨씬 저렴할 테고, 지구에 남는 땅이 없는 것도 아닌데 말이다.

여러분은 5G(5세대 이동통신)가 가능한 스마트폰을 쓰고 있는가? 그렇다면 대부분 5G 요금제를 쓰고 있을 것이다. 하지만 실제로도 끊김 없이 5G 서비스를 잘 쓰고 있느냐는 별개의 문제이다. 출시된 지 4년이 넘었지만 왼쪽 그림을 보면 아직도 한국에는 5G를 제대로 쓸 수 없는 곳이 많다. 출시되자마자 빠르게 커버리지(coverage, 통신 가능 구역)를 넓혔던 LTE서비스와는 천지 차이다.

물론 서울과 수도권, 주요 광역시 근처에서는 5G가 잘 터지지만 강원 산간지역이나 인구가 적은 곳은 아예 5G 통신 자체가 불가능하다. 조금 기다리면 되지 않겠냐고? 다음 기사를 보도록 하자.

SKT도 5G 28㎓ 주파수 반납…이통 3사 모두 손뗀다

(노컷뉴스 2023.5.12.) SK텔레콤이 기지국 구축 미비를 이유로 할당받은 5G 28 ㎓ 주파수를 반납했다. 앞서 KT와 LG유플러스에 이어 SK텔레콤까지 할당이 취소되면서 이동통신 3사 모두 결국 5G 28㎓ 대역에서 손을 떼게 됐다.

과학기술정보통신부는 SK텔레콤의 5G 28㎓ 주파수 할당 조건 이행 상황을 점검한 결과, 할당 취소 처분을 사전 통지했다고 12일 밝혔다. 과기정통부는 2018년 통신 3사에 5G 주파수를 할당하면서 각 회사마다 1만5,000대의 28㎓ 기지국 구축 의무화를 조건으로 내걸었다. 앞서 과기정통부는 부과된 기지국 설치 조건을 이행하지 않은 책임을 물어 지난해 KT와 LG유플러스에 주파수 할당을 취소했다. (후략)

한국 통신 시장의 과점 체제를 유지하고 있는 SKT, KT, LG유플러스의 3대 통신사 모두 5G 통신서비스 제공을 위해서 할당받았던 28GHz 주파수를 포기하고 반납했다는 뉴스다. 기껏 힘들게 받아놓고 왜 이제 와서 포기하는 것일까?

핵심은 기지국 설치비용에 있다. 초고주파인 28GHz 대역은 LTE보다 20배 빠른 속도를 내며 진정한 5G라 불릴 만한 서비스를 제공할 수 있다. 하지만 이를 위해서는 지금보다 훨씬 더 많은 기지국이 필요하다. 주파수가 높아질수록 전파의 직진성이 강해져서 기지국을 촘촘히 깔아야만 하기 때문이다. 결국 통신사들은 속도가 조금 덜 나오더라도 기지국을 덜 깔아도 되는 3.5GHz 대역에서만 5G 통신서비스를 제공하기로 한 것이다.

국토가 좁은 한국도 이 모양인데, 광활한 영토를 가진 미국이나 중국은 어떨까? 말하지 않아도 알 수 있을 것이다. 그렇기 때문에 미국과 중국이 차세대 통신서비스를 선점하기 위해서 그렇게 저궤도위성을 쏘아 대고 있는 것이다.

우주에 촘촘하게 저궤도위성을 깔아놓으면 5G를 넘어 6G 통신도 구현이 가능해진다. 6G의 속도를 구현하려면 기가헤르츠(GHz)의 1,000배에 달하는 테라헤르츠(THz) 대역의 주파수를 써야 한다는 것이 중론이다. 지상 기지국으로는 도저히 답이 안 나오는 상황이다. 결국 유일한 해결책은 우주로 기지국을 내보내는 것이다.

6G 통신서비스를 위해서 더 많은 저궤도위성을 쏘아 올릴수록 밤하늘에 반짝이는 천체들은 많아질 것이다. 어쩌면 앞으로는 이러한 저궤도위성들 때문에 지상에서 진짜 별들을 관측하는 것이 불가능해질지도 모른다. 그래서 나사(NASA)와 유럽우주국(ESA) 등이 합동으로 제임스 웹 우주망원경을 쏘아 올린 것이다.

우주전쟁은 이미 시작됐다

여기까지 읽으면서 짐작한 사람도 있겠지만, 지구 면적에 한계가 있듯이 저궤도위성이 돌 수 있는 우주의 자리도 한정되어 있다. 어느 순간 가능한 위성궤도가 꽉 차면 더 쏘아 올리고 싶어도 불가능한 지경에 이를 것이다.

하지만 영토의 경계가 분명하게 그어진 지구 표면과 달리 우주에는 국경이라는 것이 없다. 그냥 빨리 많이 쏘는 게 임자다. 그렇기 때문에 강대국들이 그렇게 열을 올리면서 경쟁적으로 저궤도위성을 수천 개씩 서둘러 쏘아 올리고 있는 것이다. 후발주자 입장에서는 애가 탈 노릇이다. 그 옛날 식민지 싸움이 우주에서 곧 벌어질지도 모를 일이다.

이 같은 각국의 저궤도위성 개발 경쟁은 곧 관련 산업의 수혜로 이어

제임스 웹 우주망원경

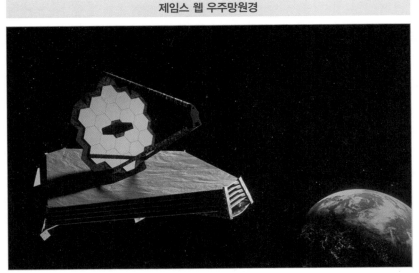

(출처 : pixabay)

질 것이다. 지금까지 우주 산업이 주목받지 못했던 가장 큰 이유는 '돈이 안 돼서'였다. 얼마 전까지만 해도 우주 개발은 정부 주도로 이루어지는 사업이었고, 민간업체는 정부의 발주를 받아 먹고사는 구조였다. 그도 그럴 것이 우주 산업에는 천문학적인 돈이 들어가지만 최종 소비자가 돈을 내고 쓰는 구조가 아니기 때문에 정부 주도로 국가 예산을 집행해서 할 수밖에 없었다.

하지만 이제는 '뉴 스페이스' 시대, 즉 스페이스엑스와 같은 민간사업자들이 자체적으로 위성을 쏘아 올리는 시대가 되었다. 한국도 한화에어로스페이스를 비롯해 여러 민간기업들이 정부로부터 기술을 이전받아서 누리호 조립을 주도하는 등 점차 중심축이 민간업체로 옮겨가고 있다. 그 말은 이제 우주 산업이 돈이 되기 시작했다는 뜻이다.

저궤도위성망을 깔아놓고 통신사에게 임대하거나 직접 통신 사업을 하면 바로 매출로 이어진다. 그것이 바로 스페이스엑스가 하고 있는 '스타링크' 사업이다. 2022년 러시아의 침공으로 우크라이나의 통신기지국들이 파괴되자 스타링크는 재빠르게 우크라이나에 단말기를 무상지원하면서 위성통신의 유용함을 전세계에 알렸다.

우크라이나 국민들은 스타링크 덕분에 국토가 파괴되어도 무사히 인터넷을 이용할 수 있었다. 스타링크는 2023년 한국에도 진출할 계획이다. 조만간 땅 위의 기지국을 이용한 통신의 시대는 저물고 위성통신의 시대가 활짝 열릴 전망이다.

이처럼 사업의 패러다임이 통째로 바뀌는 순간에는 항상 큰 투자의 기회가 있다. 피처폰이 스마트폰으로 바뀌고, 내연기관 자동차가 전기차로 바뀌고, 사람이 하는 일을 AI가 하는 것으로 바뀌는 것과 같은 거대한 변화의 물결 속에서 현명하게 대처하는 사람이 큰 수익을 얻게 된다.

주식 투자가 좋은 점은 내가 굳이 직접 그것과 관련된 사업을 하지 않아도 돈을 벌 수 있다는 것이다. 직접 전기차를 만들거나 팔지 않아도, AI와 관련된 일을 하지 않아도 그걸 하는 기업에 투자하기만 하면 가만히 앉아서 과실을 따 먹을 수 있다는 것이 바로 주식 투자의 매력이다. 혹시라도 잘못 투자했다면 즉시 매도해서 투자금을 회수하면 그만이다. 하지만 내가 직접 관련 사업을 하는 경우에는 잘못됐다는 걸 깨달아도 이미 돌아가기에는 너무나 먼 길을 온 경우가 허다하다.

우주 산업은 이제 겨우 정부 주도에서 민간 주도로 바뀌었기 때문에 아직은 큰 수익을 내기 전이다. 지금은 각국의 기업들이 위성 제작과 발사에 자금을 선투자하는 상황이고, 본격적인 수익이 발생하는 것은 2024년 하반기부터 가능할 전망이다.

이는 2차전지 산업 초기와 유사하다. 당장 전기차가 많이 팔리지 않아서 큰 수익은 나지 않지만 일단 2차전지를 만들기 위해서는 공장을 짓는 게 우선이기 때문에 초기에 자금을 선투자했던 것과 비슷한 상황이다.

패러다임 전환기의 투자

패러다임 전환 시기에 그와 관련된 주식에 투자할 때 편한 점은 과거 실적을 크게 신경 쓰지 않아도 된다는 점이다. 물론 과거에 우주 관련 수주 실적이 많다면 더 좋지만, 별로 없다고 해도 앞으로 많이 받으면 되기 때문에 그 사업을 제대로 영위하고 있으면 그만이다.

또 우주 산업이 좋은 점은 상장사가 많지 않다는 점이다. 반도체나 2차전지의 경우에는 관련 종목 수가 100여 개에 달하기 때문에 어떤 종목에 투자할지 초반에 결정하기 어려울 수 있다. 하지만 우주 산업은 기껏해야 열 개 내외이기 때문에 자금이 몰렸을 때 더 큰 상승폭을 기대할 수 있다. 한국에도 다양한 우주 관련 기업들이 있기 때문에 향후 어떤 프로젝트를 수주하느냐에 따라서 주가가 결정될 것이다.

분명한 것은 그동안 정부의 수주 위주로 연명하던 우주 산업이 이제는 최종 소비자에게 돈을 받는 민간 주도 산업으로 변화하는 시작점에 있다는 것이다. 지금 이 시각에도 전 세계의 수많은 기업들이 치열한 경쟁을 벌이는 중이다. 우주를 지배하는 자가 미래의 통신 산업을 지배할 것이고, 그것은 곧 한 나라의 인프라 전체를 좌지우지하는 것이기 때문이다.

저궤도위성이 하나도 없는 국가가 미국 스페이스엑스의 스타링크에 전적으로 의존하게 된다면 그 국가의 통신 인프라는 미국에 의해서 결정될 수밖에 없다. 그 경쟁 한가운데에서 한국도 열심히 노력하는 중이고,

하나 둘씩 성과가 나오고 있다. 그 과정에서 한국의 우주 기업들도 자연스럽게 성장하게 될 것이다.

주목할 만한
위성 관련주

AP위성

AP위성은 일단 기업 이름부터 '위성'이 들어가 있다. 그만큼 전체 매출에서 위성이 차지하는 비중이 높다. 위성통신 단말기 비중이 45%, 인공위성 부품 개발 비중이 55%다. 한 마디로 순수하게 위성과 관련한 매출이 전부인 회사다.

패러다임 전환이 일어날 때에는 관련 산업 매출의 비중이 중요하다. 우주 산업을 하긴 하는데 방산 관련 매출이 더 많다거나 온갖 잡다한 사업에 손을 대고 있다면 그 수혜를 제대로 누리기가 힘들다. 이왕 투자할 거라면 우주 산업의 수혜를 온전히 받을 수 있는 기업이 더 효율적이다. 물론 이런 경우 산업이 타격을 받으면 가장 많이 떨어지기도 한다. 코로나19가 창궐했을 때 항공주가 떨어진 걸 생각하면 된다. 하지만 이렇게 산업 전체가 패러다임 시프트(paradigm shift)를 겪고 있는 상황에서는 그런 걱정을 하지 않아도 된다.

그다음으로 중요한 건 실제 우주 사업과의 연관성이다. 아무리 우주 산업이 발전한다 해도 실제 연관성이 없다면 전혀 매출로 돌아오지 않을 것이다. AP위성은 누리호 2차 발사 당시 성능검증위성을 제작한 바 있고, 2022년 12월 한국항공우주연구원과 한국형 위성항법시스템(KPS) 1호기 위성에 탑재되는 컴퓨터의 설계 및 제작을 위한 계약을 체결하기도 했다. KPS 사업은 국내 우주 개발 사업 중 역대 최대 규모다. 이처럼 사실상 위성 관련 기술력은 독보적인 수준의 기업이기 때문에 향후 프로젝트의 추가적인 수주도 기대해볼 수 있다.

쎄트렉아이

현재 한국의 우주 산업을 이끌고 있는 민간 기업은 한화에어로스페이스다. 한화에어로스페이스는 2023년 누리호 3차 발사에서 누리호의 제작 총괄 관리, 발사 운용 등전 과정에 참여했다. 또 누리호에 사용된 엔진 조립까지 담당하면서 명실공히 한국의 대표적인 우주 기업으로 떠올랐다. 누리호 4차 발사부터는 참여 범위를 더욱 확대해서 총사령관 역할을 맡은 전망이다.

이런 한화에어로스페이스가 인수한 기업이 바로 쎄트렉아이다. 쎄트렉아이는 인공위성 전문 업체로 상용 지구관측위성 스페이스아이-T를 개발하고 있다. 쎄트렉아이도 매출의 거의 100%가 위성 관련 사업에서 나오기 때문에 우주 산업 발전의 수혜를 고스란히 누릴 수 있는 종목이다. 거기다가 한화에어로스페이스의 자회사이기 때문에 일감 걱정도 전혀 할 필요가 없다.

중국보다 미국
: 수출 시장이 바뀐다

2023년 한국 경제에는 중요한 변화가 나타났다. 바로 수출국의 비중 변화다. 중국으로의 수출이 대폭 줄어들면서 무역적자가 계속되는 가운데 미국으로의 수출은 호조를 보였다.

그동안 한국은 모든 국가로의 수출이 비슷한 추이를 보여왔다. 중국으로의 수출이 줄면 미국으로의 수출도 함께 줄었고, 늘면 함께 느는 식이었다. 하지만 2022년 중순부터 조금씩 변화가 나타나기 시작하더니 2023년에는 국가별 차이가 심해졌다. 중국과 아세안 지역으로의 수출이 확연하게 줄어든 반면 미국과 유럽으로의 수출은 늘어나는 모습을 보였다.

이러한 현상은 당연히 수출지역 비중의 큰 변화를 가져왔다. 그동안 불변의 1위이던 대(對)중국 수출의 비중은 크게 줄고 대(對)미국 수출 비중이 크게 오르면서 한국 경제가 구조적인 변화를 맞게 되었다.

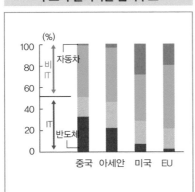

주요 수출지역별 품목구조

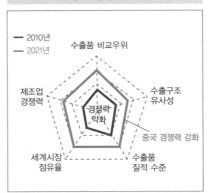

한중간 경쟁력 격차

(출처 : 관세청 자료 / 2022년 기준)

이렇게 수십 년간 지속된 지역별 수출 구조가 바뀐 이유는 지역별 수출품목의 비중 때문이다. 중국이나 아세안 지역을 향한 수출품목은 IT 관련 제품의 비중이 높았던 반면 미국과 유럽을 향한 수출품목은 자동차의 비중이 높았다. 2023년 반도체 경기의 부진으로 IT 제품의 수출단가가 떨어지자 한국의 IT 수출액은 크게 꺾이면서 중국이나 아세안 지역으로의 수출액이 급감했다. 반면 자동차 수출의 호조로 미국과 유럽으로의 수출액은 늘어났다고 해석할 수 있다.

중국으로의 수출액 급감에는 한국과 중국의 기술격차 축소도 한몫했다. 한국은행의 자료에 따르면 지난 10년간 한국과 중국 간의 경쟁력 격차는 빠르게 축소되었다. 다시 말해, 이제는 굳이 중국 사람들이 굳이 한국의 제품을 살 필요성이 줄어들었다는 것이다.

대체시장이 될 미국과 유럽

이러한 상황에서 미국과 유럽은 중국 시장을 대체하는 역할을 해주었다. 그렇다면 미국과 유럽에서 수출 증가를 이끌었던 품목은 자동차 말고 어떤 것들이 있을까? 아래 자료를 보도록 하자. 미국과 유럽으로의 자동차 수출이 2022년 대비 35% 이상 크게 증가한 것이 눈에 띈다. 또한 화공품과 일반기계의 수출도 호조를 보이면서 중국향 수출액 급감을 어느 정도 메워주었다.

다만 기존 중국으로의 수출이 워낙 큰 비중을 차지했었기 때문에 총수출액은 지속적으로 감소할 수밖에 없었다. 중국과의 경쟁력 격차가 크게 줄어든 상황에서 어차피 중국으로의 수출액이 계속 줄어들 수밖에 없다고 가정하면 이렇게 중국 이외의 지역으로 수출 다변화를 할 수 있다는 것은 그나마 불행 중 다행이다.

한국의 대(對)미국 · EU 주요 수출 품목

퍼센트	대미국	대EU
비IT	11.0	13.8
- 화공품	11.7	15.2
- 자동차	37.7	35.6
- 일반기계	5.3	10.7
- 철강금속	-18.3	-3.0
- 석유제품	-9.3	36.5
- 선박	-9.8	-26.8

(출처 : 한국은행 BOK 이슈노트 No.2023-23)

여기서 중요한 것은 과연 2024년에도 이러한 기조가 이어질 것이냐는 점이다. 먼저 살펴봐야 할 것은 중국으로의 수출액이 회복될 가능성이다. 이는 중국과의 경쟁력 격차가 다시 벌어지지 않는 한 쉽지 않다. 이미 중국으로의 수출액 감소는 하나의 거대한 트렌드가 되었으므로 2024년에 특별한 정치적 이슈가 생기지 않는 이상 되돌아가기는 어려운 상황이다. 그렇다면 2024년에는 중국을 대체할 시장인 미국이나 유럽 시장에서 영향력을 발휘하고 있는 기업에 집중해야 한다는 결론이 나온다.

지난 2013년에서 2014년에는 중국이 새로운 시장으로 급부상하면서 중국 시장에서 빛을 발하는 한국 기업들의 주가가 크게 상승했었다. 대표적인 것이 아모레퍼시픽이다. 한류 열풍을 타고 중국에서 한국 화장품의 인기가 치솟으며 아모레퍼시픽의 실적과 주가는 급등했다. 하지만 사드

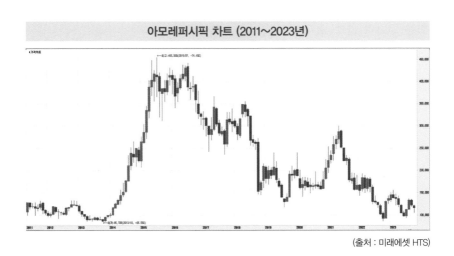

아모레퍼시픽 차트 (2011~2023년)

(출처 : 미래에셋 HTS)

배치 이후 계속된 한한령과 코로나19 팬데믹을 거치면서 아모레퍼시픽의 주가는 곤두박질쳤고 아직도 회복하지 못하고 있다.

그로부터 10년이 지난 지금 한국 수출의 새로운 키워드는 미국이 되었다. 이제는 미국 시장에서 두각을 나타나는 한국 기업에 관심을 기울여야 할 때다.

건설장비주에 주목하는 이유

그렇다면 미국 시장의 어떤 분야를 집중해서 봐야 할까? 자동차 수출액이 가장 가파르게 증가하고 있는 것은 맞지만 관련된 종목이 너무 많다. 그리고 미국 내에서 자동차 업체를 보호하려는 움직임이 강하게 나타나고 있다.

반면 건설기계 분야는 다르다. 상장된 종목도 몇 개 없고 미국의 인프라 투자 확대 기조와 맞물려 정책적인 수혜도 예상된다. 또한 2024년에는 우크라이나 재건에 대한 기대감도 무시할 수 없다. 우크라이나 재건 사업은 세계2차대전 이후 최대인 1조 달러 이상의 규모가 될 것으로 예상된다. 어떤 업체가 재건 사업에 뛰어들든지 건설기계의 수요는 대폭 증가할 것이 확실하므로 긍정적 요소로 작용할 것이다.

2022년 한국을 달구었던 사우디 네옴시티라는 테마는 실제 프로젝트의 실현 가능성에 많은 사람들이 의구심을 품었지만, 우크라이나 재건은 러시아와의 전쟁으로 폐허가 된 국토가 명백히 있는 상황에서 훨씬 현실적인 사업이다. 한국전쟁 당시 한국의 재건 사업으로 주변국의 많은 기업들이 수혜를 입었던 것처럼 우크라이나 재건 사업 또한 많은 기업들에게 수혜가 될 수 있으므로 해당 이슈를 꾸준히 추적하는 것이 중요하겠다.

주목할 만한
미국 건설산업 관련주

두산밥캣

두산그룹 계열사인 두산밥캣은 북미지역에서 상당한 점유율을 가지고 있다. 흔히 미국의 3대 건설장비업체라고 하면 두산밥캣, 존디어, 캐터필러를 꼽을 정도다. 이들 3개 업체는 모두 2023년 2분기에 어닝 서프라이즈를 달성하며 북미 건설시장이 얼마나 호황인지를 보여줬다. 그중에서도 두산밥캣은 전년 동기 대비 매출 20%, 영업이익 51%가 증가했다. 존디어는 매출 30%, 영업이익 46%가 증가했으며 캐터필러는 매출 22%, 영업이익 89% 상승을 기록했다. 이 같은 무서운 성장세는 이제 미국이 중국을 대체할 정도로 핫한 시장임을 보여주었다.

HD현대인프라코어 · HD현대건설기계

굴착기를 만드는 HD현대인프라코어의 예전 사명은 두산인프라코어다. 두산그룹이 유동성 위기에 빠지며 그룹 내 대표기업이었던 두산인프라코어를 내놓았고 이를 HD현대그룹이 인수해간 것이다. 두산인프라코어 시절의 최대 시장은 역시 중국이었다. 중국의 드넓은 영토 곳곳에서 건설 사업이 활기를 띠면서 굴착기는 한때 날개 돋친

듯 팔려나갔다. 하지만 두산그룹은 밥캣을 인수한 후인 2008년 세계 금융위기가 터지면서 큰 타격을 입었고, 2015년 이후 중국의 경기가 하강곡선을 그리면서 고난의 세월을 보내게 된다. 그리고 모회사 두산중공업이 경영난에 빠지며 결국 매물로 나오게 되었다.

HD현대그룹은 두산인프라코어의 경쟁사였던 HD현대건설기계를 가지고 있었는데 자신보다 훨씬 높은 점유율을 가지고 있던 두산인프라코어를 인수하면서 국내 시장에서 독점적 지위를 누리게 되었다. 현재 두 회사는 2025년까지 플랫폼 통합을 목표로 하고 있다. 이렇게 되면 마치 현대기아차와 같은 구조를 가지게 된다.

HD현대그룹의 두 건설기계 계열사는 중국 시장 부진을 북미와 유럽 시장 공략으로 톡톡히 만회했다. HD현대인프라코어는 2023년 2분기에 전년 동기 대비 매출 11%, 영업이익 87%가 증가했다. 이 같은 성장을 이끈 것은 단연 북미 시장으로, 북미와 유럽 시장 매출이 전년 동기 대비 41% 증가한 것을 보면 알 수 있다. HD현대건설기계도 2분기에 전년 대비 매출 18%, 영업이익이 163% 늘었는데 그중에서 북미 매출이 분기 최대 실적을 경신하며 뚜렷한 경향성을 보였다. 아직 미국의 인프라 투자가 마무리되려면 멀었다는 점을 상기해 볼 때 여전히 2024년의 성장성도 기대된다.

진성티이씨 · 디와이파워

HD현대인프라코어와 HD현대건설기계는 둘 다 시가총액이 1조 원이 넘는 중형주인데, 시가총액이 큰 기업에 투자하는 걸 꺼리는 투자자들에게는 진성티이씨나 디와이파워 같은 부품주가 제격이다. 굴착기가 많이 팔리면 부품사도 당연히 수혜를 보게 된다. 시가총액 5,000억 원 미만의 소형주 투자를 즐기는 투자자라면 굴착기 부품을 납품하는 회사에 주목해볼 만하다.

진성티이씨는 굴착기 하부의 바퀴를 감싸고 있는 롤러류 제품을 주로 생산하는 업체다. 단일 제품류의 매출 비중이 거의 100%에 이를 만큼 순도가 높다. 미국의 캐터필러, 일본의 히타치, 한국의 HD현대인프라코어 등이 주요 고객이다. 한 마디로 중국뿐만 아니라 글로벌한 인프라 투자의 수혜를 받을 수 있는 종목이다.

디와이파워는 유압실린더와 같은 유공압기기를 납품하는 회사다. 주요 고객은 HD현대인프라코어, HD현대건설기계, 캐터필러, 히타치 등이다. 역시 글로벌한 인프라 투자의 수혜를 받을 수 있는 기업이다. 주식 시장에서 이 둘은 사실상 쌍둥이 취급을 받곤 한다.

타이어

: 전기차는 신발을 자주 갈아신는다

2023년 1분기에 불었던 2차전지주 열풍은 누구나 알 것이다. 에코프로를 필두로 2차전지와 관련 있다는 종목들이 세 배, 네 배 오르는 일이 많이 있었다. 2차전지 관련주의 상승을 강하게 주장하며 '배터리 아저씨'로 불렸던 박순혁 전 금양 이사가 영웅으로 떠올랐고 온갖 주식 유튜브 채널에서는 2차전지주가 없으면 바보로 취급받았다.

실제로 에코프로로 크게 돈을 벌어 회사를 그만두는 사람도 생겨났고, 2차전지주가 없는 사람들은 포모(FOMO)에 시달려야 했다. '그때 에코프로를 살걸', '에코프로를 팔지 말고 놔둘걸' 하면서 후회하는 이른바 '껄무새'들도 흔하게 볼 수 있었다.

에코프로 2023년 1월~7월 차트를 보면 6개월만에 무려 15배가 상승했음을 볼 수 있다.

생각해보면 논리는 매우 간단했다. 전기차의 수요가 폭발적으로 늘어나게 될 것은 자명한데 그러기 위해서는 배터리가 그만큼 많이 만들어져야 한다는 것이다. 전기차 생산원가에서 가장 많은 비중을 차지하는 것이 배터리이다 보니 배터리와 관련된 기업이 가장 돈을 많이 벌게 될 것이라는 논리이다. 마침 한국에는 LG에너지솔루션, SK온, 삼성SDI 같은 세계적인 배터리 회사들이 있으니 그들의 밸류체인에 속해 있는 양극재 및 소재 기업들은 덩달아서 큰 수혜를 보게 될 것이라는 이야기였다. 이후 정말로 배터리 소재 기업들의 대규모 수주공시가 이어졌고 실제 실적에 반영되었다.

이렇게 어떤 산업이 발전하는 것이 확실하고 그 수혜를 입을 기업도

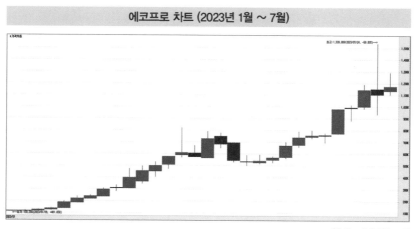

에코프로 차트 (2023년 1월 ~ 7월)

(출처 : 미래에셋 HTS)

선명할 때에는 상승이 나오기 싫어도 나올 수밖에 없는 구조가 된다. 그쪽에 투자하는 것이 가장 확실한 수익을 보장해줄 수 있는 쉬운 길이기 때문이다. 아무도 모르고 나만 아는 길을 힘들게 가는 것보다는 누구나 아는 쉬운 길로 가는 게 더 빠르다는 것은 상식에 속한다.

2차전지주는 왜 멈췄을까

문제는 누구나 아는 상승은 오래가지 못한다는 것이다. 상승 초입에서는 상승한다는 것에 모두가 동의하기 때문에 팔려는 사람이 극히 적다. 따라서 주가도 거침없이 시원시원하게 오른다. 하지만 어느 정도 상승이 이루어지고 나면 공매도가 판을 치기 시작한다. 계속해서 전망을 믿고 버티는 사람들과 "이제 고마 됐다! 마이 무따 아이가!" 하면서 공매도를 하는 세력이 첨예하게 대립하게 된다. 지속적인 상승을 믿는 사람들은 차액결제거래(CFD)나 신용거래를 사용하면서 레버리지를 높이게 되고, 반대로 공매도 세력은 끊임없이 주식을 빌려서 공매도를 한다.

이렇게 세력 싸움의 구간에 접어들게 되면 자연스럽게 상승세는 둔화되고, 이것이 오래 지속될 경우 결국은 하락하게 마련이다. 왜냐면 이 세상에 새로운 좋은 테마는 끊임없이 나오기 때문이다. 유망하다고 생각했던 종목이 지지부진한 흐름을 이어가고 있는 가운데 또 다른 섹터가 유망해 보이면 투자자들은 당연히 종목을 갈아타려고 한다. 게다가 아까 말했 듯이 상승의 초입 구간에는 거침없이 상승하기 때문에 훨씬 빠르게 수익을 낼 수 있다. 사고팔기가 쉬운 주식의 특성상 이런 걸 놔두고 굳이 예전의 영광에 매달려 있을 사람은 많지 않다.

2차전지주도 비슷하게 생각해볼 수 있다. 배터리가 많이 필요한 것은 전기차를 만드는 과정에서의 일이다. 한 번 전기차가 만들어지고 나면 그 다음에는 배터리가 추가로 필요하지 않다. 따라서 전기차 수요가 많아지면 그에 따라 배터리 공장을 증설하여 생산량을 늘리게 되고, 그다음부터는 매년 새로 발생하는 전기차 수요에 맞게 배터리 생산량이 결정되게 된다.

지금이야 전기차 수요를 배터리 생산량이 따라가지 못해서 생산하는 대로 다 팔려나가지만, 공급량이 늘고 배터리가 전기차 수요를 충분히 감당할 때가 되면 더이상 성장산업으로 보기가 힘들어진다. 또 지금은 온갖 업체들이 우후죽순 전기차 생산에 덤벼들고 있지만 수 년 후에는 전기차 산업에서도 살아남는 자와 그렇지 못한 자가 정리될 것이다. 그러면서 과 잉투자됐던 생산 설비가 남아돌 가능성이 있다.

수요가 꾸준한 전기차 관련업종은?

그렇다면 2차전지주처럼 이제 전기차 관련주들은 한물간 것일까? 역시 논리적으로 생각해보면 아직 기회는 남아있다. 배터리처럼 전기차 생산 과정에서 필요한 것들만 보지 말고, 이후에도 지속적으로 필요한 것에 투자한다면 어떨까? 그런 것이 뭐냐고? 바로 타이어다.

전기차는 기본적으로 무겁다. 배터리 무게가 무겁기 때문이다. 내연기관차와 비교하면 기본적으로 400 내지 500kg 정도 더 무겁다. 기존 내연기관차의 무게가 대략 1.5톤 정도 된다면 비슷한 크기의 전기차는 2톤이 넘어가는 경우가 많다. 이렇게 무거운 차체가 주는 압력을 이겨내야 하는 것이 바로 타이어다. 게다가 전기차는 엑셀레이터를 밟는 순간 최대 토크로 달리기 때문에 급가속이 쉬운 구조이다 보니 타이어의 마모는 이루 말할 수 없이 빨리 진행된다.

실제로 이런 이유 때문에 전기차에는 기존 내연기관차용 타이어보다 접지력을 개선해 가격이 10~20% 가량 비싼 전기차용 타이어가 장착된다. 그런데도 이 타이어의 수명은 훨씬 짧다. 기존 내연기관차 타이어의 수명이 4~5년이라면 전기차 타이어의 수명은 2~3년에 불과한 것이 현실이다. 아마 내연기관차용 타이어를 전기차에 끼운다면 1년 만에 교체해야 할 것이다. 전기차는 엔진오일을 갈아주지 않아도 되는 대신 타이어를 자주 갈아 줘야 하는 것이다.

여담이지만, 많은 분들이 한강뷰 아파트에 사는 것을 꿈꾼다. 그렇지만 어렸을 때 이촌동 한강변 아파트에 살던 나는 그런 집들이 먼지 때문에 얼마나 고생을 하는지 잘 알고 있다. 강변북로를 지나다니는 자동차들에서 뿜어져 나오는 매연과 타이어 가루 때문에 빨래를 해서 널어도 창문을 열지 못했다. 매일 바닥을 닦아도 걸레는 언제나 까매지기 일쑤였다. 창문을 열면 소음도 무시할 수 없다. 한강변뿐만 아니라 대로변 아파트라면 모두 먼지의 심각성을 느낄 것이다. 지금도 그런데 내연기관차가 모두 전기차로 바뀌고 나면 어떨까? 매연은 없겠지만 타이어 분진은 오히려 더 심해지고, 깎여나가는 아스팔트 가루도 더 많아질 것이다. 배기가스만 없으면 친환경일까? 전기차의 친환경성에 여러모로 의문을 갖는 이들이 많다. 한강변 아파트는 투가 가치가 좋을지는 몰라도 전기차 시대에 실제로 거주하려면 큰 각오가 필요할 것이라 생각한다.

자동차를 제조할 때만 매출이 발생하는 배터리와는 달리 타이어는 출고 후에도 2~3년에 한 번씩 지속적으로 매출이 발생한다. 프린터 산업의 꽃은 완제품 판매가 아니라 토너 판매이고, 면도기 산업의 꽃은 면도날 판매다. 그래서 이런 소모품으로 매출이 발생하는 경우에는 대부분 제조사에서 소모품도 같이 판매한다. 삼성 프린터에 쓰이는 토너는 삼성에서 판매하고, 필립스 면도기에 쓰이는 면도날은 필립스에서 판매하듯 말이다.

그런데 자동차는 아니다. 자동차에 끼우는 타이어는 자동차 제조사가 아니라 각 타이어 제조사가 만들어서 판매한다. 여기에 바로 투자 기회가 있는 것이다. 만약 현대차에서 직접 타이어까지 만들어서 판매한다면 타이어 관련 투자는 매력적이지 않다. 타이어 교체로 인한 매출이 차지하는 비중이 전체 자동차 판매 매출에 비해 크지 않기 때문이다. 하지만 실제로는 타이어 교체로 발생하는 매출이 고스란히 타이어 제조사에게 돌아가기 때문에 매력적인 구조가 되는 것이다.

왜 하필 지금 타이어일까

그렇다면 왜 하필 2024년에 타이어를 이야기하는가? 전기차가 본격적으로 늘어나기 시작한 시점이 2021년에서 2022년 사이이기 때문이다. 2020년까지 지지부진한 성장을 이어오던 전기차는 2021년을 기점으로 폭발적인 성장을 하게 된다. 각국의 전기차 보조금 정책과 자동차 제조사들의 적극적인 투자로 인한 주행가능거리 확장, 다양한 신모델 출시 등을

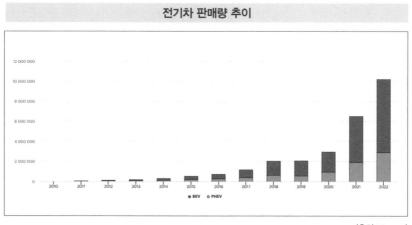

전기차 판매량 추이

(출처 : iea.org)

요인으로 꼽을 수 있겠다. 혜성처럼 등장한 테슬라가 엄청난 판매량을 기록한 것이 기존 자동차 제조사들의 위기의식을 자극하면서 기술 개발에 박차가 가해지게 되었다.

그 결과 2022년에는 플러그인 하이브리드를 포함해서 배터리를 탑재한 전기차의 글로벌 판매량이 1,000만 대를 돌파하기에 이르렀다. 이를 점유율로 환산하게 되면 전체 자동차 시장의 약 13%에 달한다. 실제 도로에서 전기차가 심심치 않게 보이기 시작한 것도 이 무렵부터다.

이렇게 폭발적으로 많이 팔린 전기차들의 타이어 교체 주기가 바로 2024년부터 본격적으로 시작된다. 타이어 제조사 입장에서는 대목이 시작된 것이다. 안 그래도 기존 내연기관차용 타이어보다 10~20% 비싼 제품인데 우르르 몰려들어 사간다고 생각하면 신이 날 것이다. 그렇다면 구체적으로 각 타이어 제조사들은 어떻게 이에 대응하고 있을까?

한국타이어앤테크놀로지

한국타이어앤테크놀로지는 전기차용 타이어의 선두주자다. 한국타이어앤테크놀로지는 2016년 테슬라 모델3에 전용 타이어를 공급하면서 일찌감치 전기차용 타이어 시장에 진출했고 포르쉐 타이칸, BMW i4, 아우디 이트론, 폭스바겐 아이디버즈, 현대 아이오닉6 등 많은 전기차 업체에 타이어를 공급하고 있다.

2022년에는 세계 최초로 전기차 전용 타이어 브랜드 '아이온'을 출시하면서 전기차용 타이어 시장 공략에 박차를 가하고 있다.

금호타이어

한국타이어와 함께 한국 내수시장에서 양강체제를 구축하고 있는 금호타이어도 전기차용 타이어에 적극적이다. 금호타이어는 한국타이어보다 빠른 2014년 국내 업계 최초로 전기차에 타이어를 공급한 바 있지만 실제 납품에 있어서는 한국타이어에 뒤처지고 있다. 2021년 기아 EV6에 크루젠 HP71 타이어를 공급하면서 본격적인 양산에 들어갔다. 금호타이어는 미국 뉴올리언스에도 물류센터를 구축하겠다는 계획을 밝히면서 본격적인 해외시장 공략에도 힘을 쏟는 모습이다.

넥센타이어

가장 후발주자인 넥센타이어는 엔페라 AU7 EV와 엔페라 스포트 EV 타이어를 현대차 아이오닉6와 BMW iX1 등에 공급하고 있다.

장밋빛 전망만 있는 건 아니다

이들 타이어 3사는 2023년 1분기에 의미 있는 실적을 기록하며 본격적인 회복을 알렸다. 한국타이어앤테크놀로지는 전년 동기 대비 매출 17.5%, 영업이익 51.5% 증가한 실적을 거두었다. 금호타이어는 매출이 전년 동기 대비 35% 이상 증가했고 영업이익은 100배 이상 증가했다. 특히 순이익이 적자에서 흑자로 전환했다. 넥센타이어는 전년 동기 대비 20% 증가한 매출을 기록했고 영업이익, 순이익 모두 흑자전환했다. 같은 업종에 있는 기업이 모두 의미 있는 반등을 했다는 것은 구조적인 성장에 접어들었음을 보여주는 것이다.

이 같은 호실적의 배경에는 전기차용 타이어와 같은 고부가가치 상품의 판매 증대도 있었지만 원재료 가격의 하락도 크게 작용했다. 국제유가가 하락하며 컨테이너선 운임이 내려갔고, 원재료인 고무 가격도 하락했기 때문이다. 삼박자가 딱딱 맞아 떨어진 상황이다.

장밋빛 전망만 있는 것은 아니다. 한국타이어앤테크놀로지는 오너 리

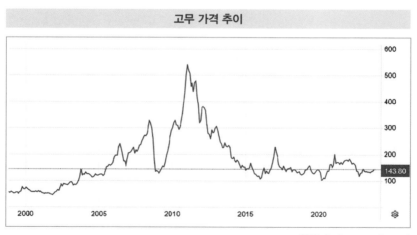

고무 가격 추이

(출처 : tradingeconomics.com)

스크에 시달리고 있다. 2019년 조현범 회장이 협력 업체로부터 뒷돈을 받고 회삿돈을 빼돌린 혐의로 구속되었다. 1심에서 징역 3년에 집행유예 4년을 선고받고 대표직에서 사임했지만 항소심을 마친 뒤 대표이사로 복귀했다. 이후 3년 4개월 만에 계열사 부당지원과 배임·횡령 혐의로 또다시 구속되었다. 물론 회장이 구속된 상태에서 의미 있는 실적을 거둔 것을 보면 그의 부재가 오히려 호재라는 생각이 들기도 하지만, 어쨌든 불확실성이 있다는 것은 투자 측면에서 봤을 때 좋은 것은 아니다.

또 한국타이어는 2023년 3월 발생한 화재로 인해 생산이 중단된 대전공장의 정상화가 이루어지지 않고 있다. 대전공장은 연 생산 1,900만 개라는 생산역량을 가진 시설로, 충남 금산공장(연 생산 2,100만 개)에 이어 한국타이어 국내 생산의 양대축을 이루는 곳이다. 1공장은 승용차 타이어를 생산하고 2공장은 상용차 타이어를 생산하고 있었는데, 2공장이 전소되면서 철거를 앞두고 있는 상황이다. 그런데 지금도 환경오염 문제로 따가운 눈총을 받는 상황에서 2공장을 예전처럼 재건하기가 부담스러운 상황이다. 한국타이어는 이에 대응하기 위해 해외 생산설비를 확충하거나 가동률을 높이는 등의 해결방안을 모색하고 있는 것으로 알려졌다.

금호타이어는 공장 이전 문제가 발목을 잡고 있다. 1974년 설립된 광주공장의 설비가 너무 노후되어 가동률이 떨어지는 등 문제가 많아지자 공장 이전을 추진 중인데, 상황이 여의치 않다. 금호타이어는 2019년부터 광주공장을 함평빛그린산단으로 옮기기로 결정하고 공장부지를 미래에

셋대우에 매각하기로 했다. 하지만 2023년 초 사업 주체인 미래에셋대우 컨소시엄이 사업을 포기하면서 공장 이전은 원점으로 돌아가고 말았다. 광주공장이 국내 생산되는 타이어의 57%를 담당하고 있다 보니 금호타이어 입장에서는 이 문제가 조속히 마무리되어야 한다.

넥센타이어는 2022년 말 국내 신용평가사인 나이스신용평가로부터 A+에서 A0로 신용등급 하향조정을 당했다. 체코공장 및 마곡 R&D센터 등에 대규모 투자를 단행하면서 외부차입에 의존하게 되어 재무건전성이 악화됐다는 것이다. 넥센타이어는 2015년부터 2023년까지 1조2,000억 원을 투입해 체코공장을 유럽 전략기지로 육성한다는 계획을 세웠다. 2019년 1단계 공장 건설을 완료한 뒤 2단계 증설 투자를 시작했는데, 코로나19로 인해 투자가 지연됐다가 2022년 2월 재개해서 2023년 완공을 앞두고 있다.

이 과정에서 꾸준히 차입금이 늘었고 결국 신용평가등급까지 하향조정된 것이다. 문제는 그다음에 미국 공장을 짓겠다는 계획이다. 아직 체코공장이 본궤도에 오르지도 못한 상태에서 곧바로 1조7,000억 원을 투입해서 미국 타이어 공장을 또 짓겠다고 한 것이다. 목표 가동 시점은 2028~2029년인데 지금부터 시작해도 빠듯한 수준이다. 공장 건설을 위해서는 자금 조달이 필요한데 신용등급이 하향되어 부담이 가중되는 상황이다.

이처럼 국내 대표 타이어 3사의 명암을 살펴보았다. 그런데 이쯤 읽으면 몇몇 독자들은 눈치챌 것이다. 이게 끝이 아니라는 것을. 중대형주보다는 소형주를 사서 큰 수익을 노리는 투자자들을 위해서 좋은 종목은 없을까? 기본적으로 타이어 관련주는 한국 증시에 몇 개 없기 때문에 만약 수급이 몰린다면 어떤 종목을 사든지 꽤 괜찮은 수익이 날 수 있다. 아무리 좋은 재료라도 관련된 기업의 수가 너무 많으면 수급이 퍼지기 마련이다.

분명한 것은 2021년부터 급격히 판매량이 늘어난 전기차의 본격적인 타이어 교체 주기가 2024년부터 시작된다는 것이다. 그리고 이것은 한국만의 일이 아니라 전 세계적인 현상이기 때문에 더욱 파급력은 크다.

다만 타이어와 같이 한 가지 원재료의 비중이 높은 제품과 관련해서 투자할 때에는 원재료 가격을 체크해야 한다. 타이어의 주요 재료인 고무 가격이 지나치게 높아지면 타이어주들의 수익성은 악화될 수 있다. 고무 가격은 트레이딩이코노믹스(https://ko.tradingeconomics.com)라는 사이트에서 상품 시장 지표를 확인하면 쉽게 알 수 있다.

주목할 만한
타이어 관련주

타이어 제조사들은 치열한 경쟁을 벌이고 있기 때문에 끊임없이 마케팅비를 지출해야 하는 부담을 안고 있다. 그렇다면 제조사를 가리지 않고 모든 타이어에 들어가는 소재를 제조하는 회사라면 어떨까? 어느 타이어가 많이 팔리든 상관없이 수혜를 입지 않을까?

효성첨단소재

효성첨단소재는 글로벌 시장에서 타이어코드 점유율 50% 가량을 차지하고 있는 세계 1위 업체이다. 타이어코드는 타이어의 내구성과 안전성을 높이는 보강재로 타이어의 핵심 소재라 할 수 있다. 효성첨단소재에서 생산한 타이어코드는 한국 기업뿐만 아니라 브리지스톤, 미쉐린, 굿이어 등 해외 기업도 사용하기 때문에 전 세계적인 전기차 타이어 수요 증가에 투자하고 싶다면 안성맞춤인 기업이다.

그렇다면 효성첨단소재의 전체 매출에서 타이어코드와 같은 산업자재가 차지하는 비중은 얼마나 될까? 사업보고서에 따르면 90% 이상의 매출이 타이어코드, 스틸코드 및 카매트, 에어백원단 같은 각종 자동차 소재에서 발생하고 있다.

가. 주요 제품 등의 매출 (효성첨단소재) (단위 : 백만원, %)

사업부문	용도	주요상표 등	생산 제품	제6기 반기 (2023년 1~6월)		제5기 (2022년 1~12월)		제4기 (2021년 1~12월)	
				매출액	비중	매출액	비중	매출액	비중
산업자재	산업용	ALKEX®, TANSOME®	타이어코드, 스틸코드, 산업용원사, 카페트, 카매트, 에어백원단 및 쿠션, 탄소섬유, 아라미드 등	1,674,891	101.4%	3,794,214	98.8%	3,318,564	92.2%
섬유	의류용	CREORA, Aerocool	스판덱스, 폴리에스터 원사	177,807	10.8%	519,759	13.5%	745,160	20.7%
기타	산업용	Filmore	나일론필름	69,382	4.2%	163,738	4.3%	139,117	3.9%
연결조정	–	–	–	(271,216)	(16.4%)	(636,338)	(16.6%)	(605,064)	(16.8%)
합 계				1,650,864	100.0%	3,841,373	100.0%	3,597,777	100.0%

(출처 : 금융감독원 전자공시시스템 DART)

코오롱인더스트리

그렇다면 세계 2위의 타이어코드 업체는 어디일까? 바로 코오롱인더스트리다. 코오롱인더스트리는 2018년 베트남에 타이어코드 공장을 준공한 이후 2022년에 증설을 단행했다. 그만큼 타이어코드의 수요가 늘고 있다는 반증이다.

코오롱인더스트리의 글로벌 시장 점유율은 약 15% 정도이다. 사실상 한국의 두 업체가 전 세계 타이어코드 시장을 장악하고 있는 것이다. 코오롱인더스트리 역시 미쉐린, 브릿지스톤 등 글로벌 업체들에 납품하고 있기 때문에 어떤 업체의 타이어가 잘 팔리든지 수혜를 입을 수 있다.

다만 코오롱인더스트리는 전체 매출에서 타이어코드 등의 산업자재가 차지하는 비중은 약 47%로 효성첨단소재에 비하면 낮은 편이다. 패션 사업을 함께 영위하고 있기 때문이다.

가. 주요 제품 등의 매출 (코오롱인더스트리) (단위 : 백만원, %)

구 분	품 목	제14기 반기		제13기 반기		제12기 반기	
		금액	비중	금액	비중	금액	비중
산업자재군	타이어코오드, 아라미드 등	1,188,999,046	46.15%	2,369,461,375	44.14%	1,998,232,356	42.86%
화학소재군	석유수지 등	478,222,353	18.56%	1,052,305,919	19.61%	915,561,744	19.64%
필름/ 전자재료군	PET Film, DFR 등	223,784,211	8.69%	558,890,100	10.41%	609,230,938	13.07%
패션군	의류, 잡화 등	609,238,715	23.65%	1,228,557,478	22.89%	1,018,144,990	21.84%
기타사업군	골프장 운영 등	76,165,989	2.95%	158,258,683	2.95%	120,880,367	2.59%
합 계		2,576,410,313	100.00%	5,367,473,556	100.00%	4,662,050,395	100.00%

(출처 : 금융감독원 전자공시시스템 DART)

키오스크

: 주식 계의 벚꽃연금

요즘 Z세대나 알파세대는 잘 모를 수 있지만 가요계에는 한 때 '벚꽃연금'이라는 말이 있었다. 버스커버스커의 「벚꽃 엔딩」이라는 노래가 그 주인공이다. '그대여 그대여~'로 시작하는 이 노래는 발매된 2012년부터 대략 3~4년 동안 4월만 되면 음원차트 상위권에 출몰했다. 제목도 그렇지만 장범준의 목소리와 가사, 멜로디가 모두 벚꽃 피는 철에 듣기에 딱 좋기 때문이다. 덕분에 장범준은 매년 상당한 저작권료 수입을 올렸는데, 한 방송에서 말하길 그 액수가 연평균 약 10억 원 정도였다고 한다. 그래서 사람들은 장범준이 매년 '벚꽃 연금'을 받는다고 말한 것이다. 그동안 수많은 시즌송이 나왔지만 이렇게 해를 거듭해도 매번 역주행하는 사례는 거의 없었기 때문에 장범준은 많은 작곡가들의 부러움을 샀다.

비슷한 예로는 머라이어 캐리의 「All I Want for Christmas Is You」가 있다. 크리스마스만 되면 전 세계에서 울려 퍼지는 바람에 머라이어 캐리는 겨울만 되면 어마어마한 저작권료 수입을 올렸는데 그 액수는 연간 약 250만 달러, 그러니까 한화로 약 32억 원 정도라고 한다.

증시에도 이처럼 계절성을 타는 종목들이 있었다. 대표적인 것이 계절주이다. 원리는 간단하다. 여름이 되면 에어컨이나 선풍기를 제조하는 회사의 주식이 오르고 겨울이 되면 도시가스나 호빵 관련주가 오르는 식이다.

하지만 주식 시장에는 불변의 법칙이 있다. '영원한 것은 없다'는 것이다. 만약 계절주가 계속해서 뚜렷한 경향성을 보인다면 이 세상에 가난한 사람은 아무도 없을 것이다. 누구나 여름이 되면 에어컨 주식을 사서 돈을 벌고, 겨울이 되면 도시가스 주식을 사서 돈을 벌면 되니까 사실 힘들게 일할 필요도 없는 것이다. 하지만 세상은 그렇게 호락호락하지 않다. 더이상 그런 뻔한 방법으로는 주가가 오르지 않는다. 그렇다면 이제 계절을 이용해서 돈 버는 길은 막힌 것인가?

해마다 반복되는 이벤트가 계절의 변화만 있는 것은 아니다. 잘 찾아보면 매년 정확한 일정이 정해진 대로 진행되는 것들이 많다. 1월에는 부가가치세를 내고, 5월에는 종합소득세를 내고, 7월에는 부가가치세와 재산세를 내고, 12월에는 종합부동산세를 내듯이 계절과 상관없이 정해진 일정들이 널려 있다. 다만 그중에서 주식과 관련된 것을 찾기가 쉽지 않을 뿐이다. 반면에 그것을 찾기만 한다면 뻔하지 않기 때문에 충분히 수익으로 이어질 수 있다. 그런 것들 중에 하나를 여기서 소개하려고 한다.

봄이 되면 돌아오는 노사 간 줄다리기

매년 5월이 되면 최저임금위원회가 열리기 시작한다. 다음 해의 최저임금을 결정하기 위해 각계 인사들이 모여서 협의를 시작하는 것이다. 사측은 최저임금을 되도록 적게 올리려 하고 노측은 최대한 많이 올리려 하는 입장에서 줄다리기를 시작한다. 그러다가 보통 7월 정도에 합의점을 찾아서 다음 해의 최저임금을 발표하게 된다. 이렇게 진행되어온 최저임금의 최근 추이는 다음과 같다.

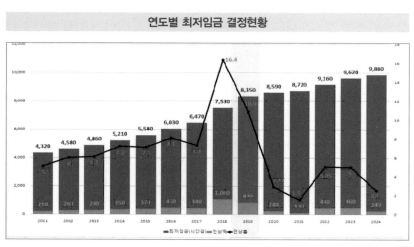

(출처 : 최저임금위원회)

그래프를 보면 알겠지만 최저임금은 매년 5~7% 정도의 상승폭을 보이다가 2018년 갑자기 16.4%라는 엄청난 상승률을 보였다. 그다음 해인 2019년에도 10.9%나 급등하면서 본격적으로 최저임금과 관련된 주식 테마가 탄생하게 되었다.

최저임금이 급격하게 상승하면 산업에 어떤 영향을 가져올까? 대표적인 현상이 키오스크의 확대이다. 요즘은 거의 모든 매장에서 키오스크를 찾아볼 수 있지만 기억을 더듬어보면 보면 불과 4년 전인 2019년만 해도 이렇게까지 키오스크가 많지 않았다. 최저임금의 급등과 함께 2020년 코로나19 팬데믹까지 터지면서 오프라인 매장들은 주저 없이 키오스크를 속속 도입했다.

그렇다면 상장사 중에서 키오스크를 만드는 기업은 어디일까? 대표적으로는 씨아이테크가 있다. 씨아이테크의 홈페이지를 보면 우리가 흔히 보는 매장 주문, 무인점포 내 결제, 티켓 발급, 증명서 발급 등 각종 업무를 처리하는 키오스크를 판매하고 있음을 알 수 있다.

그렇다면 이런 무인 장비 판매는 씨아이테크 매출에서 얼마나 큰 비중을 차지할까? 2022년 사업보고서에 따르면 씨아이테크의 연매출 약 567억 원 중에 무인 장비 매출은 약 553억 원으로 98% 정도를 차지한다. 사실상 매출의 대부분이 키오스크 같은 무인 장비에서 발생하고 있는 것이다.

그렇다면 씨아이테크의 주가는 어떻게 흘러갔을까? 키오스크 시장의 확대에 힘입어 쭉쭉 치고 올라갔을까? 차트를 보도록 하자. 다음에 나올 자료는 월봉으로 본 씨아이테크의 차트이다. 2019년 최저임금 급등 이후로 매년 4~5월이 되면 주기적으로 주가가 올랐음을 확인할 수 있다. 바로 5월부터 시작되는 최저임금위원회에 대한 기대감이 반영된 것이다. 대략 6월 말에서 7월 정도면 결론이 나기 때문에 미리부터 기대감이 작용해서 올랐다가 막상 발표될 때쯤이면 재료 소멸로 떨어지곤 하는 것이다. 따라서 이 패턴을 잘 이용하는 사람은 매년 4월에 '벚꽃연금'을 탈 수 있다.

벚꽃연금에도 유효기간은 있다

그렇다면 군이 2024년 트렌드 중 하나로 최저임금을 선택한 이유는 무엇일까? 그것은 바로 2025년의 최저임금이 '시간당 1만 원'의 기로에 서 있기 때문이다. 2024년의 최저임금은 2023년 대비 2.5% 인상된 시간당 9,860원으로 결정되었다. 당시 과연 1만 원을 넘을지의 여부가 주목받았지만 결국 넘지 못했다. 그렇다면 2024년 7월에 결정될 2025년의 최저임금은 1만 원을 넘을 확률이 매우 높다. 불과 1.4%만 더 오르면 1만 원의 벽이 깨지기 때문이다. 최저임금 제도가 도입된 1989년 이래 최저임금 상승폭이 가장 낮았던 해는 2021년의 1.5%였기 때문에 2025년의 최저임금만큼은 1만 원 돌파의 가능성이 어느 때보다 높다고 할 수 있다.

'1만 원'이 가지는 상징성은 어마어마하다. 온갖 언론에 '최저임금 1만

씨아이테크의 매출자료(위)와 주가 차트(아래)

(가) 매출

사업부문	매출유형	품 목		제57기 반기	제56기	제55기
IT사업	상품	발급기 소모품, 전자출판 외	수출	–	–	–
			내수	346,885	703,874	14,427,990
			합계	346,885	703,874	14,427,990
	제품	무인자동증명발급기, 도서관리시스템 외	수출	4,799,090	11,246,999	3,887,797
			내수	22,362,989	44,051,667	28,229,347
			합계	27,162,079	55,298,666	32,117,144
기타유통 및 임대 사업	상품	기타유통	수출	–	–	–
			내수	–	–	–
			합계	–	–	–
	임대	임대 및 호텔숙박		–	–	–
				387,269	718,893	684,939
				387,269	718,893	684,939
합 계			수출	4,799,090	11,246,999	3,887,797
			내수	23,097,143	45,474,434	43,342,276
			합계	27,896,233	56,721,433	47,230,073

(출처 : 금융감독원 전자공시시스템 DART)

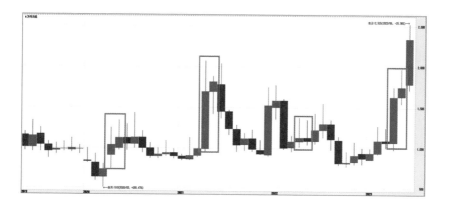

원 시대'라는 기사가 도배될 것이 불 보듯 뻔하다. 국민 생활에 직접적으로 영향을 미치는 이슈이기 때문에 사람들의 관심도 높을 수밖에 없다. 그때 가서 키오스크 제조사 주식을 보면 이미 늦었을 가능성이 높다.

이렇게 과거의 패턴을 철저하게 분석해서 미리 대비를 하는 사람이 제대로 수익을 낼 수 있는 것이다. 물론 이 패턴도 언제까지나 반복되지는 않을 것이다. 이것도 언젠가는 식상한 테마가 되어 약발이 떨어질 날이 반드시 올 것이다. 하지만 최소한 1만 원의 벽을 넘는 2024년까지는 유효할 가능성이 높다.

키오스크 관련주는 주기적 패턴을 보여주는 주식의 한 가지 예일 뿐이지만, 이런 식으로 나만의 벚꽃연금을 찾는 것은 어렵게만 느껴지는 주식 투자를 쉽게 만들어주는 아주 좋은 활동이다. 그래서 나는 학생들에게 이런 걸 스스로 찾아보도록 권유하고 과제를 내주기도 한다. 예컨대 출산율 발표가 언제인지, 정부의 내년 예산 발표가 언제인지, 선거가 언제인지 등 정해져 있는 이벤트의 주기를 정확히 파악하고 그와 관련된 종목을 고민하라는 것이다. 이렇게 한다면 초보자들도 주식 투자가 조금은 쉬워지지 않을까?

여러분의 벚꽃연금은 과연 어떤 것인가? 주식을 바라보는 관점을 바꾸면 발견할 수 있을 것이다.

올림픽
: 세계의 시선이 파리로 쏠린다

2024년은 올림픽의 해이다. 이번에는 프랑스 파리에서 올림픽이 개최된다. 코로나19 팬데믹으로 인해 2020년 도쿄올림픽이 우여곡절을 겪었던 걸 감안하면 사실상 8년 만의 제대로 된 올림픽이라고 할 수 있다. 이번 올림픽은 팬데믹 이후 처음으로 열리는 대규모 스포츠 행사인 만큼 관심이 역대급으로 뜨거울 것으로 보인다.

올림픽 기간인 7월 26일부터 8월 11일까지 전 세계인의 눈과 귀는 파리를 향할 전망이다. 2012년 런던올림픽 이후 12년 만에 유럽 대륙에서 펼쳐지는 이번 올림픽에 사람들의 기대감도 높아지고 있다. 특히 주최도시인 파리 입장에서는 1924년 파리올림픽 이후 정확히 100년 만에 열리는 올림픽이라는 의미도 있다.

경기장으로 변신하는 관광명소들

파리는 안 그래도 유명한 관광지인데 올림픽까지 겹치면서 초대형 특수를 누릴 예정이다. 프랑스도 이 기회를 놓칠세라 파리의 관광자원을 최대로 끌어낸다는 방침이다.

개막식부터 예사롭지 않다. 올림픽 사상 최초로 야외 개막식이 펼쳐진다. 파리의 상징과도 같은 센 강변을 따라 개막식이 진행되면서 많은 사람들이 개막식을 즐길 수 있도록 했다. 또한 올림픽 이후 곧바로 이어지는 장애가 있는 선수들의 축제 패럴림픽도 샹젤리제 거리와 콩코드광장을 중심으로 역시 야외에서 펼쳐지며 많은 사람들의 환호를 이끌어낸다는 계획이다.

경기장도 유명한 관광 명소를 아낌없이 활용한다는 계획이다. 파리의 상징 에펠탑 앞에서는 비치발리볼 경기가 펼쳐진다. 많은 관중들은 비치발리볼 경기를 보면서 에펠탑도 함께 볼 수 있는 경험을 하게 된다. 파리가 아닌 다른 도시에서는 상상할 수 없는 장면이다. 베르사유 궁전도 확열어젖혔다. 승마와 근대5종 경기가 베르사유 궁전 한가운데서 펼쳐지게된다. 한국이 세계 최강의 실력을 자랑하는 양궁 경기장도 화려하다. 나폴레옹의 무덤이 있는 앵발리드의 경기장에서 태극전사들이 마음껏 실력 발휘를 할 예정이다.

보통 올림픽 하면 잠실종합운동장처럼 올림픽을 위해 마련된 전용 경

관광지와 결합한 2024 파리올림픽 경기장의 예상 그림

(출처 : www.paris2024.org)

기장에서 경기를 치르는 것을 떠올리게 마련인데, 이번 파리올림픽은 그런 고정관념을 완전히 깨는 올림픽이 될 것이다. 개막식을 한강에서 하고, 승마 경기를 경복궁에서 하는 식이니 말이다.

바빠지는 건 프랑스 관광청이다. 이를 갈고 준비한 역대급 올림픽이니만큼 파리관광객도 어마어마할 것이 뻔하기 때문에, 이번 올림픽을 계기로 파리는 다시 한 번 세계 관광의 중심이라는 지위를 확고히 할 것으로 예상된다. 그렇다면 투자자인 우리는 어떤 종목에 주목해야 할까?

프랑스 관광특수의 국내 수혜주는?

글로벌텍스프리는 외국인 관광객을 대상으로 택스리펀(tax refund, 부가가치세 환급 제도)을 대행해주고 수수료를 받는 기업이다. 따라서 한국을 방문하는 외국 관광객이 많아질수록 매출액이 증가하는 구조를 가지고 있다.

그런데 글로벌텍스프리는 한국뿐만 아니라 세계 각지에 해외법인을 운영하고 있는데, 프랑스에는 '글로벌텍스프리 프랑스'라는 법인을 자회사로 두고 있다. 지분율은 99.88%로 거의 100%에 가까운 자회사이기 때문에 법인의 실적이 고스란히 재무제표에 반영되는 구조이다.

그렇다면 글로벌텍스프리 프랑스 법인의 실적은 어떨까? 글로벌텍스프리의 메인 시장인 한국의 40%에 달하는 수수료 수익이 프랑스에서 발

글로벌텍스프리 프랑스 법인의 실적 자료

(2) 종속기업의 현황

(2023.08.14)

회사명	소재지	결산일	지분율		업종
			당반기말	전기말	
GLOBAL TAX FREE PTE. LTD.	싱가폴	12월 31일	100%	100%	환급창구운영
GTFTS PTE. LTD.	싱가폴	12월 31일	70%	70%	환급창구운영
Global Tax Free	일본	12월 31일	100%	100%	환급창구운영
Tax Free Europe Holding Ltd.	영국	12월 31일	100%	100%	환급창구운영
Global Tax Free France	프랑스	12월 31일	99.88%	99.88%	환급창구운영
㈜넷크루즈	대한민국	12월 31일	100%	100%	소프트웨어 개발 및 판매
㈜핑거스토리	대한민국	12월 31일	33.69%	34.01%	온라인 정보제공업
㈜스와니코코	대한민국	12월 31일	96.37%	75.02%	화장품제조 판매

(3) 주요 지리적 시장과 수익인식 시기

(2023년 상반기)

회사명	소재지		지분율		…	업종	
	3개월	누적	3개월	누적	…	3개월	누적
주요 지리적 시장							
한국	11,175,714	16,926,412	263,678	364,215	…	17,835,779	30,436,725
싱가폴	1,923,205	3,488,390	739,739	1,449,988	…	2,662,944	4,938,378
일본	156,447	286,165	149,218	268,349	…	305,665	554,514
프랑스	1,652,124	3,779,915	463,640	759,391	…	2,115,764	4,539,306
합 계	14,907,490	24,480,882	1,616,275	2,841,943	…	22,920,152	40,468,923
수익인식 시기							
한시점에 이행	14,907,490	24,480,882	1,616,275	2,841,943	…	22,920,152	40,468,923

(출처 : 금융감독원 전자공시시스템 DART)

생하고 있다. 이는 글로벌텍스프리의 해외법인들 중 가장 높은 실적이다. 팬데믹 이후 프랑스 관광객이 급증하면서 수수료 수익도 크게 증가한 것이다. 2024년 파리올림픽으로 프랑스를 향하는 관광객이 많아진다면 당연히 글로벌텍스프리의 매출액도 올라가게 된다.

이처럼 글로벌텍스프리는 2024 파리올림픽으로 인한 프랑스 관광객 증가에 따른 수혜를 입을 수 있는 종목이다. 그렇다면 특정 국가나 도시에 국한되지 않는 보편적인 올림픽 관련주는 어떤 것이 있을까?

기존에는 올림픽 관련주라면 제일 먼저 꼽히는 것이 제일기획이었다. 삼성전자가 올림픽 공식후원사이기 때문에 올림픽 기간에 개최도시 곳곳에서 전개되는 삼성전자의 광고를 계열사인 제일기획이 대행하기 때문에 매출이 올라갈 거라는 전망이 늘 있었기 때문이다. 하지만 2012년 런던올림픽과 2016 리우올림픽 당시 제일기획의 주가는 영 신통치 않았다. 엉망이 된 2020 도쿄올림픽 때는 말할 것도 없었다. 그만큼 올림픽이라는 재료가 주가에 큰 영향을 끼치지 못했다는 것을 보여준다.

하지만 올림픽 기간 동안 여기저기 광고가 늘어난다는 점은 사실이기 때문에, 각 대기업 계열사에 속한 광고대행사라면 매출 상승을 노려볼 수 있다. 올림픽 공식 후원사가 아니라도 올림픽 특수를 노린 기업들은 크고 작은 캠페인을 펼칠 것이 분명하기 때문이다. 상장사 가운데서 이에 해당하는 곳은 현대차그룹의 이노션, 두산그룹의 오리콤 등이 있다. 또 소형 광고대행사인 에코마케팅, FSN 등도 간접적인 수혜를 입을 수 있다.

스포츠 경기의 중계권을 보유한 방송사도 수혜주로 거론될 수 있다. 하지만 SBS의 경우 올림픽 기간이라고 해서 특별히 주가가 올랐던 것은 아니다. 물론 중계방송 사이사이에 붙는 광고가 늘어나며 광고매출은 올라갔지만 SBS의 전체 광고매출 중에 차지하는 비중을 고려해봤을 때 그것이 특별히 투자자들의 관심을 끌지는 못했던 것이다.

지상파 방송에 비해 훨씬 자유롭게 광고 물량을 편성할 수 있는 인터넷 방송의 경우는 좀 다를 수 있다. 예를 들어 2020 도쿄올림픽과 2022 베이징 동계올림픽 등을 중계했던 아프리카TV가 2024 파리올림픽 역시 중계하게 된다면 올림픽 관련주가 된다. 아프리카TV는 지상파 방송사에 비해 규제를 덜 받기 때문에 훨씬 효과적으로 올림픽의 수혜를 입을 수 있다.

2024년 파리올림픽은 206개국의 올림픽 대표단이 참가하고 30억 명이 TV를 통해 경기를 지켜볼 것으로 예상되는 지구촌 최대 축제이다. 팬데믹과 전쟁으로 얼룩졌던 세계가 하나 되어 평화로운 시대로 나아가는 계기가 되었으면 한다. 그 과정에서 우리의 계좌 사정도 평화로워질 수 있다면 더욱 기쁠 테고 말이다.

미국 주식 트렌드

by 슬라브

고금리 공식이 틀리기 시작했다

2022년 3월, 미국 연방준비제도(Fed)는 미국의 기준금리를 25bp 인상하며 제로금리 시대의 종결을 선언했다. 그 이후 2023년 7월까지 총 열한 차례 금리를 인상하면서 기준금리 5%대 시대를 맞이하게 되었다. 2022년 말에서 2023년 초까지만 해도 고금리에 따른 경기침체와 기업 실적 악화로 미국증시의 약세를 예측하는 주식 투자자들이 대다수였다.

한편, 2023년 3월에는 중국의 시진핑 3연임이 확정되었다. 적극적인 '제로 코로나' 정책과 경제 정상화를 기대하며 중국 주식에 많은 관심이 쏠렸다. 그러나 막상 뚜껑을 열어보니 정반대의 결과가 나왔다. 2023년 상반기 기준 나스닥은 32% 급등하며 40년 만에 최고의 상반기를 맞이한 반면, 중국 경제는 수출 둔화와 부동산 침체로 회복세가 여전히 부진한 상황이다. 또 사람들의 관심이 사그라들었던 비트코인은 어느새 45% 상승했다.

여전히 투자자들은 경기침체가 일어날 것인지를 궁금해한다. 경기침체의 명확한 정의는 없으나 미국 전미경제연구소(NBER)에서는 실질 GDP 증가율이 2분기 연속 마이너스를 기록할 때 '기술적' 경기침체로 정의한다. 이 정의에 따르면 미국은 진작에 경기침체로 접어들었다. 실질 GDP가 2022년 1분기에 −1.6%, 2분기에 −0.6% 역성장했기 때문이다.

그러나 NBER은 경기침체를 공식 선언할 때 실질 GDP 이외에도 실업률과 같은 다양한 경기지표를 종합적으로 판단하기 때문에 지금이 경기침체가 맞는지 여부는 여전히 논란이다. 최근 들어 미국의 경기침체 가능성은 오히려 낮아지고 있다. 미국 GDP 성장률이 2023년 1분기 기준 2.0%로 나타난 데 이어 2분기 성장률(7월 기준)은 2.4%로 발표되며 예상치를 훨씬 웃돌았기 때문이다.

그러나 같은 달 기준 소비자물가지수(CPI)는 3.3%로 연준의 목표인 2.0%보다는 높은 수준이다. 게다가 연준 인사들은 여전히 강경한 매파적

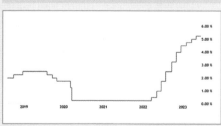

(출처 : 인베스팅닷컴)

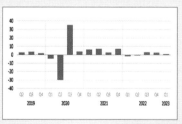

(출처 : 경제분석국(BEA)

발언을 하고 있기에 경기가 연착륙할 수 있을지는 끝까지 지켜봐야 할 것이다.

금리 인상과 주식 시장

한 가지 흥미로운 점은 일반 대중들이 생각하는 것과는 달리, 역사적으로 경기침체 여부와 주가수익률의 상관관계가 낮다는 점이다. 오른쪽 표를 보면 1950년 이후 경기침체 기간은 총 11회 있었지만 이 기간에 주가수익률이 플러스였던 적은 5회나 됐다. 이는 일반적으로 주식 시장이 경기침체를 선(先)반영함을 의미한다.

다음에 나올 그래프를 보면 이것이 더욱 확실해진다. 1954년 이후 경기침체 때마다 주식 시장의 저점 시기를 나타낸 그래프다. 자세히 살펴보면 주식 시장이 저점을 찍은 날을 기준으로 약 300일 전에 금리 인하가 발생했고, 약 250일 전에 경기침체가 발생했다. 반면

경기침체와 주가수익률	
경기침체 기간	S&P 500 수익률
1953.07 ~ 1954.05	+27.6%
1957.08 ~ 1958.04	−6.5%
1960.04 ~ 1961.02	+18.4%
1969.12 ~ 1970.11	−3.5%
1973.11 ~ 1975.03	−17.9%
1980.01 ~ 1980.07	+16.1%
1981.07 ~ 1982.11	+14.7%
1990.07 ~ 1991.03	+7.6%
2001.03 ~ 2001.11	−7.2%
2007.12 ~ 2009.07	−35.5%
2020.02 ~ 2020.04	−9.7%
평균	+0.4

(출처 : REFINITIV, KB증권)

에 저점이 지나고 약 100일 후에 경기침체가 끝났고, 약 250일 후에 금리 인하가 끝났다. 다시 말해 '금리 인하 시작 → 경기침체 시작 → 시장 바닥 → 경기침체 끝 → 금리 인하 끝'의 사이클을 보여왔다.

투자의 대가 앙드레 코스톨라니가 제시한 달걀 모형 이론에 따르면 금리가 정점에 오를 때까지는 주식이 과열되므로 주식은 매도하되 예금을 시작하고, 금리가 정점에서 인하될 때 예금을 인출해서 채권 투자로 넘어가라고 말한다. 따라서 금리가 정점을 찍는 시점과 금리를 인하하는 시점에 대해서는 유의 깊게 살펴봐야 한다.

그렇다면 과연 그 시기는 언제가 될까? 2023년 7월 미국 연방공개시장위원회(FOMC) 회의 결과, 투표권을 가진 위원 열한 명이 만장일치로 금리 인상을 의결했다. 또한 일부 위원들은 여전히 인플레이션과의 싸움이 끝나지 않았다며 추가 긴축의 필요성을 시사하기도 했다. 이에 따라 금리 인하 시점은 2023년 말에서 2024년 5월 전후로 늦춰졌다.

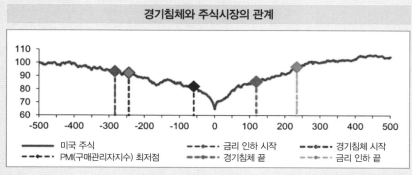

경기침체와 주식시장의 관계

(출처: Marlin Captial, BNP Paribas)

부트2024 : 부자되는 트렌드

물론 금리 인상 자체가 주식 시장에 미치는 영향은 갈수록 미미해지고 있다. 주식도 결국 인간심리가 작용하기 때문에 고물가와 고금리가 시장에 가하는 충격은 갈수록 무뎌진다. 대신 금리 인하 시점은 주식과 채권 투자

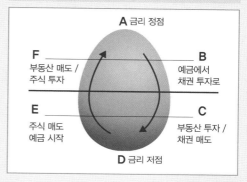

앙드레 코스톨라니의 달걀 모형

A 금리 정점

F
부동산 매도 /
주식 투자

B
예금에서
채권 투자로

E
주식 매도
예금 시작

C
부동산 투자 /
채권 매도

D 금리 저점

(출처: 코스톨라니 투자총서)

비중 결정에 중요한 분기점이 되므로 눈여겨봐야 한다.

투자자들이 관심 있어 하는 포인트는 언젠가 금리도 정점을 지나서 인하를 시작할 텐데, 과연 언제까지 얼마나 내릴 것이냐는 점이다. 즉, 2020년 때의 초저금리 장세가 다시 올 수 있을까에 대한 의문이다.

중국과 미국의 입지 변화

거시금융정책 계의 세계적인 석학 찰스 굿하트는 저서 『인구대역전』에서 지난 30~40년간 저물가·저금리는 노동 인구가 급등한 덕이라고 주장한다. 그 사이에 소련이 무너지며 동유럽 시장이 열렸고, 중국이 세계 무대로 진출했으며, 여성과 소수자의 사회 진출도 본격화됐다.

여기서 중요한 가설은 노동자는 디플레이션적인 존재, 청소년과 노인은 인플레이션적 존재라는 것이다. 즉, 노동자는 소비하는 것보다 생산하는 것이 더 많기에 물가 하락에 기여하고, 청소년과 노인은 그 반대라는 설명이다. 그런데 2022년부터 중국 인구가 감소하기 시작했다. 중국과 선진국의 고령화는 적어도 향후 10년 동안은 신흥국 청년 증가폭보다도 가파르게 진행될 것이다.

혹자는 AI의 발전으로 노동생산성이 급증하면 줄어든 노동자 수를 감당할 수 있지 않냐고 반문할 수 있다. 그러나 AI 시장은 이제 막 초기단계에 진입했을 뿐이며, 단순노동 시장을 대체하기 위해선 AI 반도체와 로봇 등 하드웨어가 소프트웨어의 발전 속도를 따라가줘야 하기에 어느 정도

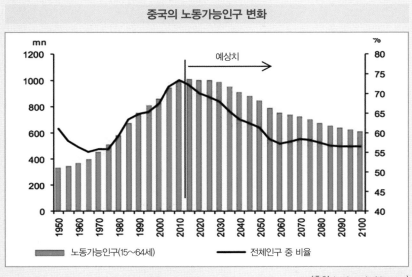

중국의 노동가능인구 변화

부트2024 : 부자되는 트렌드

시간이 필요한 일이다. 인도나 베트남, 아프리카 등이 포스트 차이나(post-China)로 거론되고 있으나 중국이 지난 20년간 전 세계에 미친 경제적 효과를 이들 국가가 당장 대체하기엔 무리가 있다.

이에 고금리가 '뉴노멀(new normal, 새로운 기준)'이 될 수도 있다는 관점이 힘을 얻고 있다. 가장 큰 이유는 미국의 부채 규모 때문이다. 현재 미국의 부채 규모는 32조7,000억 달러를 돌파했다. 의회에서는 매년 부채 한도를 두고 정치적인 대립을 하지만 결국엔 매번 한도를 상향한다. 그렇지 않으면 미국의 채무불이행(디폴트)이 발생하기 때문이다.

부채는 채권을 발행하는 것으로 해결한다. 기축통화국인 미국의 채권은 안전자산으로 여겨지기 때문에 모두가 가지고 싶어 하고, 미국은 이를 통해 자금을 조달해왔다. 현재 미국 국채를 가지고 있는 이들이 누구인지 살펴보면 로컬 투자자 50%, 연준 20%, 외국인 30%로 나타난다. 그리고 이중 상당 부분을 가진 곳이 바로 중국으로, 중국의 미국 국채 보유량은

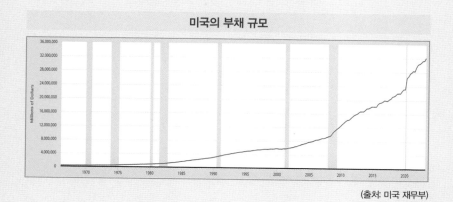

미국의 부채 규모

(출처: 미국 재무부)

2010년 전체 발행액의 11%였다. 하지만 현재는 3.3%로 감소했다. 미국과 중국의 경제가 분리되는 미—중 디커플링의 상징적 현상으로 볼 수 있다.

저금리 장세에서는 부채를 늘려도 큰 문제가 안 됐다. 그런데 만일 앞으로도 중국이 미국 국채를 매각한다면 미국은 인플레이션 압력을 느낄 것이고, 고물가가 유지될 여지가 있다.

미국이 앞으로도 초강대국의 지위를 유지할 것인가에 대한 상상도 해봐야 한다. 2010년대에 미국이 자국 우선주의로 돌아선 이래로 국제 정세가 급변하고 있다. 러시아가 우크라이나를 침공할 줄은 상상도 못 하지 않았는가. 어쩌면 중국도 대만을 침공할지 모르는 일이다. 또 코로나19와 같은 팬데믹이 언제 다시 닥칠지도 모른다. 급변하는 세계 정세에 대비하는 법을 알아야 하는 이유다.

예측보다 대응, 대응보다 대비

'주식 시장은 예측이 아니라 대응이다'라는 격언이 있다. 예측이란 대부분 인간이 자신의 능력을 과대평가한 결과라고 생각한다. 예를 들어 내가 산 종목이 올랐다면 그게 정말로 내가 생각한 근거 때문에 오른 건지, 그냥 운이 좋아서(혹은 아무 이유 없이) 오른 건지 구분할 길이 없다. 그러므로 예측으로 시장을 이기려 들면 장기적으로 살아남기 어렵다. 시장 앞에서는 언제나 겸손해야 한다.

예측이 아닌 '좋은 대응'을 하기 위한 방법 중 하나는 언제나 시장을 떠나지 않고 공부하는 것이다. 맹목적으로 '미국 시장은 어차피 오를 테니 무조건 장기투자하면 된다'라는 사고방식으로는 정작 큰 기회가 왔을 때 감정에 휘둘리기 쉬울 것이다.

그런데 사실 폭락장이 닥쳤을 때 좋은 대응을 할 수 있는 사람은 거의 없다. 보통은 섣불리 물타기를 하거나, 아무것도 하지 않거나, 뒤늦게 손절을 해서 더 큰 손실을 입는다. 그래서 '대응'도 좋지만 평소에 '대비'를 해야 한다. 현금 비중 조절과 자산 배분으로 리스크를 관리하면서 언젠가 닥쳐올 하락장에 대비해야 한다.

그렇다고 예측이 전혀 의미 없는 것은 아니다. 필자가 주식투자를 하며 느낀 점 중 하나는 투자라는 것이 수학이나 공학보다 인문학에 더 가깝다는 것이다. 좋은 종목을 발굴해내기 위해서는 경제뿐 아니라 정치와 사회에 대한 전방위적 통찰, 그리고 인류의 변화에 대한 상상력이 필요하다. 맞췄다고 자만하고 틀렸다고 좌절할 필요도 없다. 대중에 휘둘리지 않고, 자신만의 투자 시나리오를 써 내려가는 과정을 반복한다면 안목은 자연스레 길러질 것이다.

뒤에 나올 필자의 '2024 미국증시 시나리오' 역시 마찬가지다. 여러 관점을 접한다 생각하고 성공적인 투자로 이어갈 수 있는 발판으로 삼았으면 한다.

대선

: 세계 최강의 인간은 누가 될까

2000년대까지 세계의 경찰 역할을 해왔던 미국이 2016년 트럼프 정부를 기점으로 자국 우선주의로 돌아섰다. 이런 시대상은 2016년 대선 당시 도널드 트럼프의 대선 구호였던 'MAGA(Make America Great Again, 미국을 다시 위대하게)'로 대표된다. 미국 전역에 트럼프 열풍을 몰고 온 해당 구호는 민주당의 힐러리 클린턴이 우세할 거라는 수많은 여론조사를 뒤집고 트럼프가 당선되는 데 일등공신 역할을 했다.

트럼프의 승리는 빅데이터를 활용한 여론조사가 실제 선거 결과와 다를 수 있고, 시장이 얼마나 빨리 새로운 정보를 받아들이는지를 보여주는 이례적인 사례로 꼽힌다. 이는 그의 사상인 트럼피즘(Trumpism)을 조용히 지지한 백인 중심의 샤이 트럼프(shy Trump)들이 얼마나 많았는지를 보여주기도 한다. 실제로 트럼프는 재임기간에 시리아 철군, 반이민 행정 명령, 파리기후협정 탈퇴 등 자국우선주의적인 정책을 펼쳤다.

2020년 재선에 도전한 트럼프가 내건 대선 구호는 'Keep America Great(미국을 계속 위대하게)'였다. 그러나 선거인단 총 538명 중 232명만을 확보하며 306명을 확보한 민주당의 조 바이든에 밀려 낙선했다. 그럼에도 역대 최다득표 낙선이라는 기록을 세웠다. 여전히 절반에 가까운 미국 국민이 트럼프와 트럼피즘을 지지한다는 사실이 드러났다.

정치 이념의 양극화는 비단 한국에서만 일어나는 현상이 아니다. 아래 그림은 1994년, 2004년, 2017년의 정치성향을 조사한 결과다. 민주당 지지자(파란색)는 더 진보적으로, 공화당 지지자(빨간색)는 더 보수적으로 변한 것을 알 수 있다. 두 정당 지지자들 사이의 이념 격차가 벌어지면서 중도층(보라색)도 줄어들었다. 인구학적 변화와 미디어 환경의 발달 때

미국 대중의 정치적 양극화

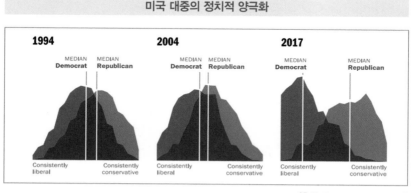

(출처 : Pew Research Center)

문으로 풀이된다.

정권이 바뀌어도 미국 우선주의는 그대로

재밌는 점은 유권자들의 정치 이념은 양극화되고 있으나, 정작 공화당과 민주당 모두 미국우선주의(America First) 기조를 보인다는 점에서는 서로 닮아간다는 것이다. 다시 말해서 바이든 정부의 경제정책 기조가 트럼프 정부의 자국우선주의 기조와 큰 틀에서 달라지지 않았다.

'Build Back Better(더 나은 재건)'이라는 대선 구호를 내세운 바이든은 줄곧 미국우선주의가 결과론적으로 미국을 약화시켰다며 동맹 재창조, 외교 재활성화, 미국의 역할 복원 등을 공략하며 트럼프 정부의 외교정책을 뒤집었다. 그러나 그 와중에도 경제정책에서는 미국우선주의와 관련된 강력한 법안들을 내놓고 있다.

대표적인 것이 미국 경쟁력 강화와 중국 견제라는 명분으로 발표한 인플레이션 감축법(IRA 법안)과 반도체 지원법(CHIPs 법안)인데 모두 한국, 일본, 유럽 등 동맹국을 소외시키고 자국산 제품을 우대하고 있다. 또 대선 공약과 달리 트럼프 정부가 도입했던 대중국 관세도 폐지하지 않고 있다.

이는 미국이 세계화와 자유무역을 사실상 포기했음을 시사한다. 자유무역과 세계화, 탈규제로 대표되는 신자유주의가 미국을 오히려 불행하게 만들었다는 인식이 확산됐기 때문이다. 2010년대 이후 소득불평등이 확대되었고 노동 시장의 불안정성이 심화됐다. 이에 많은 백인이 경제적으로 안정된 중산층의 지위를 위협받자 자유무역이라는 강력한 질서를 없애야 한다는 인식을 갖게 된 것이다.

2020년 들어서는 코로나19 팬데믹과 우크라이나 전쟁이 발발하며 세계화의 후퇴를 가속시켰다. 글로벌 공급망의 리스크가 대두되자 특히 반도체, 배터리 등의 첨단산업 기업들은 리쇼어링(reshoring, 해외로 이전했던 생산시설의 복귀)을 선택하고 있다. 이와 비슷하게 멕시코 등 인근 국가에 아웃소싱을 하는 니어쇼어링(near-shoring)도 늘고 있다.

이처럼 앞으로는 공화당과 민주당의 정책 간에 세부적 차이는 있더라도 둘 다 자국민을 우선시하는 정책을 펼칠 수밖에 없고, 이로 인한 주식 시장의 불안정성과 변동성은 더욱 커질 것으로 보인다.

대선 결과와 증시 간 '경우의 수'

2024년 11월 5일, 미국의 60번째 대통령 선거가 시행된다. 선거, 특히 대통령 선거만큼 주식 시장에 큰 파급을 미치는 이벤트는 없다. 그것도 그냥 선거가 아니라 세계 초강대국을 4년간 이끌 대통령을 뽑는 선거다. 미국 대통령이 누가 되느냐는 미국의 우방국가들뿐만 아니라 국제 정세에 지대한 영향을 미치기 때문에 전 세계 초미의 관심사다.

2024년 미국 대선을 살펴보기 전에, 미국 대선이 그간 미국증시에 어떤 영향을 미쳤는지를 정리해보자. 아래 그림은 집권당 별 재임 기간에 S&P500 지수가 어땠는지를 나타낸 것이다.

사실 S&P500 지수는 1926년 생겨난 이래로 100여 년 동안 1930년대의 대공황, 2000년의 닷컴 버블, 2008년의 금융위기를 제외하고는 대통령이 공화당에서 나오든 민주당에서 나오든 상관 없이 꾸준히 상승해왔다. 따라서 중장기적으로는 선거 결과가 주식 시장에 별다른 영향을 끼치지 않는다고 볼 수 있다. 지난 100년간 미국 주식 시장은 연평균 10% 이상 우상향해왔음을 상기하자.

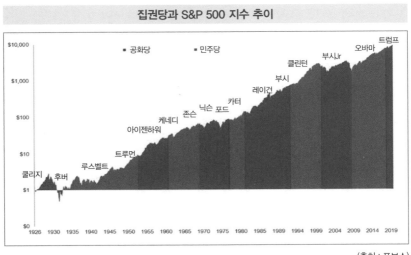

집권당과 S&P 500 지수 추이

(출처 : 포브스)

그렇다면 단기적으로는 어떨까? 집권당에 따른 임기 첫 해 S&P500 수익률을 살펴보자. 아래 표를 보면 1928년부터 2016년까지 총 23회의 선거 중에서 임기 첫 해 주가수익률이 플러스를 기록한 것은 19회(83%)다. 정당별로는 공화당이 11회 집권 중 10회 플러스, 민주당이 12회 집권 중 9회 플러스다.

기간을 좀 더 늘려서 임기 연차가 지날수록 주가수익률이 어떻게 변했는지도 살펴보자. 표를 보면 모든 대통령들은 임기 1~2년 차보다 3~4년 차에 주가수익률이 더 높았다. 통상적으로 집권 초기인 1~2년 차에는 선거 당시 공약했던 중요 법안들을 통과시키지만 3~4년 차에는 다소 추진력을 잃으면서 법안을 덜 통과시키게 된다. 즉, 임기 초기에 비해 후반부의 불확실성이 더 적고, 정치적 위험이 낮아지기 때문에 주가가 오른다고 해석할 수 있다.

특히 3년 차에는 대공황이 있었

집권 첫해 S&P500 지수 추이

Election Year	President Elected	S&P 500 Index Total Returns
2016	Trump	12.0%
2012	Obama	16.0%
2008	Obama	-37.0%
2004	Bush W.	10.9%
2000	Bush W.	-9.1%
1996	Clinton	23.1%
1992	Clinton	7.7%
1988	Bush H.W.	16.8%
1984	Reagan	6.3%
1980	Reagan	32.4%
1976	Carter	23.8%
1972	Nixon	19.0%
1968	Nixon	11.1%
1964	Johnson	16.5%
1960	Kennedy	0.5%
1956	Eisenhower	6.6%
1952	Eisenhower	18.4%
1948	Truman	5.5%
1944	Roosevelt	19.8%
1940	Roosevelt	-9.8%
1936	Roosevelt	33.9%
1932	Roosevelt	-8.2%
1928	Hoover	43.6%

(출처 : 퍼스트 트러스트)

집권 연차별 평균 수익률

임기	S&P 500 평균 수익률
1년 차	8.1%
2년 차	9.0%
3년 차	19.4%
4년 차	10.9%

(출처 : 블룸버그)

던 1931년을 제외하고는 수익률이 마이너스였던 적이 없다. 다음 대선을 앞두고 웬만하면 리스크를 만들지 않으려는 집권당의 노력도 있고, 중간선거도 끝난 터라 정치적 불확실성이 상당히 제거되었기 때문이다. 실제로 바이든 정부 임기 3년 차인 2023년에도 S&P500 지수는 상승했고, 나스닥은 40년 만에 최고 상승폭을 기록했다. 이러한 과거 데이터를 돌이켜볼 때 바이든 임기 4년 차인 2024년 역시 상승을 기대해볼 만하다.

현재 미국의 대통령과 상원은 민주당, 하원은 공화당이 장악하고 있다. 그렇다면 지금처럼 민주당 대통령이 재임중일 때를 전제로, 다음 대통령이 어느 당에서 나오는지에 따라 주가수익률이 어떻게 달라졌는지도 살펴보자.

과거에 민주당에 이어 다시 민주당이 당선됐을 경우 주가수익률 평균은 11.0%였고, 반대로 민주당에 이어 공화당이 당선됐을 경우는 12.9%였다. 평균에는 사실상 큰 차이가 없었다.

하지만 연차별로 보면 양상이 달라진다. 아래 표를 보면 민주당 대통

재선 여부에 따른 평균 주가수익률

	선거 연도 (4년 차)	취임 연도 (1년 차)
민주당 → 공화당	18.8%	−0.6%
공화당 → 민주당	−2.7%	22.1%
공화당 → 공화당	10.3%	2.7%
민주당 → 민주당	14.5%	8.9%

(출처 : 블룸버그)

령 임기 4년차, 즉 대통령 선거가 있는 그 해만 놓고 봤을 때 다음 대통령으로 공화당이 당선되었을 때의 주가수익률은 18.8%로, 민주당이 당선되었을 때의 14.5%보다 더 높았다. 이는 규제 완화에 대한 기대감이 주식시장에 반영된 것이라 볼 수 있다. 하지만 다음 대통령의 임기 1년차, 즉 실제 취임하는 연도를 보면 민주당에서 공화당으로 바뀐 첫 해에는 주가가 −0.6% 하락한 반면, 민주당에서 민주당으로 이어진 첫 해에는 주가가 8.9%가량 상승했다.

어찌 됐든 다음 대통령이 민주당이든 공화당든, 선거가 있는 연도(민주당 임기 4년차)에는 주가수익률이 플러스였다. 바이든 정부 4년차인 2024년에 증시 상승을 기대해볼 만한 이유다.

정리하자면, 미국 대선은 단기적으로 미국증시에 영향을 끼쳐왔으나 중장기적으로는 상관관계가 떨어졌다. 물론 과거의 성과로 미래를 예단할 수는 없고, 증시는 대통령 연차별 수익률과 같은 한 가지 변수만으로 예상할 수도 없다. 그렇지만 대선 전후로는 증시의 변동성이 커지므로 투자할 때 대선과 증시 사이의 연관관계를 염두에 두고 투자할 필요가 있다.

정당별 대선 주자의 강점과 약점

미국의 대통령 선출은 선거인단을 선출하는 1차 선거와 그 선거인단이 대통령을 선출하는 2차 선거로 나뉜다. 1차 선거에서 주별로 표를 더 많이 가져간 후보(승자)가 그 주의 선거인단을 몽땅 가져가는 승자독식 제도다. 누가 승리할지 예측해보기 전에 2024 대선 후보들의 면면을 한번 살펴보자.

조 바이든(민주당)

미국의 제46대 대통령으로 재임 중인 조 바이든은 2023년 4월 25일 재선 도전을 공식 선언했다.

2021년 1월 20일부터 임기를 시작한 바이든 정부는 임기 중반까지 팬데믹으로 인한 백신 이슈와 아프가니스탄 철수 등으로 지지율이 크게 떨어져서 한때는 역사상 가장 인기 없는 대통령으로 평가받기도 했다. 그러나 2022년 중간선거에서 민주당이 예상외로 선전한 것을 보면 남은 임기 동안 인프라 법안, 사회, 치안, 경제 등 미국 국내 상황을 어떻게 헤쳐나가느냐에 따라 향방이 결정될 것이다.

그의 가장 큰 리스크는 고령의 나이다. 바이든은 1942년생으로 취임 당시에 이미 만 78세로 역대 최고령 대통령이었다. 재선 성공 시 만 82세에 취임하게 된다. 통계에 따르면 미국 82세 남성의 평균 기대여명은 6.77년이고 1년 이내 사망률은 8%이다. 실제로 2023년 8월 CNN의 여론조사에서는 민주당 지지자들의 49%가 바이든의 나이를 가장 큰 우려로 꼽기도 했다.

4년 전 대선 운동 때도 그의 건강 문제가 부각되었으나 당시에는 코로나 팬데믹으로 인해 실수를 노출할 일이 그리 많지는 않았다. 그러나 재임 기간 중 바이든에게는 끊임없이 치매설이 제기됐다. 허공에 악수를 하거나 발을 헛딛는 모습이 보도되고, 공식 석상에서도 잦은 실언을 했다. 2022년에는 공화당 하원의원 54명이 바이든의 치매 검사를 요청하는 서한을 백악관으로 보내기도 했다.

만일 2024년 선거 운동 과정에서 바이든이 실수를 한다면 공화당은 이를 이용해 맹공을 펼칠 것이다. 그렇지만 민주당으로서는 마땅한 대안도 없다. 민주당 소속의 매리언 윌리암스와 케네디 주니어도 대선 출마를 선언하긴 했지만, 낮은 지지율 때문에 승산은 없어 보인다.

도널드 트럼프(공화당)

미국의 제45대 대통령인 도널드 트럼프는 2021년 국회의사당 점거 사태로 엄청난 비난을 받았음에도 불구하고, 아프가니스탄 철수로 바이든의 지지율이 폭락하자 재출마 가능성이 다시 점화됐다. 그리고 2022년 11월 15일 대권 재도전을 선언했다. 같은 공화당 내에서 드산티스가 추격하고는 있지만, 지지층 결집 면에서 아직 부족하고 트럼프와의 지지율 격차도 점점 벌어지고 있다.

중간선거 당시에는 바이든 정부의 낮은 지지율 때문에 많은 언론이 '레드 웨이브(상하원 모두 공화당이 우세)'를 거론하며 공화당의 압승을 점쳤다.

그러나 막상 뚜껑을 열어보니 상원과 주지사는 민주당이 승리, 하원에서만 가까스로 공화당이 승리했고, 특히 트럼프가 지지한 후보 대부분이 낙선하며 그의 책임론이 부각됐다.

그럼에도 아직까지는 공화당 내에서 그를 대체할 인물은 없는 상황이다. 2023년 4월 전직 대통령 기소라는 미국 역사상 전례 없는 일이 발생하자 지지자들이 결집하며 다시 지지율이 폭등하고 있다.

트럼프는 오히려 이것을 지지층의 결집 기회로 활용하고 있는데, 미국 전·현직 대통령 중 최초로 촬영한 머그샷(범인 식별용 사진)을 굿즈로 만들어 이틀 만에 100억 원에 달하는 돈을 모아 화제가 됐다. 공화당 소속의 상하원의원, 주지사, 정부 관료 출신 인사들도 계속해서 트럼프 지지를 선언하고 있다.

다만 2023년 5월 10일 배심원단이 트럼프의 성추행 사실을 인정함으로써 정치 생활에 타격을 입을 가능성이 높아졌다. 게다가 성추문 입막음을 위해 돈을 지급했다는 의혹으로 기소된 형사재판이 대선 레이스가 한창인 2024년 3월에 열린다. 이로 인해 대선 운동에 타격이 불가피할 것으로 보이지만, 설령 기소 결과에 따라 투옥이 된다 해도 법적으로 출마를 막을 수는 없다.

론 드산티스(공화당)

제46대 플로리다 주지사인 론 드산티스는 2023년 5월 24일 대선 출마를 공식화했다. 그의 지지자 중 하나가 테슬라 CEO이자 엑스(구 트위터)를 인수한 일론 머스크인데, 드산티스는 미국 대선 사상 최초로 엑스라는 SNS 공간에서 출마를 발표한 후보가 되었다. 그 과정에서 접속자 수 폭증으로 인해 생방송이 20여 분간 지연되는 해프닝이 발생했다.

드산티스는 40세에 플로리다주 최연소 주지사에 당선되었고, 팬데믹 당시 정부의 방역 규제에 반발하는 강경 보수 노선을 밟으며 지지층을 넓혀왔다. 어떤 면에서는 트럼프보다 더 보수적인 행보를 보여준다. 임신 중단, 기후 변화, 인종 등과 관련한 문제에서 매우 보수적인 입장일 뿐 아니라 대놓고 성소수자를 탄압한다는 논란 속에서 'Don't say gay(게이라고 말하지 마)' 법안을 통과시켰다. 이에 민주당 유권자와 중도층에게는 비호감도를 쌓은 반면 공화당 지지층에서는 한때 큰 돌풍을 일으켰다.

드산티스의 가장 큰 무기는 역시 젊음이다. 바이든과 트럼프의 당선 시 나이는 각각 만 82세와 79세인데 반해 그는 만 44세로 두 후보와 서른 살 이상 젊다. 그러나 이러한 강점을 선거 유세에서 직접적으로 강조하지는 않고 있다. 그가 대표하는 유권자들은 주로 나이 많은 백인인데다, 민주당과 달리 공화당은 지금까지 젊은 대통령 후보를 내세운 경우가 없기 때문이다. 게다가 또래의 젊은 유권자 표심을 얻지 못하고 있다는 점도 한계로 꼽는다.

2023년 8월 말에 실시한 월스트리트저널 여론조사에 따르면 공화당 대선후보로서 트럼프에 대한 지지율은 59%로, 4월 대비 11%가 상승했다. 반면 드산티스의 지지율은 13%에 그친 상황이다. CNN 여론조사에서도 트럼프를 1순위 후보로 지지한다는 응답자는 52%에 달한 반면 드산티스를 꼽은 응답자는 18%에 그쳤다. '트럼프 대항마'로 나섰고 유명인사들의 지지선언이 이어지고 있지만 아직은 갈 길이 먼 상황이다.

바이든 정부의 재선 가능성은?

그렇다면 2024년 대선은 어떤 결과로 이어질까? 임기 3년 차가 끝나가는 바이든 정부의 지지율 변동을 살펴보자. 임기 중반까지 바이든은 팬데믹과 우크라이나 전쟁의 여파로 인플레이션에 발목이 잡히며, 한 때는 지지율이 30%대까지 추락했다. 그러나 낙태권 금지 판결과 인플레이션 감축법 승인 등을 기점으로 40%대를 회복했고, 2022년 11월에 있었던 중간선거에서도 선전했다.

대선만큼은 아니지만 중간선거 역시 차기 대선과 미국증시에 영향을 미치는 중요한 이벤트다. 1942년 이후 총 20회의 중간선거가 치러졌는데, 모두 선거 종료 후 1년 동안의 S&P 500 수익률이 플러스를 기록했다. 정치적 불확실성이 사라졌기 때문으로 풀이된다.

지난 중간선거에서는 상원 35석과 하원 435석 전체를 선출했는데 경합지인 필라델피아와 애리조나의 상원 의석을 민주당이 가져오며 다수당이 되었다. 하원에서도 공화당이 압승을 거둘 것이라는 예상과 달리 가까스로 신승을 거뒀다.

하지만 중간선거에서의 선전에도 불구하고 최근 바이든 정부의 지지율은 40% 안팎을 오갈 뿐 좀처럼 반등할 기미는 나타나지 않고 있다. 현재 유권자들이 꼽은 미국 내 가장 큰 문제는 경제다. 공화당 지지자는 '경제 〉 이민 〉 범죄'를 문제로 꼽았고, 민주당 지지자는 '불평등 〉 범죄'를 문제로 꼽았다.

소비자물가지수도 발목을 잡는다. 2022년 6월에 9.1%로 최고치를 기록한 후 2023년 7월에는 3%대까지 내려왔지만, 연준의 최종 목표인 2%대까지는 갈 길이 많이 남은 상황이다. 이에 유권자들은 다른 무엇보다도 경제 불확실성에 대응할 수 있는 후보에게 표를 주려고 할 것이다. 그

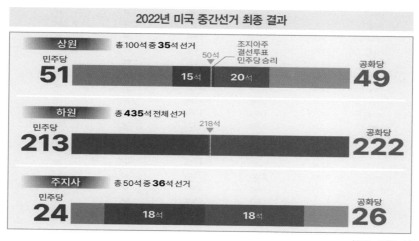

2022년 미국 중간선거 최종 결과

상원 총 100석 중 35석 선거 50석 ▼ 조지아주 결선투표 민주당 승리
민주당 51 15석 20석 공화당 49

하원 총 435석 전체 선거 218석 ▼
민주당 213 공화당 222

주지사 총 50석 중 36석 선거
민주당 24 18석 18석 공화당 26

(출처 : 연합뉴스)

렇기 때문에 미국의 차기 대통령이 누가 될 것인지를 예측하는 것은 아직 시기상조다.

다만 대선이 임박했을 때는 역사와 빅데이터를 활용해서 누가 당선될 확률이 높은지를 추측해볼 수는 있을 것이다. 역사적으로는 대선 결과가 증시 흐름에 영향을 끼친 것만큼, 반대로 선거 전의 증시 흐름이 대선 결과에 영향을 끼치기도 했다. 선거를 앞두고 S&P500 지수가 좋은 흐름을

대선 직전 3개월 증시수익률과 집권당 승리 여부

선거연도	S&P 500 지수	다우존스 지수	S&P 및 다우존스 평균	집권당 승리 여부	대통령 연임 여부
2016	-2.41%	-1.71%	-2.06%	✕	✕
2012	1.14%	-0.43%	0.35%	✓	✓
2008	-24.79%	-19.77%	-22.28%	✕	✕
2004	2.80%	-0.65%	1.08%	✓	✓
2000	-3.41%	0.00%	-1.71%	✕	✕
1996	6.66%	5.74%	6.20%	✓	✓
1992	-0.38%	-3.61%	-1.99%	✕	✓
1988	2.79%	2.19%	2.49%	✓	✕
1984	3.61%	2.04%	2.83%	✓	✓
1980	6.87%	0.80%	3.84%	✕	✓
1976	-1.00%	-2.45%	-1.72%	✕	✕
1972	2.97%	3.40%	3.18%	✓	✓
1968	6.02%	7.90%	6.96%	✕	✕
1964	3.93%	5.13%	4.53%	✓	✕
1960	-1.31%	-2.93%	-2.12%	✕	✕
1956	-3.17%	-3.98%	-3.57%	✓	✓
1952	-3.38%	-3.32%	-3.35%	✕	✕
1948	5.03%	4.85%	4.94%	✓	✕
1944	2.69%	2.03%	2.36%	✓	✓
1940	9.73%	7.93%	8.83%	✓	✓
1936	8.19%	6.81%	7.50%	✓	✓
1932	-2.03%	-3.73%	-2.88%	✕	✓

(출처 : 데일리FX)

부트2024:부자되는 트렌드

나타냈을 때는 현 정권(여당)이 다시 정권을 거머쥘 확률이 높았다. 반대로 선거를 앞두고 주가가 하락했을 때는 야당이 정권을 교체할 확률이 높았다.

아래 표를 보면 1932년부터 2016년까지 22회의 대선을 거치는 동안, 선거 직전 3개월의 S&P500과 다우존스지수 수익률이 플러스였던 경우는 13회였다. 이중 현 정권이 대선에서 승리하며 정권을 지켜낸 경우는 11회로 무려 84.6%에 달한다. 반대로 수익률이 마이너스일 때 집권당이 패배할 확률은 무려 88.9%였다.

만일 2024년 대선 결과를 예측하고 싶다면 대선을 앞둔 2024년 8월부터 11월까지의 주가 흐름이 어떤지를 주시해보자. 물론 표본이 스물두 개로 제한적이고, 상관관계가 곧 인과관계를 의미하는 것은 아니기 때문에 참고자료로만 활용하는 게 좋겠다.

최근에는 빅데이터를 활용해서 선거 결과를 예측하는 사이트도 많이 생겨났다. 대표적인 것이 여론조사 사이트인 파이브서티에이트(fivethirtyeight.com)와 영국의 배팅업체인 스마켓(smarkets.com)이다. 하지만 가장 간단하게는 구글에 후보 이름을 검색해봐도 충분하다. 둘 중에서 검색 결과가 더 많은 후보가 당선된 경우가 많았기 때문이다.

현재로서는 바이든과 트럼프가 박빙이라 '어게인 2020'이 될 가능성이 높아 보인다. 2023년 6월에 실시한 하버드 CAPS(미국정치연구센터)의 여론조사 결과로는 두 후보의 가상대결에서 트럼프가 45%, 바이든이 39%로 트럼프가 앞섰다. 하지만 7월에 뉴욕타임스가 실시한 여론조사에서는 동률을 기록했다.

이런 상황에서는 바이든이 남은 임기 동안 어떤 성과를 보여줄 것인지, 트럼프의 사법 리스크가 얼마나 해소되는지가 승부를 가를 것이다.

 **Insight**

주목할 만한
미국 대선주들

달라도 너무 다른 정당별 정책 수혜주

민주당과 공화당은 환경 및 에너지 정책에서 정반대 입장을 보이고 있다. 민주당은
친환경 에너지 확대로 기후위기에 적극적으로 대응하자는 입장이고, 공화당은 화석
연료의 필요성을 간과해서는 안 된다는 입장이다. 의료 서비스의 경우 민주당은 막대

민주당의 IRA 예산	
항 목	**금 액**
재원 마련	**7,390억 달러**
법인세 최저세율 적용 (15%)	3,130억 달러
처방약 가격인하 협상권 부여	2,880억 달러
IRS(국세청) 집행 강화	1,240억 달러
이월이자 세금 감면 종료	140억 달러
지출	**4,330억 달러**
에너지 안보 및 기후변화 대응	3,690억 달러
오바마케어 연장	640억 달러
정부 재정적자 축소	**3,000억 달러 이상**

(출처 : 키움증권 리서치)

한 재정 투입을 통한 접근성 확대를 주장하는 반면 공화당은 의료 보장 확대에 반대한다.

민주당의 바이든이 재선에 성공한다면 친환경, 배터리, 의료시설, 방산, 인프라 관련 주식들이 상승할 것으로 보인다. 특히 바이든 정부가 제정한 인프라법과 IRA 법안이 순풍을 맞이할 수 있을 것이다. 바이든 대통령은 취임 이후 꾸준히 기후변화와 관련된 대규모 투자 계획을 제시하고 있는데, IRA 예산의 경우 전체의 80% 수준인 3,690억 달러가 에너지 안보 및 기후변화 부문에 집중 배정됐다.

반면 공화당이 집권한다면 화석연료, 대형 플랫폼, 소비재, 제약사 관련 기업에 집중해야 한다. 트럼프는 2023년 6월 조지아 연설에서 대통령 취임 시 전기차 세제 혜택 등의 IRA를 폐지할 것이라고 밝혔다.

광고 관련주를 눈여겨보자

선거 전에는 광고주에도 주시할 필요가 있다. 정치 이념 양극화가 갈수록 극단으로

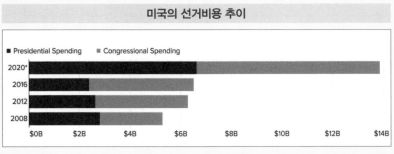

(출처: CNBC)

치달으면서 선거유세 광고에도 막대한 예산이 투입될 예정이다.

지난 2020년 대선의 경우 선거에 약 140억 달러라는 역대 최고 비용이 투입됐다. 월스트리트저널에 따르면 양당이 2022년 중간선거에서 지출한 광고비가 모두 75억 달러(약 10조8,000억 원)에 달한다고 한다. 2018년 중간선거(40억 달러) 때의 거의 두 배에 육박하는 수치이며, 2020년 대선과 맞먹는 광고 예산이다.

이에 따라 주요 광고주가 수혜를 볼 가능성이 있다. 실제로 2016년 대선과 2020년 대선이 치러지기 3~4개월 전, 주요 광고주인 트위터, 메타, 알파벳 등의 주가가 급등한 바 있다. 광고시장 점유율은 '구글 〉 메타 〉 아마존' 순이므로 선거가 다가올 때 이들 대형 광고주들의 주가 추이를 살펴볼 필요가 있겠다.

AI 반도체
: 생성형 AI의 본격 개막

2023년 상반기 S&P500은 15.9% 상승하며 2019년 이후 최고의 시간을 보냈고, 나스닥은 무려 31.7% 급등하여 40년 만에 최대폭 상승 기록을 세웠다.

이러한 상승폭은 금리 인상 종료에 대한 기대감 덕분이기도 하겠으나 오픈AI가 만든 '챗GPT', 구글이 만든 '바드'로 대표되는 생성형 AI 붐에 기인한 것이 크다. 특히나 생성형 AI에 필수로 사용되는 GPU(그래픽 처리 장치)의 생산을 거의 독점하고 있는 엔비디아의 주가는 연초 대비 세 배 가까이 상승하는 기염을 토했다.

AI의 붐은 앞으로의 10년을 선도할 혁신일까, 아니면 언젠가 터질 거품일까? 우리는 이 흐름을 객관적으로 판단해볼 필요가 있다.

생성형 AI 시장은 2022년부터 본격적으로 성장하기 시작했다. 2022년 9월, 오픈AI는 이미지 생성 AI인 '달리2(DALL-E 2)'를 출시했고, 같은 달 메타는 영상 생성 AI인 '메이크어비디오(Make-A-Video)'를 내놓았다. 영국의 스타트업 AI 기업인 스태빌리티AI는 2022년 11월 이미지 생성 AI인 '스테이블 디퓨전 2.0(Stable Diffusion 2.0)'을 출시하며 이미지 해상도를 대폭 끌어올렸다.

그리고 이제는 모두가 다 아는 '챗GPT 3.5'가 2022년 11월에 출시됐고, 불과 4개월 뒤인 2023년 3월에 4.0 버전이 출시됐다. 챗GPT는 출시 5일 만에 사용자 100만 명을 돌파하는 기염을 토해내며 일각에서는 아이폰급의 혁신이라고 평가받기도 했다.

챗GPT의 등장이 시사하는 바는 그동안 막연하게만 느껴졌던 AI가 이제 우리 삶에서 피부에 와닿을 만큼 실질적인 영향을 미칠 수 있게 되었다는 점이다. 문학작품 집필이나 작곡 등 창의성을 요구하는 작업에 활용될 수도 있고, 응용프로그램인 플러그인이나 윈도우 운영체계의 코파일럿 기능과 접목되어 생산성을 대폭 향상시킬 수도 있다.

생성형 AI 시장의 전망

골드만삭스에 의하면 생성형 AI의 2022년 시장 규모는 26억 달러지만, 10년 후인 2032년에는 그 규모가 보수적으로 잡아도 1,500억 달러로 추산된다. 현재는 디자인, 영상 편집, 마케팅 콘텐츠 생산, 지식 관리, 작곡, 코딩 등에 주로 사용되고 있으나 앞으로는 더 다양한 업종에 활용될 것이고, 구독형 서비스 등 기술 서비스의 확장을 고려한다면 성장세는 향후 10년 동안 폭발적으로 증가할 것이라는 해석이다.

챗GPT의 등장은 시작에 불과하다. AI 기술은 머지않아 법률 자문, 의료 서비스, 개발 자동화, 콜센터 자동화, 전문 비서 서비스 등에 널리 활용되며 우리 삶에 깊숙이 침투할 것이다. 나아가 지금은 상상할 수 없을 정도의 생산성 향상과 혁신이 수년 내에 일어날 것으로 예상한다.

파괴적 혁신이 처음 등장했을 때 투자자들은 그 잠재력을 제대로 알아차리지 못하는 경우가 많다. 과거에는 기술혁신을 선도하는 '기술구현자(technology enablers)' 기업들이 먼저 등장했고, 이후 전체 생태계가 구축되면 다시 혁신에 대한 더 많은 요구가 생겨나며 선순환 구조를 이뤘다.

오늘날의 '기술구현자'는 반도체, 메모리, 네트워킹 등의 산업 부문에서 찾을 수 있다. 예를 들어 AI 반도체의 선두주자인 엔비디아, AMD, 아리스타네트웍스 등은 앞으로 AI쿼리(query, 요청)를 처리하는 비용을 절감하면서 AI쿼리 기술의 이점을 누릴 수 있게 될 것이다.

한 가지 리스크는 생성형 AI를 둘러싼 규제다. 2023년 6월 14일, 세계 최초의 AI 규제 법안인 '유럽연합 AI법'이 유럽의회에서 압도적 찬성표를 받으며 통과되었다. 법안의 주요사항은 다섯 가지인데 그중 '생성형

AI에 대한 신규 규제' 내용을 살펴볼 필요가 있다. 법안은 챗GPT와 같은 대형 언어모델을 학습시킬 때 저작권이 있는 자료의 사용을 금지하고자 한다. 앞으로도 저작권 논란 등으로 인한 규제는 더 많이 입법화될 전망이다.

그러나 법안이 실제로 시행되기까지는 2년 이상의 시간이 걸릴 것이고, 이러한 규제들 때문에 기술의 발전에 제동이 걸릴 수는 있겠으나 시장의 큰 흐름을 바꾸기는 어려울 거라는 생각이다.

AI가 발전하면 전기차가 뜬다

생성형 AI를 둘러싼 주변 산업도 살펴보자. 최근 경기둔화로 인해 테슬라를 비롯한 전기차 관련주가 주춤하고 있으나 향후 행보를 계속해서 주시해볼 필요가 있다.

미국 대선을 앞두고 공화당과 민주당이 치열하게 대립하고는 있지만, 전기차 산업의 확대 필요성에 대해서는 모두 동의하는 상황이다. 바이든 정부는 2032년까지 미국에서 판매되는 신차 비중의 2/3는 전기차가 되어야 할 것이라 발표했다. 그러려면 현재 7.2%에 불과한 전기차 비중이 그만큼 확대되기까지 정부의 적극적인 지원을 기대할 수 있다. 공화당 역시 내연기관자동차의 급격한 퇴출을 반대할 뿐 전기차 판매를 늘려야 한다는 점에는 공감하고 있다.

업계의 상황은 어떨까? 테슬라는 2020년 9월 배터리데이에서 차세대 4680 배터리(지름 46mm, 길이 80mm)를 개발하고 있다고 밝혔다. 이러한 중대형의 원통형 배터리를 도입하면 출력당 가격을 대폭 절감할 수 있게 되는데 기존의 2170 배터리 대비 용량은 다섯 배, 출력은 여섯 배, 주행거리는 16% 향상될 거라 기대된다. 머스크는 지난 6월 중국을 방문하며 상하이 기가팩토리 확장과 함께 자체 배터리셀 생산을 신청했다. 그간 원통형을 고수해왔던 테슬라가 이제는 파우치형 배터리의 자체 생산을 준비하는 것이다. 최근에는 텍사스에서 4680 배터리를, 상하이에서 파우치형 배터리를 생산할 계획이라고 밝혔다.

또 7월부터는 자체 생산한 AI 학습용 반도체인 '도조(Dojo)'를 양산할 것이라고 밝혔다. 도조는 인공지능 자동차에서 수집한 동영상 자료를 분석하고 학습하는 데 특화된 테슬라의 슈퍼컴퓨터 플랫폼이다. 맞춤형으로 제작된 도조 슈퍼컴퓨터는 영상 데이터를 사용하여 신경망을 훈련하는 테슬라의 자율주행 기술과 FSD 기능을 향상시킬 것으로 예상된다.

테슬라가 도조 양산을 시작하면 향후 15개월 동안 AI서버의 용량을 15배 증가시킨다는 계획이다. 만일 테슬라가 도조를 양산하고 상용화에 성공한다면 엔비디아가 독점해온 AI 반도체 시장의 근간이 흔들릴지도 모르는 일이다.

금리 변화를 살피자

마지막으로 거시적인 관점에서도 살펴보자. AI 반도체와 관련된 종목은 대부분 성장주에 속하기 때문에 금리와 통화 정책에 영향을 받을 수밖에 없다.

미 연준의 금리 상황을 보여주는 페드워치(FedWatch)에 따르면 2023년 10월 기준 미국의 기준금리는 5.25~5.50%다. 연내 추가인상 없이 2024년 5월까지는 5%대 금리가 유지될 것으로 보인다. 추후 경제지표에 따라 금리 인하 시점은 변동될 수 있어 예측이 큰 의미는 없겠으나 금리가 내릴 때 성장주가 수혜를 볼 가능성이 높아진다고는 말할 수 있겠다.

미국 M2 통화량 역시 향후 주가의 행방에 영향을 미치는 중요한 요소

미국 기준금리 전망

MEETING DATE	350-375	375-400	400-425	425-450	450-475	475-500	500-525	525-550	550-575	575-600
2023-11-01			0.0%	0.0%	0.0%	0.0%	0.1%	99.9%	0.0%	0.0%
2023-12-13	0.0%	0.0%	0.0%	0.0%	0.0%	0.0%	0.1%	80.1%	19.8%	0.0%
2024-01-31	0.0%	0.0%	0.0%	0.0%	0.0%	0.0%	0.1%	71.8%	26.0%	2.0%
2024-03-20	0.0%	0.0%	0.0%	0.0%	0.0%	0.0%	13.0%	63.6%	21.7%	1.7%
2024-05-01	0.0%	0.0%	0.0%	0.0%	0.0%	5.1%	32.8%	47.2%	13.9%	1.0%
2024-06-12	0.0%	0.0%	0.0%	0.0%	2.5%	18.6%	39.8%	31.0%	7.6%	0.5%
2024-07-31	0.0%	0.0%	0.0%	1.6%	13.1%	32.6%	34.0%	15.5%	2.9%	0.2%
2024-09-18	0.0%	0.0%	0.9%	8.1%	24.1%	33.4%	23.6%	8.5%	1.4%	0.1%
2024-11-07	0.0%	0.3%	3.6%	14.0%	27.5%	29.7%	18.0%	5.8%	0.9%	0.0%
2024-12-18	0.2%	2.1%	9.3%	21.4%	28.7%	23.3%	11.3%	3.1%	0.4%	0.0%

(출처 : FedWatch)

다. M2 통화량은 현금, 예적금, 주식, 채권 등의 형태로 표현되는 통화량의 총합으로 경제의 유동성을 나타내는 지표 중 하나다.

통상적으로 현재처럼 긴축으로 인해 통화량이 위축되면 금리에 민감한 성장주보다는 가치주가 우위를 보였다. 만일 2024년에 통화량 위축이 진정된다면 다시 성장주의 매력도가 올라갈 여지는 있다. 하지만 최근에는 카드 사용이나 온라인 결제가 늘어나면서 M2 통화량이 경제에 미치는 영향이 크게 줄어들었다는 분석도 있으니 참고만 하면 좋을 듯 하다.

Insight

주목할 만한
AI 관련주들

챗GPT는 학습 과정에서 구글이 개발한 '트랜스포머' 모델을 활용한다. 문장 속 단어 같은 순차 데이터 내 관계를 추적해 맥락과 의미를 학습하는 모델로, 병렬 처리가 가능하여 긴 문장 속 멀리 있는 단어까지도 연관성을 만들 수 있다. AI 모델 크기가 커질수록 연산량이 늘어나므로 이를 수행할 수 있는 AI 반도체의 발전이 필연적이다.

엔비디아

컴일반적인 컴퓨터에 활용되는 CPU는 복잡한 명령어를 잘 수행하지만, 행렬곱셈만 하면 되는 AI에서는 느리다는 단점이 있다. 이에 산술연산장치가 많아 행렬계산이 빠른 GPU를 도입하기 시작했다. 그래픽 처리에만 사용되던 GPU가 비트코인 채굴에 이어 AI 분야에서도 미친듯한 수요가 생기니 엔비디아의 주가는 급등할 수밖에 없었던 것이다. 참고로 현재 GPU 시장은 엔비디아가 80%, AMD가 20%로 독과점 수준의 상태다.

최근 들어서는 산술연산장치를 극대화시켜 행렬연산에 최적화된 NPU가 출시되고 있다. NPU는 동일한 AI 작업이 주어질 때 GPU 대비 전력 소모는 낮은 반면 더 많은 결과물을 산출한다. 대표적인 제품이 엔비디아가 출시한 A2 텐서코어다.

이처럼 NPU, TPU 등 범용이 아닌 특정 용도에 맞춰 제작된 전용칩을 통틀어 '에이식 (ASIC, Application-Specific Integrated Circuit)'이라 부른다. 에이식은 시스템 반도체 핵심 기술을 기반으로 AI뿐 아니라 전기차, 자율주행, IoT 등 미래 선도기술에 널리 적용된다. 현재 제대로 된 NPU를 생산할 수 있는 기업은 엔비디아와 AMD 뿐이다.

엔비디아가 2022년 10월에 출시한 최신 GPU 모듈인 H100 중에서 데이터센터용은 DGX H100이 있는데, GPT-5를 훈련시키기 위해 3만~5만 대의 DGX H100이 사용될 거라 예상된다. 현재 가격은 대당 대략 6,000만 원으로, 단순 추산해봐도 GPT-5 훈련을 위해 3조 원이 들어간다. 오죽하면 일론 머스크가 "GPU를 구하는 것은 마약을 구하는 것보다 어렵다"는 트윗을 남겼을까 싶다.

엔비디아의 H100 텐서코어 GPU

(출처 : 엔비디아)

AMD

AMD는 최근 GPU 시장에서 엔비디아의 대항마로 떠오르고 있다. AMD는 유일하게 GPU와 CPU를 모두 생산하는 기업으로, CPU 점유율은 1위 인텔(70.4%)에 이어 2위 (29.6%)이고, GPU 점유율도 1위 엔비디아(약 80%)에 이어 2위이다.

AMD는 CES 2023에서 MI300이라는 세계 최초의 APU(CPU와 GPU가 합쳐진 형태)를 출시할 예정이라고 발표했다. 여기에는 마이크로소프트와 협업하여 칩렛 기술(하나의 칩에 여러 칩을 집적하는 기술)을 도입했다고 한다. 전작 MI250 대비 AI 성능이 여덟 배 빠르고, 가격은 엔비디아의 H100 대비 절반 이하로 저렴하다(1만5,000달러)는 장점이 있다. 만일 칩렛 기술을 기반으로 AMD가 엔비디아의 독점적 지위를 깬다면 메모리

AMD의 인스팅트 MI300

(출처 : AMD)

Insight

반도체의 사용량이 더 늘어날 것으로 전망된다.

기타

단기적으로는 AI가 활용할 대규모 언어 모델을 고려할 때 데이터셋과 예산이 풍부한 빅테크주가 수혜를 볼 수밖에 없다. 구체적으로 마이크로소프트, 구글, 오라클, 아마존 등의 클라우드 서비스 기업, 그리고 메타와 같은 광고 기업이 있다.

장기적으로는 생성형 AI가 다방면으로 대중화될 경우를 생각해야 한다. 아이온큐로 대표되는 퀀텀 컴퓨팅 산업이나 스마트폰, 데이터센터에서의 인터페이스 시장 확대에 따른 퀄컴, 인텔, IBM 등의 기업이 수혜를 볼 것이다.

인도

: 포스트 차이나로 떠오르다

바야흐로 신(新)냉전과 탈(脫)세계화 시대다. 바이든 정부가 중국을 견제하기 위해 인플레이션 감축법(IRA), 반도체 지원법 등 동맹국의 희생을 강요하는 과격한 정책을 내세우자 프랑스, 독일과 같은 유럽 국가들이 친(親)중국적인 행보를 보이고 있다. 중국 시장을 포기할 수 없는 테슬라, 엔비디아, 골드만삭스 등의 굵직한 글로벌기업 수장들도 최근 중국을 연이어 방문했다.

중국은 사우디, 브라질 등을 중심으로 한 반(反)미국 동맹 구축에 공을 들이고 있다. 오펙플러스(OPEC+, 석유수출국기구에 러시아와 남미가 더해진 모임)의 사우디가 기습적인 원유 감산을 발표하자 경기 연착륙을 기대하던 미국은 골머리를 앓게 됐다. 최근에는 대선을 앞둔 미국과 경기가 좋지 못한 중국의 이해관계가 맞물려 긴장감이 완화될 조짐이 보이고 있긴 하나, 미국은 계속해서 중국을 공급망에서 배제시키고자 국제사회를 압박하고 있다.

그런 정세 속에서 2023년 상반기까지도 중국의 경제는 회복되지 않고 있다. 경기회복 시점이 예상보다 늦어지고 있는 것이다. 구매관리자지수(PMI)나 실업률, 부채 규모를 봐도 아직은 회복될 기미가 보이지 않고 있다.

중국 못지않은 저비용 고효율 시장

이러한 탈세계화 시대 속에 유력한 승자 후보가 있으니 바로 인도다. 2023년 4월에 발표된 유엔경제사회부(UN DESA)의 보고서에 따르면 인도는 약 14억2,575만 명의 인구를 보유하여 중국을 제치고 세계에서 가장 인구가 많은 나라가 되었다.

중국은 2022년 연간 출생자보다 사망자 수가 많아 인구가 감소하는 데드 크로스(dead cross)가 발생했다. 지난 수십 년간 중국이 '세계의 공장'으로 자리매김할 수 있었던 건 거대한 인구가 뒷받침됐기 때문인데, 이제는 일할 인구가 줄어들기 시작한 것이다. 반면 인도의 2019~2021년 출산율은 가구당 2.0명으로 2064년까지 인구가 계속 증가할 것으로 추정된다.

이제 인도는 인구가 세계에서 가장 많을 뿐만 아니라 가장 젊은 인구

구조를 갖추고 있다. 전체 인구 중 40%가 25세 미만이고, 65세 이상은 7%에 불과하다. 경제활동이 가능한 생산가능인구(15세~64세)는 2050년까지 계속 증가할 예정이다. 지난해 인도의 생산가능인구는 전 세계 생산가능인구의 18.6%를 차지하여, 19%를 차지한 중국에 근소한 차이로 밀렸다. 그러나 중국이 빠르게 고령화사회에 진입하고 있어 이 수치도 머지않아 역전될 것으로 보인다.

전체 인구 대비 생산가능인구 비중이 증가하면 부양률이 감소하여 경제 성장이 촉진되는 '인구배당효과'가 발생한다. 이는 높은 잠재성장률을 기대할 수 있게 만드는 근거로, 인도는 인구배당효과를 향후 20년 이상 누릴 전망이다.

또한 인도의 실질임금은 월 404달러로 중국(1,526달러)이나 베트남(753

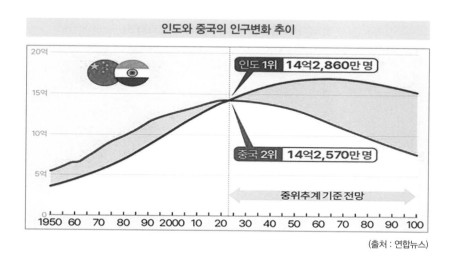

인도와 중국의 인구변화 추이

인도 1위 **14억2,860만 명**

중국 2위 **14억2,570만 명**

중위추계 기준 전망

(출처 : 연합뉴스)

달러)보다 훨씬 낮은 수준이다. 인도의 우수한 인구구조와 저렴한 인건비는 향후 중국을 이을 글로벌 생산기지 역할의 원동력이 될 수 있다.

자국을 글로벌 생산기지로 만들기 위한 인도 정부의 노력도 계속되고 있다. 대표적인 것이 2014년 9월 나렌드라 모디 인도총리가 취임 직후 내세운 '메이크 인 인디아(Make in India)' 정책이다. 상당한 규모의 일자리를 창출할 수 있고 생산성이 높은 제조업을 육성함으로써 인도를 제조업 허브로 만들겠다는 경제개발 정책이다.

정책 시행 결과 인도의 2019~2022년 제조업 프로젝트 투자액은 과거 3년 대비 약 다섯 배 증가했으며, 특히 화학·기계와 같은 고부가가치산업의 비중이 점진적으로 증가하고 있다. 또 2022년 12월에는 반도체 기업들을 대상으로 100억 달러 규모의 세제·금융 지원 정책을 발표함으로써

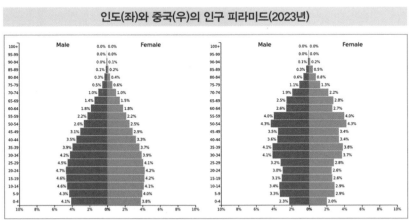

인도(좌)와 중국(우)의 인구 피라미드(2023년)

(출처 : PopulationPyramid.net)

AMD와 마이크론 등의 투자를 유치하는 데 성공했다.

'메이크 인 인디아' 세부 정책의 일환으로 2020년 3월에는 생산연계인센티브(PLI) 제도를 발표했다. PLI 제도란 전자, 배터리, 제약·바이오 등 14개 주요 산업에서 설비투자, R&D, 기술이전 등의 목표를 달성하면 5년간 매출액 증가분의 4~6%를 인센티브로 제공하는 것을 말한다. 제조업 육성으로 고용이 창출되고 급여가 인상되면 중산층의 가처분소득이 늘어 인도 소비 시장의 규모도 확대될 것이다.

인도 정부는 스타트업 산업 육성에도 열심이다. 2015년 '스타트업 인디아, 스탠드업 인디아(Startup India, Standup India)'라는 슬로건 하에 출원료 20% 인하, 상표출원료 50% 할인 등과 같은 파격적 지원 정책을 시행 중이다. 게다가 인도는 고학력 엔지니어 비중이 높고 영어로 의사소통이 가능하여 글로벌 IT기업들의 전략 거점으로 활용되고 있다. 그로 인해 인도는 미국과 중국에 이은 세계 3대 스타트업 메카로 자리매김하였다.

풍부한 노동력과 정부의 육성정책을 바탕으로 지난 수십 년간 인도 경제는 빠르게 성장해왔다. 인도는 최근 10년간 6%대의 연평균 성장률을 유지해왔는데, 특히 2022년 명목 GDP는 전년 대비 9.3%나 증가하면서 영국을 제치고 세계 5위로 올라섰다.

모건스탠리는 2027년이면 인도가 일본과 독일을 제치고 세계 3위 경제 대국이 될 것으로 전망하였다.

왜 하필 지금 인도인가

사실 인도가 제2의 중국이 될 수 있다는 기대는 30년 전부터 시작되었으나 현재까지도 중국과의 격차는 좁혀지지 않고 있다. 그런데도 최근 들어 다시 인도가 급부상하게 된 배경은 무엇일까? 이는 미-중 무역분쟁으로 인한 중국의 대체지로서 인도가 미국 공급망에 편입되고 있기 때문이다.

2018년 이후 미-중 무역분쟁이 심화되면서 미국은 중국에 의존하던 공급망을 동남아, 인도, 멕시코 등으로 이전하기 시작했다. 미국 무역적자에서 국가별로 차지하는 비중을 보면 중국, EU, 일본은 비중이 점차 감소하는 반면 인도, 베트남, 멕시코 등 신흥국의 비중은 확대되고 있다. 특히 인도의 비중은 2019년 2.8%에서 2023년 1분기 5.2%로 큰 폭으로 증

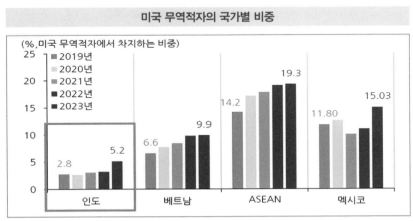

미국 무역적자의 국가별 비중

(출처 : 유진투자증권 리서치센터)

가했다.

코로나19 팬데믹은 이런 현상을 가속화했다. 팬데믹 이후 인도에 대한 해외 직접투자는 30% 이상 증가했고, 그중 미국의 직접투자 규모는 평균 2.8배 늘었다. 특히 제약·철강·기계 관련 산업에 대한 투자가 팬데믹 이후 3년 평균 50~60% 증가했다.

이에 글로벌기업들의 인도행 러시가 이어지고 있다. 2023년 4월 애플은 뭄바이에 첫 애플스토어를 오픈하였다. 애플은 2017년부터 인도 타밀나두 공장에서 아이폰을 생산 중인데 지난해 말부터는 최신 아이폰도 같이 생산하고 있다. 2022년 인도에서 생산되는 아이폰은 전체의 5%에 불과했지만, 애플은 2025~2026년까지 글로벌 수요의 25~30%를 중국 이외 지역에서 공급할 계획이라고 밝힌 바 있다.

글로벌기업의 인도 투자	
기업명	투자 내용
아마존	2030년까지 260억 달러(약 34조 원) 투자
구글	구자라트주에 글로벌 핀테크 운영센터 개설 예정
테슬라	일론 머스크 최고경영자(CEO)가 인도 공장 구상 소개
마이크론	27억 달러 규모 반도체 패키징 공장 건립 예정
어플라이드메티어리얼즈	4년간 4억 달러 투자해 엔지니어링센터 건설
애플	2025년까지 인도 생산 비율 7%에서 25%로 확대
폭스콘	2년 내 아이폰 생산 인력 1만7,000명에서 7만 명으로 증원
닛산·르노	인도 공장에 790억 엔(약 7,500억 원) 공동 투자

(출처 : 조선일보)

아마존 역시 2030년까지 인도에 260억 달러를 투자한다는 계획을 발표했다. 테슬라의 일론 머스크 역시 2023년 6월 모디 총리를 만나서 인도에 연산 50만 대 규모의 기가팩토리 설립을 논의했다. 이처럼 글로벌기업의 인도 투자는 계속 이어지는 추세다.

그간 인도의 경제구조는 내수 중심이었기 때문에 고질적인 무역적자와 경상적자가 나타났다. 그러나 미-중 갈등과 코로나19 팬데믹 이후 미국 공급망으로 편입되면서 인도의 대미국 수출이 증가하고 있고, 경제구조 역시 제조업 중심으로 변하고 있다는 점이 주목할 만하다.

그러나 해결해야 할 고질적 문제들이 남아 있다. 대표적인 것이 뿌리 깊은 카스트 제도, 만연한 관료주의, 인종과 종교분쟁 등이다. 중국 사회가 중앙집권 방식인 것과 달리 인도는 지방분권주의가 강해서 산업시설 조성을 위한 토지수용 과정이 복잡하다는 점도 경제발전에 걸림돌로 작용한다.

그러나 혼란스러운 국제정세 속에서 풍부한 노동력과 제조업 중심의 경쟁력을 바탕으로 인도는 전망이 비교적 밝은 나라라고 말할 수 있다. 중장기적 관점에서 인도는 향후 '세계의 공장'의 역할을 수행할 것이라 판단한다.

주목할 만한
인도 관련주들

인도 증시에 투자하려면 어떻게 해야 할까? 현재 외국인이 뭄바이증권거래소(BSE)나 인도증권거래소(NSE)에 직접투자하는 것은 불가능하다. 다만 미국증시에 상장된 ETF를 사는 방법은 유효한데, 대표적인 ETF로는 INDA와 INDL이 있다.

INDA

INDA는 미국의 대형 자산운영사인 블랙록이 2012년 2월에 발행한 ETF로, MSCI 인도 인덱스를 추종한다. MSCI 인도 인덱스는 모건스탠리가 운영하는 펀드인 MSCI에 포함된 인도 시가총액 상위 100여 개 종목을 포함하는 지수다. 대표적으로 시가총액 1위의 에너지 기업인 릴라이언스(8.18%)를 비롯하여 ICICI은행(5.64%), 인포시스(5.41%), HDFC은행(4.98%) 순으로 구성되어 있다. 섹터별로는 금융 27.31%, IT 12.65%, 에너지 10.21% 순이다.

INDL

INDL은 MSCI 인도 인덱스를 두 배로 추종하는 레버리지 상품이다. 레버리지 상품이

INDA의 포트폴리오 구성

종목 비중		섹터 비중	
릴라이언스 인더스트리	8.18%	금융	27.31%
ICICI은행	5.64%	기술서비스	12.65%
인포시스	5.41%	에너지 광물	10.21%
HDFC은행	4.98%	비내구성 소비재	8.71%
타타 컨설턴시 서비스	3.69%	내구성 소비재	8.39%
액시스은행	2.58%	비에너지 광물	5.41%
바자즈 파이낸스	2.50%	기간산업	4.01%
바르티 에어텔	2.46%	건강기능	3.99%
힌두스탄 유니레버	2.43%	제조업	3.26%
라르센 앤 토브로	2.39%	공업	3.04%

(출처 : etf.com)

란 일일 수익률을 일정 비율로 돌려주는 상품이다. MSCI 인도 인덱스 지수가 1% 상승하면 INDL은 2% 상승하고, 반대로 1% 하락하면 INDL은 2% 하락한다. 다만 수익률이 항상 정확하게 두 배인 것은 아니고 수요와 공급에 따라 괴리율이 발생할 수 있다.

장기투자로 적절한 종목은 아니다. INDL의 보유종목은 INDA와 같으나 수수료가 1.26%로 높고, 변동성이 큰 고위험 고수익 상품이기 때문이다. 2023년 10월 기준으로 최근 1년간 INDA의 수익률은 1.80%인 반면 INDL의 수익률은 −5.87%였다. 최근

5년으로 범위를 확대해보면 INDA의 수익률은 37.38%였으나 INDL은 -20.94%를 기록했다.

그밖의 인도 ETF

이 외에도 인도 중소형주를 추종하는 SMIN이라는 ETF도 있다. 또는 앞서 언급된 인도 시총 1위 릴라이언스에 투자하려면 영국 증시에 상장된 RIGD라는 주식을 사면 된다. 최근에는 국내에서도 인도 ETF들이 출시되었다. 미래에셋자산운용은 국내에서도 인도 증시에 직접 투자할 수 있는 'TIGER 인도 니프티 50'이라는 상품을 출시하였고, 삼성자산운용은 비슷한 상품인 'KODEX 인도 니프티 50'을 출시하였다.

개인적으로 인도 투자는 개별종목보다 ETF를 추천한다. 신흥국의 경우 시총 상위 기업들의 정보를 구하기가 어렵고 다각화된 사업에 대해서는 이해하기가 힘든 면이 있기 때문이다.

제3장

아파트 투자 트렌드

by 싱그레

정부의 연착륙 노력, 효과는?

2023년 대한민국 부동산은 코로나 팬데믹 이후 '모나리자 이코노미'의 단면을 여실히 보여준 한 해였다. 보는 각도에 따라 미소가 다르게 보이는 모나리자처럼 모호하여 방향성을 예측하기 어려웠다는 이야기이다.

팬데믹의 유동성을 등에 업고 끊임없이 상승의 불을 지피던 전국의 부동산이 최악의 거래 절벽과 급격한 금리 인상을 맞아 바닥없는 추락을 지속하자, 부동산 시장의 연착륙을 원하는 정부의 완화 정책이 잇따라 발표되었다.

먼저 분양시장의 안정을 위하여 아파트 중도금 대출 기준을 분양가 9억 원 이하에서 12억 원 이하로 상향 조정하고, 2022년 12월 한 달간 서울 아파트 거래량이 793건에 불과할 정도로 심각했던 거래 절벽을 해소하기 위해 실수요자 위주의 대출 완화 정책을 내놓았다.

하지만 1억 원 이상 대출을 받을 때 적용되는 DSR(총부채 원리금 상환 비율) 40% 규제는 여전히 존재했기 때문에, 정부는 2023년 1월 30일 특례 보금자리론의 접수를 시작했다. 특례 보금자리론은 9억 원 이하의 아파트를 구입할 때 DSR 제한 없이 최대 5억 원까지 대출이 가능한 금리 4%대 초반 상품으로, 그리 낮은 금리는 아니었으나 최고가 대비 20% 이상 하락한 급매를 잡으려는 실수요자들에게 충분한 기회를 제공해 주었다.

아래 표를 보면, 특례 보금자리론이 출시된 1월 이후 서울의 아파트 매매 실거래량이 늘어났다. 기존에 거래되어 오던 서울의 월평균 거래건수에 비하면 절반수준에 불과 했지만 2022년 하반기 월 평균 거래량 비율이 9.4%밖에 되지 않을 정도로 심각한 상태였기 때문에 반등이라 부르기에 모자람이 없었다.

거래량은 서울 뿐만 아니라 전국적으로 높아졌는데, 특히 세종시는 평균 거래량 대비 100%가 넘는 거래량 증가로 매매가격이 전국에서 가장 먼저 상승을 시작했다.

서울 아파트 매매 실거래량

기간	22. 12	23. 01	23. 02	23. 03	23. 04	23. 05
거래량	793건	1,402건	2,436건	2,733건	3,1115건	3,314건
월평균 거래량	5,534건	5,887건	6,024건	7,168건	6,226건	7,026건
월평균 거래량 비교	14.30%	23.80%	40.40%	38.10%	50%	47.20%

(출처 : 부동산지인 프리미엄)

실거래 건수로 통계를 낼 때, 가장 많이 하는 실수가 거래건수의 절대적 수치로 거래가 많고 적음을 판단하는 것이다. 하지만 거래량은 해당 지역의 인구수에 따라 그 차이가 크므로 정량적으로 평가하면 오류가 발생한다. 따라서 해당 지역의 과거 동 월의 거래량 평균에서 현재 건수를 비율로 환산하여 추세를 보는 것이 중요한 포인트이다. 이렇게 환산한 월 평균 실거래량 비율이 아래의 표이다. 여기에서도 확인이 되듯이 2022년 12월 이후 대부분의 지역에서 거래량이 상승했다.

주로 1분위에 위치한 대장 단지들의 급매 거래가 줄을 이었다. 2022년 한해동안 가장 크게 하락했던 송파구 내의 '엘·리·트·레·파(엘스, 리센츠,

전국 아파트 월평균 실거래량 비율

	2022.12	2023.01	2023.02	2023.03	2023.04	2023.05
세 종	49.8%	80.6%	149.6%	141.3%	147.9%	133.6%
충 북	49.9%	59.0%	89.8%	83.8%	80.5%	85.5%
충 남	45.3%	57.2%	88.3%	78.1%	82.0%	89.2%
경 북	48.9%	58.9%	85.2%	74.2%	79.2%	82.5%
전 남	43.0%	59.2%	75.4%	70.9%	75.0%	81.7%
울 산	33.9%	50.3%	76.1%	68.2%	70.0%	87.3%
강 원	44.6%	49.4%	66.8%	69.6%	69.7%	81.2%
전 북	36.3%	48.3%	71.3%	62.1%	70.1%	91.1%
경 남	38.8%	47.5%	75.6%	65.9%	67.0%	77.1%
대 구	33.6%	39.5%	67.8%	66.2%	69.0%	76.1%
인 천	32.4%	44.2%	61.1%	56.8%	63.0%	70.5%
경 기	24.3%	36.1%	60.0%	56.8%	66.1%	69.4%
대 전	28.6%	36.6%	59.1%	55.0%	68.5%	63.4%
부 산	28.9%	44.2%	65.7%	55.4%	56.6%	57.5%
제 주	24.8%	37.5%	48.4%	58.9%	56.3%	75.0%
광 주	23.7%	34.9%	53.1%	51.9%	60.8%	67.8%
서 울	14.3%	23.8%	40.4%	38.1%	50.0%	47.2%

(출처 : 부동산지인 프리미엄)

트리지움, 레이크펠리스, 파크리오)' 단지를 중심으로 토지거래허가구역에 묶이지 않은 송파구 가락동의 헬리오시티 거래가 폭발적으로 증가했다. 또한 각 구의 동마다 대장 단지들의 급매가 속속 소진되며 2023년 상반기 반등의 시그널을 알렸다.

연초만 하더라도 하락으로의 전망이 많았기 때문에 여러 전문가들 사이에서도 반등인가 '데드 캣 바운스(하락 중의 일시적 반등)'인가 의견이 극과 극으로 갈리었는데, 7월이 넘어서자 하락으로의 전망은 거의 자취를 감추고 보합 혹은 상승으로 대부분 낙관적인 시장 전망을 내놓았다. 사실 미래를 예측한 다는 것은 신이 아닌 이상 할 수 없는 일이다. 특히 포스트 코로

서울 아파트 가격 급등 지역 및 주요 단지

자치구	단지명 (전용면적)	거래시기 (층)	실거래가	상승률
강남구	은마아파트 (84㎡)	2022년 11월 (5층)	21억 5,000만 원	14%
		2023년 5월 (5층)	24억 5,000만 원	
	도곡렉슬 (84A㎡)	2023년 1월 (17층)	23억 5,000만 원	14.9%
		2023년 5월 (13층)	27억 원	
서초구	래미안퍼스티지 (84L1㎡)	2023년 2월 (19층)	31억 5,000만 원	13.3%
		2023년 5월 (19층)	35억 7,000만 원	
	반포자이 (84C㎡)	2023년 3월 (24층)	28억 5,000만 원	14%
		2023년 5월 (29층)	32억 5,000만 원	
송파구	헬리오시티 (84E㎡)	2022년 12월 (34층)	16억 원	22.8%
		2023년 5월 (17층)	19억 6,500만 원	
	파크리오 (84B㎡)	2022년 12월 (21층)	17억 원	23.5%
		2023년 5월 (23층)	21억 원	
강동구	고덕아이파크 (84B㎡)	2023년 1월 (12층)	11억 원	22.7%
		2023년 4월 (13층)	13억 5,000만 원	
	롯데캐슬퍼스트 (84b㎡)	2022년 12월 (18층)	10억 원	22%
		2023년 4월 (20층)	12억 2,000만 원	

(출처 : 리얼투데이)

나의 불확실성 속에 경기 침체가 올지, 오지 않을지에 대해 세계의 내노라 하는 전문가들의 전망도 반으로 갈리던 시기이기 때문이다.

이처럼 어려운 미래에 대한 예측을 함에 있어서 어느정도 구체화할 수 있는 지표를 토대로 유추해 낸다면, 100% 미래를 맞출 수는 없지만 일정 부분 대응할 수 있는 영역이 있으리라 생각된다. 바로 그것이 이 책이 출간된 이유이다.

인 서울
: 누구나 원하는 그곳

2021년과 2022년, 휩몰아쳤던 지방 투자의 장이 막을 내리고 2023년에는 다시 수도권 부동산으로 사람들의 시선이 집중되었다. 수도권은 실수요자는 물론이고 투자자들 또한 호시탐탐 진입의 기회를 엿보고 있는 시장이다. 약 5,140만 명의 대한민국 인구 중에 절반 이상이 거주하고 있는 수도권을 향한 관심은 앞으로도 지속될 것이다.

부동산 하락을 전망하는 이들 가운데 대다수는 인구감소를 근거로 들고 있지만, 줄어드는 인구 문제는 오히려 일자리와 문화, 교육 등의 인프라가 지방과는 비교할 수 없이 잘 갖추어진 수도권으로 인구를 집중시키고 있다. 2018년부터 2022년까지 부산과 경남, 대구, 경북에서 12만 명이 넘는 인구가 서울로 순이동(전입에서 전출을 뺀 인구수) 해 왔다. 같은 기간,

같은 지역에서 경기도로 순이동한 인구 역시 10만 명이 넘는다. 따라서 대한민국 부동산에서 가장 안전한 투자 지역 역시 수도권, 그중에서도 서울이 될 수밖에 없는 것이다.

물론, 그렇다고 수도권이 항상 상승만을 한다는 이야기는 아니다. 부동산은 수요와 공급 그리고 경제 상황에 따라 전국적으로 다른 사이클을 가지고 움직이는 시장이기 때문이다. 지난 코로나 유동성 장과 같이 전국이 함께 급등하고 급락하는 일은 그리 자주 있는 이벤트가 아니다. 그렇기 때문에 전국 대부분의 부동산 시세가 2020년 하반기로 되돌아간 후, 투자가치가 높은 지역으로 사람들의 이목이 쏠리는 것은 당연한 일이다. 그리고 시간이 지날수록 수요가 넘쳐나는 수도권에 깃발을 꽂고자 하는 사람들의 열망은 점점 더 가속화될 것이다.

그렇다면, 2024년에도 여전히 이어질 수도권, 그중에서도 '인 서울(in Seoul)'에 대한 넘치는 열망의 근거 두 가지를 구체적인 데이터를 통해 살펴보도록 하자.

역대 최저인 서울의 입주물량

2024년 서울의 입주물량은 1만7,024세대로 예정되어 있다. 여기에 아직 모집공고가 올라오지 않은 분양예정물량을 더하면 2만3,342세대가 입주예정물량으로 잡힌다. 분양가상한제 등의 규제로 인하여 선분양이 아닌 후분양으로 진행중인 사업장이 꽤 존재하기 때문에, 입주물량에는 아직 잡히지 않지만 시공 중이거나 착공에 들어간 입주물량들이 존재하는 것이다. 그렇다고 해도 이는 2000년 이래 최저치이다.

2025년에는 후분양 물량 2만977세대가 입주물량에 추가되어 약 4만 3,662세대가 입주 예정되어 있다. 각 도시 내에 거주하는 사람들이 소화할 수 있는 입주물량을 추산할 때 활용되는 적정수요량은 통상적으로 인구수에 0.5%를 곱하여 나오는 수치로 계산되는데, 현재 서울의 인구수는 약 941만 명으로 이를 토대로 뽑아낸 서울의 적정 수요량은 년에 약 4만 7,000세대이다. 따라서 2025년에는 서울의 적정수요량을 거의 충족하는 입주물량이 추가되는 것이다.

그렇지만 2025년 이후 서울의 입주물량은 적어질 수밖에 없는데 그

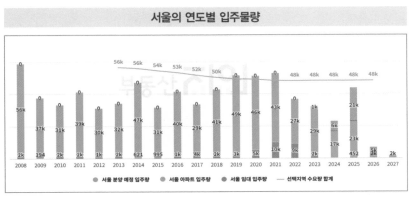

서울의 연도별 입주물량

(출처 : 부동산지인)

부트2024:부자되는 트렌드

이유는 인허가물량에 있다. 통상적으로 3~5년 후의 입주물량을 예상할 때는 인허가물량을 확인한다. 얼마든지 유휴부지를 활용하여 신도시를 만들어 낼 수 있는 경기도나 인천과는 달리 서울은 이러한 땅이 거의 존재하지 않기 때문에 새 아파트는 대부분 재건축이나 재개발 등 정비사업에 의해 만들어지는데, 인허가물량은 정비사업 과정에서 사업시행인가를 득할 때 수치에 잡히게 된다. 그런데 이 물량은 2017년부터 감소세를 보이며 줄어들기 시작하여 2022년과 2023년 역대 최저치를 기록하고 있다.

게다가 인허가를 받았다고 해서 해당 물량이 모두 착공으로 이어지는 것은 아니다. 원자재가격 상승으로 인한 정비사업장과 건설사의 공사비 인상 갈등이 급증하고 있기 때문이다. 협상이 원만하게 이루어지지 않으니 건설사들은 수주해 놓은 단지의 착공에 나서지 않고, 사업성이 나오지 않는 사업장의 경우에는 아예 수주 취소를 통보하고 있다. 따라서 더 이상 공급할 택지가 없는 서울은 2024년 이후에도 공급 물량을 크게 확보

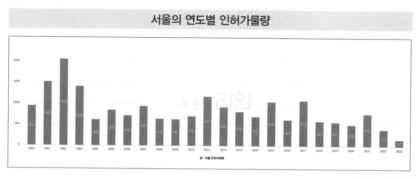

(출처 : 부동산지인)

할 수 없는 상황에 처해 있다.

"또 입주물량 타령인가?" 혹자는 이렇게 이야기할지도 모르겠다. 2023년 전망에 대해 이야기할 때 수많은 전문가들이 상승의 근거로 내민 것이 바로 이 지겨운 서울의 입주물량 부족이었기 때문이다. 입주물량 부족으로 인해 2023년에는 서울과 수도권의 부동산 가격이 오를 거라는 전망이 많았지만, 현실은 오히려 큰 폭으로 떨어졌다. 그러다 보니 입주물량 부족 이야기에 신뢰도가 떨어진 것도 사실이다.

하지만 그 어떤 전문가도 러시아-우크라이나 전쟁을 미리 예측할 수도, 미국의 급격한 금리 인상을 예견할 수도 없었다. 한마디로 2023년 주택가격의 급격한 붕괴는 불가항력적인 외부요인으로 인해 이루어졌다는 이야기이다.

금리 인상이 전세가격에 미치는 영향

2023년에는 급격한 금리 인상을 예측한 사람이 많았다. 하지만 그것이 집값을 이렇게 단기간에 곤두박질치게 하리라고 예상한 전문가는 거의 없었다. 그도 그럴 것이 코로나 사태 이전 집값의 상승과 하락에 금리가 지대한 영향력을 가지고 있다고 보기에는 그 연관성이 매우 부족했기 때문이다.

오른쪽은 2002년부터 서울 월간 매매가격지수 증감률과 주택담보대출 금리와의 관계를 나타낸 것이다. 막대그래프는 서울시의 월간매매가격 변동률을 나타낸 것인데 빨간색이 상승, 파란색은 하락이다. 초록색의 선그래프는 주택담보대출 금리의 변화를 나타낸 것이다.

2005년 6월에 5.13%던 주택담보대출 금리가 2008년 1월 7.08%로 올랐을 때에도 매매가격은 상승했고, 2010년 1월 5.88%였던 금리가 지속적으로 하락하여 2013년 6월에 3.73%가 되었을 때도 서울의 주택 매매가격은 동반 하락했다. 다른 시점에서도 비슷한 경우가 발견되는 것을 보면, 코로나19 팬데믹 이전까지 주택담보대출 금리와 주택가격은 연동되어 움직인다고 판단하기가 어렵다.

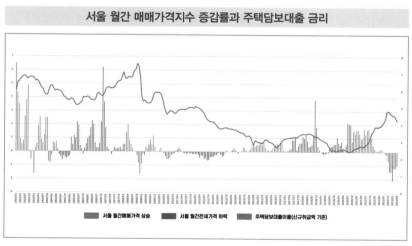

서울 월간 매매가격지수 증감률과 주택담보대출 금리

서울 월간매매가격 상승   서울 월간전세가격 하락   주택담보대출이율(신규취급액 기준)

(출처 : 한국은행 통계시스템 자료 재가공)

따라서 많은 전문가들은 고금리에도 서울의 입주 물량 부족으로 인한 상승은 2022년과 2023년에도 여전히 이어질 것으로 예상했다. 하지만 전문가들도 한 가지 간과한 부분이 있었는데, 그것은 바로 전세자금대출이다. 초저금리 시대에 진행됐던 전세자금대출로 치솟은 전세가격 버블이 초고금리를 맞닥뜨렸을 때 흔적도 없이 녹아내릴 수 있다는 점이었다.

전세보증금은 은행에 돈을 맡길 때처럼 이자가 붙는 것이 아니라서 자산으로서의 가치가 전혀 없기 때문에 오로지 전세자금대출의 금리와 밀접한 연관성을 가지고 움직여왔다. 2015년 이후 대부분의 기간 동안 3% 대 초중반에서 움직여왔던 전세자금 대출금리가 코로나 이후 처음으로 2%대 중반까지 하락했다. 게다가 전세가격이 상승하면서 기존 세입자들

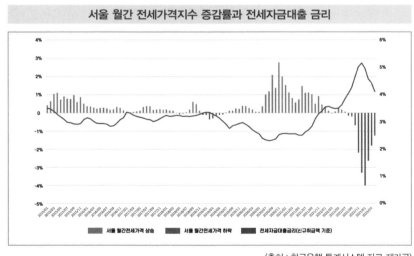

(출처 : 한국은행 통계시스템 자료 재가공)

이 움직이지 않으려 하자 전세 매물이 감소하는 현상이 일어났다. 이로 인해 전세매물 수급의 불균형이 일어나자 전세 가격은 가히 폭발적으로 상승하게 됐다.

하지만 비정상적으로 부풀어오른 전세가 버블은 2022년 12월 고점을 찍은 금리와 더불어 2023년 1월에 −4%에 이르는 큰 하락을 맞이하며 순식간에 녹아내렸는데, 이 정도로 큰 폭의 전세가격 하락은 1998년 외환위기 이후 처음 있는 일이다. 매매가격을 밀어올린 것이 전세가 버블이었으니, 고금리와 역전세를 맞아 단기간에 급격한 하락을 맞이한 것은 어찌 보면 당연한 수순이었다.

대한민국 부동산 가격의 변곡점에서 가장 중요한 터닝포인트는 바로 이 전세가의 방향성이다. 전 세계 유일무이하게 대한민국에만 있다는 전세 제도는 전세가가 상승할 때 매매가를 밀어 올리는 역할을 하고, 매매가가 하락할 때 매매가격의 하락을 막아주는 지지선 역할을 한다. 이렇게 될 수밖에 없는 이유는 단 하나이다. 전세가격이 매매가격보다 위에 존재할 수 없기 때문이다.

흔히 이야기하는 '무피투자'와 '플피투자'는 대부분 매매계약 시점과 전세계약 시점(잔금 시점) 사이 일정한 기간을 두고 이루어지기 때문에 가능한 일이다. 아직 전세가격이 매매가격보다 낮을 때 계약을 했다가, 시간이 지난 후 잔금을 치를 때 매매가격만큼 높아진 전세가격으로 세입자를 들이는 방식이다. 따라서 많은 투자자들이 가장 좋아하는 투자 타이밍은 전세가가 매매가와 거의 붙어가는 시점, 즉 전세율이 높을 때이다.

그렇다면 이토록 중요한 전세가격은 언제 가장 크게 상승할까? 바로 '공급'이 부족한 시점이다. 서울 중심입지에 입주물량이 압도적으로 많았던 사례를 살펴보면 입주물량이 많을 때 서울 부동산 가격이 어떻게 움직였는지 확인해 볼 수 있다.

대표적인 사례가 2019년 서울 송파구 헬리오시티 입주다. 헬리오시티는 가락시영아파트를 재건축하여 탄생한 아파트인데, 재건축이 되기 전 가락시영아파트에는 총 6,600세대가 살고 있었으나 용도지역이 2종 일반주거지역에서 3종 일반주거지역으로 상향되며 무려 9,510세대가 공급되었다. 서울 핵심지에 미니 신도시급 입주물량이 만들어지는 것이다.

공급된 물량이 많아지니 전세를 얻기 위한 세입자들 사이의 경쟁이 줄어들고, 전세가는 낮아질 수밖에 없다. 헬리오시티의 입주물량은 강남3구뿐만 아니라 인근 지역들의 전세가격을 끌어내렸고, 이 흐름은 강동구와 강남구, 서초구, 동작구에 이르기까지 크게 이어졌다.

인근에 있는 지역들까지 전세가격이 하락한 이유는 간단하다. 재건축 아파트의 완공을 기다리며 인근 지역에 잠시 머물고 있던 이주민들이 다시 이사를 들어가면서 전세 물량이 남게 되고, 이와 함께 저렴한 가격의 신축 아파트로 이사 가고자 하는 주변 임차인들도 오래된 집의 전세를 빼려고 하기 때문에 무더기 전세 물량이 쏟아지게 되기 때문이다.

또한 매매가격도 함께 떨어지게 된다. 그 이유는 이들이 살던 집의 집

주인들이 전세를 맞추기 위해서는 전세가를 낮추거나 전세금을 내어줘야 하는데, 이러한 부담 때문에 시세보다 싸게 매매로 내놓는 급매물들이 출현하기 때문이다. 여기에 신축 아파트의 물량까지 더해지기 때문에 입주장에서는 매매가 역시 시세보다 저렴하게 형성이 되면서 주변 아파트 가격에 타격을 주게 된다.

이런 상황에서 2018년 9월 13일, 대출규제와 종부세 인상 등의 내용

헬리오시티 입주 전후 서울 주요 지역의 매매 · 전세시세 증감률

지역명(단지수)	매매시세			전세시세		
	2018.09	2019.03		2018.09	2019.03	
	가격(만원)	가격(만원)	증감률	가격(만원)	가격(만원)	증감률
서울 송파구(227)	3,692	3,536	-3.20%	1,779	1,748	-1.80%
서울 강동구(190)	2,763	2,673	-2.50%	1,406	1,315	-7.00%
서울 강남구(345)	5,403	5,271	-1.70%	2,033	1,976	-4.10%
서울 광진구(114)	2,953	2,921	-0.60%	1,709	1,683	-1.40%
서울 용산구(108)	3,897	3,868	-0.10%	1,765	1,739	-1.50%
서울 서초구(267)	5,057	5,042	0.30%	2,202	2,104	-6.00%
서울 양천구(177)	2,942	2,893	0.60%	1,544	1,508	-1.80%
서울 성동구(152)	2,998	2,995	0.70%	1,721	1,689	-1.50%
서울 마포구(230)	2,958	2,949	0.70%	1,708	1,660	-2.60%
서울 동작구(139)	2,621	2,621	0.80%	1,609	1,527	-5.40%
서울 서대문구(135)	2,255	2,241	0.90%	1,423	1,363	-4.20%
서울 중구(91)	2,649	2,658	0.90%	1,682	1,666	-1.60%
서울 강서구(333)	2,261	2,257	1.00%	1,278	1,256	-1.70%
서울 관악구(135)	1,911	1,907	1.40%	1,272	1,245	-2.70%
서울 강북구(73)	1,615	1,629	2.40%	1,087	1,029	-4.40%
서울 성북구(143)	1,862	1,898	2.40%	1,285	1,220	-4.90%
서울 은평구(174)	1,826	1,855	2.40%	1,208	1,164	-3.80%
서울 영등포구(319)	2,571	2,624	2.90%	1,423	1,396	-1.90%
서울 동대문구(193)	2,045	2,085	2.90%	1,285	1,291	0.10%
서울 종로구(86)	2,624	2,681	3.00%	1,688	1,644	-1.70%
서울 노원구(231)	1,741	1,773	3.30%	1,033	1,026	-0.50%
서울 금천구(103)	1,520	1,614	3.60%	1,050	1,038	-1.80%
서울 도봉구(143)	1,499	1,544	4.10%	946	927	-1.70%
서울 구로구(273)	1,771	1,823	4.30%	1,186	1,167	-0.80%
서울 중랑구(143)	1,576	1,643	5.10%	1,128	1,118	-0.40%

(출처 : 부동산지인 프리미엄)

을 담은 강력한 대책이 발표되자 서울의 부동산 거래가 동시에 얼어붙었고, 월 5,000건 이상을 유지하던 서울의 월평균 매매 거래량이 1,500건 아래로 떨어지며 6개월간의 매매가 하락을 견인하였다.

그럼에도 이 시기 송파구의 전세가격 하락은 오히려 주변 지역보다 낮았다. 그 이유는 무엇일까? 신축인 헬리오시티의 전세가가 다른 신축 아파트들의 평균 시세보다는 낮게 형성되었지만, 송파구 내 전체 전세가격의 평당가를 끌어올렸기 때문이다. 오히려 송파구와 인접한 강동구와 서초구, 강남구에서 더 큰 전세가 하락이 나온 것은 어쩌면 당연한 현상이다. 헬리오시티에 입주하기 위해 대기하고 있던 실거주자들과 세입자들이 대체지역에서 이탈했기 때문이다.

이렇듯이 핵심지역의 입주 물량은 가장 먼저 인근 지역에 영향을 주고, 그 주위로 점차 도미노처럼 퍼져 나가는 것이 특징이다. 반면 외곽지역의 입주물량은 핵심 지역의 전세나 매매 가격에 큰 영향을 끼치지 못한다. 따라서 입주물량이 많은 지역이 있다면 핵심지역인지 외곽지역인지를 파악하는 것이 매우 중요하다.

입주물량보다는 정책과 경제 상황을 보라

헬리오시티가 서울 전체의 매매가격을 뒤흔든 것은 사실이지만, 이를 극복하는 데에는 그리 오랜 시간이 걸리지 않았다. 만약 9·13 대책이 아니었다면 헬리오시티 입주의 파장은 훨씬 적었을지도 모른다.

사실 서울은 입주물량보다는 정책이나 경제 상황에 더 많이 영향을 받는 시장이다. 인구수에 따른 적정수요량에 관계 없이 전국에서 진입을 노리고 있는 서울 부동산은 이미 거주의 본질을 넘어 자산으로서 사람들에게 인식되고 있기 때문이다. 이러한 특성으로 인하여 서울 부동산 가격이 대부분의 기간 동안 우상향 해왔다는 것은 익히 알고 있을 것이다.

헬리오시티와 반대의 경우를 살펴보자. 2019년 6월부터 서울 강동구에서는 삼익그린맨션 1차를 재건축한 래미안솔베뉴를 시작으로 고덕주공아파트 1단지에서 7단지까지 재건축되며 1년여가 조금 넘는 기간 동안 무려 1만6,524세대가 입주하였다. 헬리오시티처럼 3개월 만에 이루어진 입주는 아니었지만, 두 배에 가까운 세대수가 공급되었기 때문에 적지 않은 물량이었다. 인구수로 단순 계산한 서울의 적정 수요량은 연간 대략 4만8,000세대인데 이 중 약 34%를 차지하는 큰 물량이 강동구 고덕동과 상일동에 집중된 것이다.

하지만, 꾸준히 높은 입주물량에도 2019년부터 2021년까지 강동구의 시세는 아랑곳하지 않고 상승을 이어갔다. 전세가격은 입주물량의 영향을 더 크게 받기 때문에 매매가에 비하여 상승률이 높지는 않았지만, 저금리와 임대차 2법으로 인한 전세 수급의 불균형으로 2020년 하반기에는 전세가격이 크게 상승하였다.

서울시 전체로 보았을 때에도 마찬가지였다. 2019년부터 2021년까지 서울시는 연간수요량을 웃도는 입주물량에도 대세의 흐름이 하락으로 방향을 틀지 않았다.

그랬던 흐름이 바뀐 것은 폭발적인 금리인상이 시작된 이후다. 위의 그림에서도 알 수 있듯이, 오히려 서울의 입주물량이 많았던 시기에는 상승이 가파르게 진행되고, 반대로 적어지는 시기에는 외부 충격에 의하여 하락으로 시세의 방향이 바뀐 것이다. 이처럼 서울 부동산은 인구수에 따른 적정 수요량이나 공급량보다는 정책과 금리인상, 경기침체와 같은 경제 상황에 더 큰 영향을 받는다는 것을 확인할 수 있다.

하지만 반대로 생각하면, 입주물량이 넘쳐나는 시기에도 상승세가 꺾

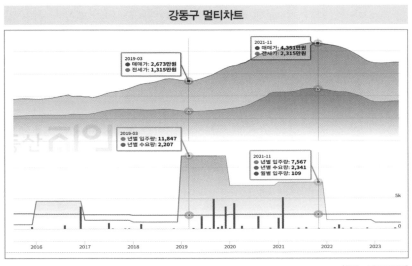

(출처 : 부동산지인)

이지 않을 만큼 강력한 서울의 부동산이 2000년 이후 역대 최저 입주물량과 만나게 된다면 어떻게 될까? 역전세로 인한 전세가 하락은 2023년 하반기에 대부분 마무리가 될 것이고 이로 인한 매매가의 하방 압력은 낮아질 것이다.

그렇다면 2022년과 같은 급격한 하락을 맞이할 위험은 줄어든다. 또한 역대 최악의 공급 부족으로 인하여 전세가는 안정적으로 우상향할 가능성이 높다. 그렇기 때문에 2024년 서울 부동산은 하락 요인보다는 상승 요인이 더 많다고 판단할 수 있는 것이다.

물론 복병은 있다. 심각한 경기침체나 2022년과 같은 급격한 금리인

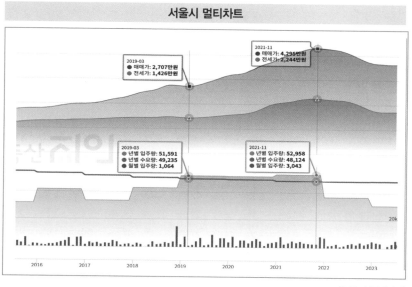

(출처 : 부동산지인)

상이 벌어질 가능성이 존재 한다면 말이다. 다음에 나올 표는 CME그룹에서 예측하는 미국 연방준비제도(FED)의 금리 인상에 대한 전망이다. 2024년 6월 전에는 5.25~5.50%의 금리 수준을 전망했는데 이후부터는 5.00~5.25%로 하락할 것으로 예상하고 있다. 금리 인하가 2024년 6월 이전에는 일어나지 않을 것이라는 예상이 현재로서는 더 우세한 것이다.

2024년 6월 이후에도 미국은 언제든지 물가상승이나 고용환경 등의 이유를 들어 금리 인상으로 포지션을 바꿀 수 있다. 또한 한국 역시 미국보다 2%나 낮은 기준금리 격차에 대한 고민이 깊고, 2023년 8월 이후부터는 유가와 물가상승률이 높아지는 추세로 접어들면서 금리 인상에 대

미 연준의 금리인상 전망

MEETING DATE	350-375	375-400	400-425	425-450	450-475	475-500	500-525	525-550	550-575	575-600
2023-11-01			0.0%	0.0%	0.0%	0.0%	3.8%	96.2%	0.0%	0.0%
2023-12-13	0.0%	0.0%	0.0%	0.0%	0.0%	0.0%	2.9%	73.1%	24.0%	0.0%
2024-01-31	0.0%	0.0%	0.0%	0.0%	0.0%	0.0%	2.6%	65.9%	29.1%	2.5%
2024-03-20	0.0%	0.0%	0.0%	0.0%	0.0%	0.5%	14.0%	59.2%	24.3%	2.0%
2024-05-01	0.0%	0.0%	0.0%	0.0%	0.2%	6.5%	34.1%	43.7%	14.4%	1.1%
2024-06-12	0.0%	0.0%	0.0%	0.1%	3.1%	19.3%	38.6%	30.0%	8.2%	0.6%
2024-07-31	0.0%	0.0%	0.1%	1.9%	12.7%	30.7%	33.5%	17.2%	3.7%	0.2%
2024-09-18	0.0%	0.0%	1.1%	8.0%	22.9%	32.3%	24.2%	9.5%	1.7%	0.1%
2024-11-07	0.0%	0.5%	4.3%	14.8%	27.2%	28.6%	17.5%	6.0%	1.0%	0.1%
2024-12-18	0.3%	2.7%	10.4%	22.1%	28.0%	22.1%	10.8%	3.1%	0.4%	0.0%

(출처: CNBC)

한 불씨가 여전히 남아 있는 상황이다.

하지만 현재 금리 수준에서는 2024년 6월 이전까지 미국이 금리를 동결하거나 인상하더라도 아주 소폭일 거라는 예상이 더 우세하다. 2022년처럼 미국의 물가상승률이 급속도로 오르고 있는 상황도 아니기 때문에 2024년에는 급격한 금리 인상에 대한 우려는 덜할 것으로 예상된다.

필자는 이 책을 읽고 있는 독자들이 2024년 부동산 시장에 대해 '현실은 직시하되, 긍정적'으로 생각하길 바란다. 부동산 가격이 불확실한 외부 변수의 영향을 받아 하락할 것이라는 생각에 빠져있기보다는 현재 사람들의 심리가 어느 방향을 향해 움직이고 있는지 관찰하고, 그 흐름에 맞추어 유연하게 대처하는 것이 미래에 대처하는 올바른 투자자의 자세일 것이다.

구축 아파트
: 청약 낙첨자들은 어디로

"분양가는 오늘이 가장 싸다"라는 말은 부동산에 어느 정도 관심이 있다면 들어봤음직한 이야기이다. 한국의 분양 시장은 대부분 선분양 제도를 채택하고 있기 때문에 완공되기 2~3년 전 분양가를 결정하고, 분양을 하고, 그 후에 공사를 시작한다. 따라서 입주 시점이 되면 공사기간 동안 오른 주변 시세보다 체감적으로 싼 가격이 되는 것이다.

그런데 주변 시세만 보지 않고 전국 연별 평균 평당 분양가격을 보면 매년 분양가격이 상승하고 있는 것을 확인할 수 있다. 오른쪽 표는 10년간 입주시점을 기준으로 전국 아파트의 평균 연별 평당 분양가격을 나타낸 것이다. 대부분의 지역에서 150% 이상 상승했고, 많게는 286%까지 상승한 지역이 있을 정도로 매년 그 상승 폭이 커지고 있다.

여기에는 지가 상승에 따른 자연적인 상승분도 당연히 포함되지만, 2022년부터 급격하게 오르기 시작한 건설 원자재 가격 또한 큰 영향을 미치고 있다.

게다가 2023년 들어서부터 청약 경쟁률이 점차 높아져 왔다는 점도 한 요인이다. 앞으로 남은 서울의 분양 물량이 많지 않다는 것을 청약 대기 수요층 또한 이미 알고 있는 상태이기 때문에 지금이라도 분양을 받으려는 수요가 많았던 것이다.

또한 부동산 시장이 활황일 때는 미분양에 대한 걱정이 없기 때문에 건설사와 재건축조합들이 사업성을 높이기 위해 분양가를 높게 산정하는데, 특히 분양 완판이 최고조에 달했던 2020년과 2021년에 분양한 아파트 중

연도별 전국 평당분양가 평균

날짜	서울	강원	경남	경북	광주	대구	대전	부산	세종	울산	인천	전남	전북	제주	충남	충북
2026	3,391	1,205	1,426	1,534	1,649	1,770	1,702	1,886	1,343	1,611	1,538	–	1,157	–	1,341	1,151
2025	3,527	1,329	1,304	1,271	1,622	1,805	1,596	1,607	1,338	1,912	1,660	1,197	1,111	2,375	1,201	1,069
2024	3,608	1,099	1,196	1,099	1,601	1,687	1,272	1,758	1,261	1,556	1,688	1,102	1,013	2,156	1,036	1,003
2023	3,077	968	1,042	1,119	1,488	1,620	1,228	1,584	1,139	1,480	1,513	1,050	889	2,314	1,021	919
2022	2,496	1,000	1,159	908	1,339	1,557	1,110	1,402	1,102	1,359	1,343	971	877	–	909	905
2021	2,709	925	1,031	990	1,183	1,309	1,216	1,260	1,091	955	1,238	891	881	1,473	924	824
2020	2,451	836	960	890	943	1124	965	1208	1028	1180	1232	848	857	1662	896	897
2019	2,231	753	959	773	990	1278	920	1214	902	1010	1116	777	818	1445	780	812
2018	2,543	698	887	771	902	1013	820	1056	902	983	1074	742	775	992	805	802
2017	1,973	720	891	727	786	798	843	941	884	922	1072	661	714	882	771	677
2016	2,017	669	747	670	776	714	761	819	773	785	974	655	672	831	718	691
10년 상승비율	168%	180%	191%	229%	213%	248%	224%	230%	174%	205%	158%	183%	172%	286%	187%	167%

분양가 상한제에 해당하지 않는 아파트의 분양가는 상상을 초월할 정도로 높아졌다.

높아지는 분양가, 실수요자들의 선택은?

여기에 더하여 서울의 청약 경쟁률이 높아지기 시작한 다른 요인도 있었다. 서울과 인접한 경기도의 국민주택평형인 전용 84㎡ 이하 신축아파트 분양가도 10억 원 이하로는 드물어졌기 때문에 분양가가 더 오르기 전에 청약하려는 수요 또한 증가한 것이다.

2022년 12월 부동산 침체 시기에 분양한 올림픽파크포레온의 전용 84㎡ 분양가격은 최고가 기준 13억 2040만 원이었다. 당시에는 이 가격이 너무 비싸다며 미분양이 되었고, 소형 평형은 미분양 물량을 저렴하게 계

국민주택 기준 분양가 10억 원 초과 단지(경기도)			
지역	단지명	분양가(최고가 기준)	분양시기
광명	광명센트럴아이파크	12억 7000만 원	7월
	광명자이더샵포레나	10억 4550만 원	5월
	천산자이더헤리티지	12억 4900만 원	작년 12월
의왕	인덕원 퍼스비엘	10억 7900만 원	5월
안양	평촌센텀퍼스트	12억 7200만 원	1월
용인	e편한세상용인역플랫폼시티	12억 3000만 원	5월

(출처 : 브릿지경제)

약하는 이른바 '줍줍'으로까지 이어졌다.

하지만 1년 후인 2023년 경기도의 아파트 분양가격이 84㎡ 기준 10
억 원을 훌쩍 넘기자 올림픽파크포레온이 저렴했다는 여론이 하나 둘 생
겨나기 시작했다. '강남 4구'라 불릴 정도로 상급입지인 강동구에 위치한
데다가 무려 1만2,032세대의 대단지 아파트였으니 말이다.

이런 상황에서 서울 부동산 시장의 분위기가 반등하자 청약 시장에
도 훈풍이 불기 시작한 것이다. 이 시기 입주물량 폭탄으로 크게 고생하
고 있던 인천마저도 택지지구인 검단 신도시 AB19 블록 청약 경쟁률이
34.85:1을 기록하기도 하였다.

이처럼 청약 경쟁률이 높아지고 청약 시장이 과열되면, 청약에 낙첨된
수요층들이 기존에 지어져 있던 아파트 매수로 포지션을 바꿀 확률이 높
아진다. 지난 2020년 11월에는 '로또 청약'이라 불리던 과천지식정보타운
3개 단지 청약이 진행됐는
데, 무려 57만 명이 지원
하여 평균 534.9:1의 경쟁
률을 기록하였다.

당시 4인 가구 등 청약
가점 만점짜리 통장도 탈
락할 정도로 고가점자들
이 많았으니 가점이 낮은

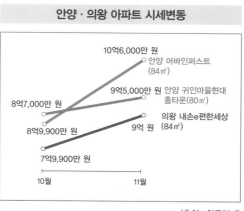

(출처 : 한국경제)

3040 젊은 수요층들은 당연히 대거 낙첨될 수밖에 없었다. 이들은 이후 평촌과 의왕 등의 기존 아파트를 구매하기 시작했는데, 덕분에 해당 지역의 시세가 급격히 상승했다.

비슷한 사례로 2021년 5월 동탄역 디에트르퍼스티지 청약이 있다. 당시 역대 최대 809:1의 청약경쟁률이 기록되자 인근 동탄2신도시 전체의 아파트 거래가 급증하기도 했다.

이렇듯이 청약경쟁률 상승과 높아지는 분양가 부담, 부족한 분양물량까지 더해지면 청약 대기층들은 대안으로 청약하고자 한 지역 주변의 아파트를 알아보게 된다.

모든 구축이 오르는 건 아니다

하지만 속된 말로 개집을 사도 오르던 2020~2021년과는 달리 특정 아파트에 대한 선호 현상은 앞으로 더욱 도드라질 것이다. 좋은 입지의 구축이거나, 아예 신축이거나, 재건축이 예정된 단지 등 누구나 선호하는 단지들만 오를 가능성이 높다.

지난 2022년 12월, 긴 하락을 끝내고 하나 둘 거래가 일어나기 시작했던 시기에 서울시 구별 거래량이 가장 많았던 송파구를 살펴보면 거래된 물량의 28%가 가락동, 25%가 잠실동이었다. 특정 선호지역에서만 집중적으로 거래가 이루어진 것이다.

아파트 단지 기준으로 살펴보면 선호하는 단지에 대한 집중현상은 더욱 뚜렷하게 확인된다. 토지거래허가구역으로 묶이지 않은 가락동의 헬리오시티와 신천동의 잠실파크리오가 가장 많은 거래 건수를 기록하며 송파구 전체 거래의 33%를 차지하였다. 잠실동의 대표 단지인 잠실엘스, 리센츠, 트리지움과 재건축 아파트인 잠실 주공5단지, 올림픽훼미리타운까지 합치면 총 일곱 개의 단지가 송파구 전체 거래의 60%를 가져갔다. 송파구 내 전체 단지수가 227개임을 생각하면 실로 놀라운 결과다.

결론적으로 2024년에도 일부 지역과 일부 단지로 몰리는 거래 집중 현상은 계속 이어질 것으로 예상된다. 다만 이미 2023년에 대장급 아파트와

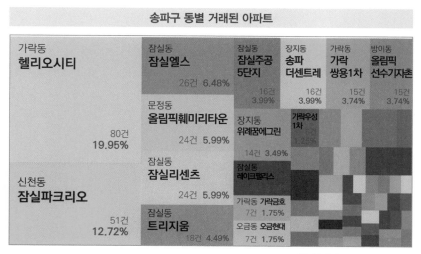

(데이터 출처: 부동산 지인 프리미엄)

신축 아파트의 시세가 많이 상승하였기 때문에, 이러한 5분위급(상위 20%) 단지들에서 한 단계 아래인 4분위급과 3분위급으로 점차 사람들의 수요가 이동할 것이다. 하지만 서울 외곽과 경기도 외곽 등 2분위급 및 1분위급 지역이나 아파트까지 온기가 퍼지기에는 꽤 오랜 시간이 소요될 것이다.

또한 상승장을 겪으며 생겨난 수많은 프롭테크(prop-tech, 인공지능이나 빅데이터 등 첨단 정보 기술을 결합한 부동산 서비스)와 실시간으로 정보가 전달되는 부동산 톡방 등의 활성화로 예전에 비해 부동산 정보의 비대칭성은 거의 사라졌다. 따라서 사람들에게 자주 회자되며 관심이 집중되는 아파트이거나 호재가 많이 부각 되는 지역 내 아파트일수록 거래가 더욱 활발하게 이루어질 것으로 예상된다.

양극화

: 몰리는 곳에만 몰린다

첫번째 키워드인 '인 서울'과 궤를 함께하는 키워드가 바로 양극화이다. 전 세계가 코로나 디바이드(Corona Divide, 코로나19 사태로 인한 사회 양극화)시대로 접어들면서 부의 양극화는 다양한 분야에서 나타나고 있다.

자산에서 부채를 뺀 순자산의 불평등 정도를 보여주는 순자산 지니계수도 2022년 0.606으로, 관련 통계가 작성되기 시작한 2012년 이후 최대치를 기록했다(연합뉴스 2022년 12월 7일자 기사 참조). 특히 상위 20%와 하위 20%의 자산 격차가 벌어지게 된 요인 중 하나가 부동산 자산이다. 5분위(상위 20%)의 98.6%가 부동산 자산을 보유한 반면 1분위(하위 20%)의 부동산 보유 비율은 10.1%에 불과했다. 결국 부동산의 자산 격차가 전체 자산의 격차로 이어진 것이다.

코로나로 심화된 부의 불평등

	2020년	2022년
억만장자 수	573명	2,668명
억만장자 자산	9조9,200억 달러	12조7,000억 달러
세계 GDP 중 억만장자 자산 비중	4.4%	13.9%
세계 10대 부자 자산 〉 하위 40% 31억 인구 자산		
세계 20대 부자 자산 〉 사하라사막 이남 아프리카 국가 GDP 총합		

　이러한 현상은 자산 시장뿐만이 아니라 서울 부동산 시장 내에서도 찾아볼 수 있다. 같은 서울 내에서도 상위 구들의 부동산 가격과 하위 구들의 부동산 가격의 격차가 크게 벌어지고 있기 때문이다.

　대한민국에서 가장 비싼 서울시 강남구의 평균 매매 평당 가격은 2022년 7월 부동산 지인의 시세 기준 6,742만 원이다. 뒤이어 서초구의 가격은 6,507만 원으로 이 두 지역의 매매가 차이는 3%로 거의 근사한 수치이다. 하지만 3위인 용산구는 강남구와 그 격차가 14%로 벌어진다. 이미 대한민국 상위 3%는 3위와도 10%가 넘는 격차를 벌리고 있는 것이다. 서울의 가장 낮은 매매 평당가를 기록하고 있는 도봉구와의 격차는 무려 68%에 이른다. 30년 차 이상 아파트 비율이 33%에 육박하는 강남구가 재건축의 속도를 올려 신축이 공급된다면 이 격차는 더욱 크게 벌어질 것이다.

또한 같은 수도권인 경기도와 인천의 대장 구들의 상황도 마찬가지이다. 경기도 평균 매매 평당 가격 1위 도시인 과천시와 강남구의 격차는 30%이고, 인천시의 1위 구인 연수구와는 76%나 크게 차이가 벌어진다. 서울시 가장 하위 구의 가격보다도 인천시 대장 구의 가격이 더 저렴할 정도이다.

지방 광역시로 가면 그 격차는 더욱 극명해진다. 제2의 수도라 불리는 부산광역시의 대장 수영구조차 강남구 대비하여 약 70%나 격차가 벌어진다. 6대 광역시 중 하나인 광주광역시의 대장동인 동구와의 격차는 무려 84%에 이를 정도이다.

상황이 이렇다 보니 자산으로서 매력이 높은 서울과 수도권으로 전국 수요가 몰리는 것은 당연한 일이다. 정부에서도 이러한 상황을 인지하고 수도권의 인구 집중 문제를 해결하기 위한 정책을 다방면으로 진행하고 있지만 이 또한 그리 녹록한 상황은 아니다. 대표적인 예로, 2012년 7월 수도권의 과밀화와 주택난 등의 해소를 위하여 국가 균형 발전을 목적으로 탄생한 도시인 세종시의 경우를 보아도 인구 분산의 어려움을 어렵지 않게 찾아볼 수 있다.

세종시의 첫 마을이 입주를 시작한 2011년 11월부터 2023년 5월까지 이루어진 세대 순 이동(전입-전출)을 살펴보면 총 12만 4,633세대 중, 충청권에서 세종시로의 순이동은 7만 4,114세대로 전체의 약 60%에 달한다. 이에 비해 수도권의 순이동은 2만 9,262세대로 전체의 23%밖에 되지 않는다. 수도권의 인구와 충청권의 인구수 차이를 고려했을 때 수도권 인구 이동은 미미한 편인데 반해, 충청권의 인구는 상당히 많은 수가 세종시로 유입된 것이다(출처 : 부동산지인 전출입현황).

이처럼 정부의 정책만으로는 수도권 집중화를 막을 수 없다. 또한 포항, 울산 등지에 있는 제조업 기반 대기업들도 고급 인력의 채용을 이유로 들어 핵심 부서들의 서울 이전을 추진하고 있는 상황이다. 때문에 인구가

강남과 주요 지역간 가격 차이

지역명(단지수)	매매가격 (22.07.01)	전세가격 (22.07.01)	강남대비
서울(4,527)	3,636	1,718	54%
서울 강남구(345)	6,742	2,518	100%
서울 서초구(267)	6,507	2,723	97%
서울 용산구(108)	5,772	2,132	86%
서울 송파구(227)	4,969	2,152	74%
서울 성동구(152)	4,153	2,007	62%
서울 양천구(177)	4,124	1,736	61%
서울 광진구(114)	4,093	1,981	61%
서울 마포구(230)	3,924	2,002	58%
서울 종로구(86)	3,659	1,888	54%
서울 영등포구(319)	3,561	1,679	53%
서울 동작구(139)	3,512	1,768	52%
서울 강동구(190)	3,504	1,765	52%
서울 중구(91)	3,459	1,883	51%
서울 강서구(334)	2,988	1,481	44%
서울 서대문구(135)	2,939	1,628	44%
서울 동대문구(193)	2,695	1,501	40%
서울 관악구(137)	2,578	1,441	38%
서울 성북구(143)	2,577	1,486	38%
서울 노원구(231)	2,541	1,188	38%
서울 은평구(174)	2,541	1,424	38%
서울 구로구(273)	2,495	1,330	37%
서울 중랑구(143)	2,358	1,336	35%
서울 금천구(103)	2,232	1,290	33%
서울 강북구(73)	2,224	1,248	33%
서울 도봉구(143)	2,155	1,061	32%

지역명(단지수)	매매가격 (22.07.01)	전세가격 (22.07.01)	강남대비
서울 강남구(345)	6,742	2,518	100%
경기 과천시(30)	4,746	2,152	70%
경기 성남시 분당구(289)	3,695	1,837	55%
경기 하남시(171)	2,563	1,500	38%
경기 안양시 동안구(172)	2,404	1,376	36%
경기 광명시(101)	2,399	1,321	36%
경기 구리시(112)	2,198	1,149	33%
경기 용인시 수지구(226)	2,083	1,279	31%
경기 수원시 영통구(182)	2,054	1,135	30%
경기 의왕시(108)	2,012	1,195	30%
경기 부천시(395)	1,698	1,034	25%
경기 군포시(108)	1,666	1,050	25%
경기 고양시 덕양구(259)	1,641	1,021	24%
인천 연수구(207)	1,622	872	24%
경기 안산시 단원구(178)	1,585	846	24%
경기 화성시(517)	1,572	856	23%
경기 남양주시(401)	1,421	897	21%
경기 시흥시(329)	1,327	775	20%
경기 김포시(253)	1,318	808	20%
경기 광주시(146)	1,232	832	18%
경기 의정부시(273)	1,175	756	17%
경기 파주시(243)	1,105	765	16%
경기 오산시(135)	1,095	735	16%
경기 평택시(364)	1,086	697	16%
경기 광명군(34)	935	644	14%
경기 양주시(153)	884	484	13%

지역명(단지수)	매매가격 (22.07.01)	전세가격 (22.07.01)	강남대비
서울 강남구(345)	6,742	2,518	100%
부산 수영구(118)	2,023	804	30%
제주 제주시(209)	1,675	932	25%
세종시(233)	1,575	673	23%
대구 수성구(278)	1,419	796	21%
대전 유성구(216)	1,259	787	19%
경남 창원시 성산구(136)	1,224	807	18%
울산 남구(224)	1,193	759	18%
광주 동구(78)	1,065	777	16%
충북 청주시 흥덕구(173)	890	682	13%
충남 천안시 서북구(264)	875	638	13%
강원 강릉시(150)	858	702	13%
경남 진주시(180)	856	697	13%
강원 춘천시(150)	837	666	12%
강원 속초시(93)	804	589	12%
전북 전주시 덕진구(186)	789	587	12%
경북 예천군(17)	776	490	12%
경남 양산시(204)	752	498	11%
경남 김해시(267)	731	558	11%
전남 무안군(65)	731	598	11%
전남 나주시(58)	709	472	11%
충남 아산시(212)	700	529	10%
전남 여수시(151)	692	491	10%
경북 경산시(151)	689	504	10%
강원 원주시(248)	681	514	10%
경북 포항시 남구(109)	679	650	10%

(출처 : 부동산지인 프리미엄)

부트2024 : 부자되는 트렌드

줄어들면 들수록 서울과 지방의 양극화는 더욱 심화될 것이다.

청약의 양극화

부동산 시장에 참여하는 수요자들의 심리를 판단할 때 활용되는 데이터는 여러 종류가 있지만, 그중에서 가장 중요한 데이터가 바로 청약 경쟁률이다. 그 이유는 매우 간단하다. 분양 가격이 현재 시세 대비 안전마진이 있다고 생각되거나, 미래에 가격이 더 오를 수 있다고 확신할 때에만 수요자들이 청약에 나서기 때문이다.

청약 경쟁률은 부동산이 활황일 때 높아지고, 부동산 경기가 식기 시작하면 급속도로 낮아진다. 일례로 2022년 4월 송파 성지아파트의 리모델링으로 분양되었던 잠실더샵루벤의 분양가는 평당 평균 5,324만 원이었다. 30세대 미만으로 분양하여 분양권 전매가 가능하고, 실거주 의무가 없었기 때문에 선당후곰(선 당첨 후 고민)으로 일단 넣고 보자는 심리가 지배적이었다. 분양가상한제를 적용받지 않고 분양되어 주변 시세보다 높은 분양가였음에도 불구하고, 과열된 청약 열기는 252:1이라는 높은 청약 경쟁률을 만들어 냈다.

하지만 불과 8개월 후인 2022년 12월, 고금리의 여파로 전국의 부동산 시장이 하락에 하락을 거듭하며 매수 심리가 꽁꽁 얼어붙은 시기 분양에 나섰던 장위자이레디언트는 분양 물량의 40%가 미달되었다. 그 후 두 번의 무순위청약에도 물량이 소진되지 않아 선착순 계약까지 간 후에야 완판이 이루어졌다. 이 아파트의 평당 평균 분양가격은 2,834만 원으로 2023년 이후 분양한 경기도 아파트보다 저렴한 가격이었다.

이처럼 청약 시장은 부동산 경기를 그대로 투영하고 시장 참여자들의 심리를 대변한다. 그렇기 때문에 시세 반등이 먼저 시작된 서울과 여전히 하락세가 짙은 지방 광역시들의 청약 경쟁률에서 그 차이가 확연히 느껴지는 것이다. 미분양의 여파로 아예 분양할 엄두조차 내지 못하는 지역들이 눈에 띌 정도로 많다. 그나마 꾸준히 분양이 이루어진 곳은 수도권과

전국 청약 경쟁률

날짜	전국	강원	경기	경남	경북	광주	대구	대전	부산	서울	세종	울산	인천	전남	전북	제주	충남	충북
2023-06-01	5.6	0.4	2.3	–	–	8.8	–	–	4.4	31.1	–	–	34.8	–	–	0.3	7.4	3.9
2023-05-01	19.6	–	44.1	–	–	11.9	–	–	1.3	78.9	–	0.2	–	–	–	–	0.5	–
2023-04-01	9.2	–	3.9	–	–	–	–	–	4.1	2.6	–	–	0.4	–	2.1	–	–	37.8
2023-03-01	5.2	–	4.5	0.1	–	8.7	–	–	1.2	51.7	–	–	2.1	–	1.4	–	0.7	0.2
2023-02-01	7.9	–	1.5	–	–	0.2	–	–	12.1	57	–	–	0.7	0.2	–	–	–	9.4
2023-01-01	0.2	–	0.1	–	–	–	–	–	–	–	–	–	0.7	–	0.2	–	–	–
2022-12-01	4	4.6	1.4	21.9	0.7	–	–	0.1	0.2	53.8	43.1	1.4	0.6	0.4	–	–	0.3	0.3
2022-11-01	4.2	1.1	3.1	27.1	2.4	0.3	0.2	4.4	–	5.6	–	0.2	–	0	0.2	0.2	1.2	–
2022-10-01	1.8	2.8	3.4	–	0.2	0.7	0.2	1.7	30.1	–	–	0.2	0.4	0.5	1.1	4.3	1.1	0
2022-09-01	4.3	2.4	3.1	4.5	0.6	–	1.4	–	58.9	–	–	–	0.9	0.6	2.2	–	0.2	0.3
2022-08-01	3	4.2	3	1.1	0.1	6.4	0.1	–	2.2	3.2	–	1	12.7	3.9	1.5	0.7	2	4.5
2022-07-01	4.7	28.5	3.3	10.8	0.5	1	0.7	5.6	1.5	–	62.1	0.1	2	5.9	1.2	1.5	1.9	1.9
2022-06-01	15.1	–	23.7	5.4	17.1	6.7	0.4	2.7	68.3	–	–	–	5.2	0.1	0.6	–	2.8	8.7
2022-05-01	8.7	–	9.3	–	13.1	–	0.1	–	46.6	12	–	0.1	6.6	4.8	–	–	–	1.9
2022-04-01	13.4	28	9.4	20.4	–	–	0.8	9.7	84.6	27.1	–	–	19.1	2.4	1.1	1.7	8.5	6.2
2022-03-01	15.3	2.7	17.4	7.2	0.1	6.1	1.3	4.7	5.5	7.1	–	7.9	41.8	0.4	5.7	7.2	4.1	–

(출처 : 부동산지인 프리미엄)

부산, 충청도 정도이다.

청약 경쟁률에서도 확연히 느껴지듯이 서울의 청약 경쟁률과 타 지역의 격차가 2023년 이후 더 크게 벌어지고 있다. 표에서 볼 수 있듯이 비교적 서울과 가까운 수도권이라고 경쟁률이 높은 편은 아니다. 인천시 역시 미분양과 입주물량이 많다. 다만 6월 청약 경쟁률이 높았던 이유는 검단 신도시의 분양가 상한제 아파트인 호반써밋5차의 청약 경쟁률이 34.85:1을 기록했기 때문에 가능했다. 또한 경기도 역시 전반적으로 낮았지만 5월 청약 경쟁률이 높았던 이유 역시 파주 운정신도시의 분양가 상한제 아파트인 운정자이시그니처가 64.31:1의 높은 청약 경쟁률을 기록했기 때문이다. 이처럼 서울 이외의 지역은 철저히 분양가격의 매력도에 따라 흥행 성패가 결정되고 있다.

반면 서울의 청약 경쟁률은 부동산 시장에 외부 충격이 강하게 오지 않는 이상 크게 하락하지 않을 것이다. 경기도 지역들과 분양가 차이가 크게 나지 않는 상황에서 서울을 원하는 수요는 차고 넘치도록 존재하기 때문이다.

미분양의 양극화

그리고 서울의 청약경쟁률이 높을 것이라 짐작할 수 있는 또 한 가지 중요한 근거가 있는데, 바로 서울의 미분양물량이 매우 적다는 것이다. 서울은 2023년 2월 2,099세대 미분양에서 점차 줄어들기 시작하여 2023년 6월에는 1,181세대로 전국에서 세종(86세대)과 광주(643세대) 다음으로 미분양물량이 제일 적었다. 이는 미분양물량이 적체되지 않고 꾸준히 소진된다는 의미로, 특히 가격이 다소 비싸다거나 입지가 다소 좋지 않은 아파트까지 미분양되지 않고 팔려나가고 있다는 사실은 시장 참여자들에게 상승에 대한 긍정적 시그널을 준다. 아파트 가격이 앞으로 지금보다 올라갈 것이라 예상하는 수요자들이 늘어난다는 의미이기 때문이다.

　미분양물량 수치가 중요한 또 다른 이유는 이것이 기존 주택가격 시세에 악영향을 미치기 때문이다. 신축아파트도 넘쳐나서 미분양이 되는 상

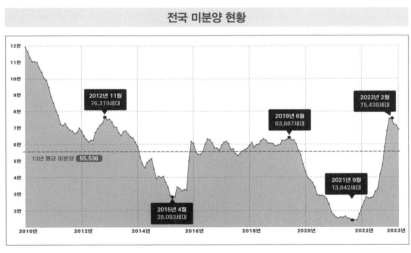

(출처 : 포브스)

황에 기존 구축아파트의 시세가 올라갈 이유는 없을뿐더러, 준공 후 미분양은 건설사가 할인분양을 해서라도 당장 해결해야만 하는 악성물량이기 때문에 파격세일을 감행할 가능성이 높다. 따라서 미분양물량이 축적되는 도시들은 청약경쟁률은커녕 시세 상승도 기대하기 어려운 것이다.

2023년에 가장 컸던 부동산 이슈 중 하나가 바로 미분양이다. 미분양이 적체되면서 시작된 건설사들의 부실과 이로 인한 부동산 프로젝트 파이낸싱(PF)의 대출 연체는 제2금융권의 재정 악화를 불러왔고, 불안감을 느낀 사람들이 새마을금고의 예금을 대량으로 인출해 버리는 뱅크런(bank-run) 사태로까지 이어졌다.

금융회사들이 부동산 개발사업의 미래 수익을 담보로 운영하는 것이 PF대출인데, 미분양물량이 쌓이면 아파트를 짓고 있는 다른 건설사들의 리스크도 커진다. 따라서 미분양의 우려가 있는 사업장은 착공이 늦어지거나 무산되고, 지방의 중소형 건설사들은 PF 대출이 어려워져 도산으로까지 이어지게 된다. 미분양 우려가 적은 수도권 내 대형건설사들의 사업장은 순조롭게 진행이 되지만 지방의 경우에는 대부분 멈춰 서게 되는 것이다.

이처럼 미분양이 적체되면 경제 전반에 걸쳐 문제가 발생되기 때문에 정부 차원에서도 이를 막기 위한 노력을 할 수밖에 없다. 대구와 대전 등 지방 광역시들의 미분양물량이 쌓이기 시작하자 정부는 2022년 9월 26일 이후 수도권과 세종을 제외한 곳을 모두 규제지역에서 해제하였다. 또한

2022년 12월 무더기 미분양이 발생한 올림픽파크포레온은 분양 당시 9억 원이 넘어서 중도금대출을 받을 수 없었으나, 정부가 중도금대출 허용 범위를 12억 원까지 상향해주며 미분양물량 해소에 적극적인 도움을 주었다.

2023년 초 서울 부동산 가격과 함께 청약 시장이 활기를 되찾자 서울의 미분양은 빠른 속도로 소진되기 시작했다. 또한 원자재가격 인상으로 인해 앞으로도 분양가는 계속 오를 거라는 전망이 우세해지자, 지금이라도 좋은 아파트를 분양받고자 하는 사람들에 의해 전국적으로 좋은 입지의 미분양 물건들의 거래가 하나 둘씩 이루어졌다.

하지만 단기간에 폭증한 미분양은 2023년 5월에도 6만8,865세대로 여전히 높은 수치를 유지했다. 미분양 통계는 각 현장의 시행사가 제공하는 데이터로 집계되는데 통상 실제 청약과 계약기준 미분양 보다 30~50% 가량 미계약 물량을 작게 신고하기 때문에 실제로는 10만 호가 넘을 것이라는 추측이 많았다. 시·도별로 미분양물량을 살펴 보면 거의 대부분의 지역에서 2022년 중반 이후 미분양이 적체되고 있는 것을 확인할 수 있다.

2015년부터 꾸준히 입주물량이 높았던 경기도와 2022년과 2023년 역대급 입주물량으로 큰 하락을 맞이했던 인천시의 미분양물량은 서울시의 미분양 감소와 더불어 조금씩 낮아졌다. 이와 같이 2024년에는 경기도나 인천시 중에서도 서울과 인접한 지역들의 미분양물량은 선별적으로 해소가 되겠지만 그렇지 못한 지역들의 미분양은 빠른 시간안에 소진되기 어려울 것이다. 수도권 내에서도 입지에 따라 미분양이 적체될 수 있다는 이야기이다.

하지만 2023년 2월 전국 미분양은 고점을 찍고 점차 감소를 시작했고, 이 가운데 빠르게 미분양이 소진되는 도시들이 눈에 띄게 나타나기 시작했다. 2022년 12월 이후 특광도별 미분양 현황을 살펴보면, 대전의 경우 미분양 세대수가 최고를 기록했던 달과 대비하여 6월의 미분양은 47%나 줄어들었다. 전국에서 가장 먼저 반등을 시작했던 세종시는 저렴한 분

전국 미분양물량 추이

날짜	서울	경기	인천	부산	대구	대전	광주	울산	충북	충남	전북	전남	경북	경남	제주	강원	세종
2023.5	1,144	6,958	2,697	2,892	12,733	2,026	556	4,077	4,088	7,131	4,015	3,021	8,639	4,227	1,961	2,586	114
2023.4	1,058	7,480	3,071	2,624	13,028	2,498	560	4,125	4,180	7,508	3,903	3,029	8,878	4,414	1,966	2,887	156
2023.3	1,084	6,385	3,565	2,526	13,199	2,739	607	4,134	4,307	8,036	3,971	2,819	9,016	4,595	1,916	3,048	157
2023.2	2,099	7,288	3,154	2,535	13,987	2,698	608	4,211	4,388	8,456	4,018	2,869	9,074	4,627	1,929	3,340	157
2023.1	996	8,052	3,209	2,646	13,565	3,025	262	4,253	4,374	8,653	4,086	2,884	9,221	4,791	1,780	3,556	6
2022.12	953	7,588	2,494	2,640	13,445	3,239	291	3,570	3,225	8,509	2,520	3,029	7,674	4,600	1,676	2,648	6
2022.11	865	7,037	2,471	2,574	11,700	1,853	161	2,999	2,632	5,046	1,951	2,925	7,667	4,076	1,699	2,365	6
2022.10	866	5,080	1,666	2,514	10,830	1,374	161	1,414	1,732	2,840	1,383	2,797	6,369	4,176	1,722	2,287	6
2022.9	719	5,553	1,541	1,973	10,539	1,430	163	1,426	1,107	2,418	621	2,627	6,520	2,401	1,299	1,262	5
2022.8	610	3,180	1,222	1,799	8,301	668	198	775	619	1,386	157	2,503	6,693	2,042	1,213	1,348	8
2022.7	592	3,393	544	1,503	7,523	509	198	788	885	1,406	178	2,534	6,517	2,238	1,227	1,239	10
2022.6	719	3,319	418	1,267	6,718	523	198	627	862	1,326	103	2,585	4,823	2,044	1,063	1,303	12
2022.5	688	2,449	426	1,220	6,816	460	46	641	1,088	1,386	107	2,327	5,369	1,979	1,119	1,242	12
2022.4	360	2,146	464	1,003	6,827	463	2	361	1,057	1,502	117	2,371	5,938	2,286	962	1,308	13
2022.3	180	2,209	532	1,013	6,572	469	2	395	1,056	1,532	116	2,410	6,519	2,702	891	1,363	13
2022.2	47	1,862	409	1,028	4,561	477	5	395	891	1,587	131	2,250	6,552	2,661	897	1,498	15
2022.1	47	855	423	921	3,678	423	6	395	292	1,383	178	2,219	5,227	3,124	969	1,566	21
2021.12	54	1,030	425	949	1,977	460	27	397	304	1,012	133	2,163	4,386	1,879	836	1,648	30
2021.11	54	995	423	976	2,177	602	29	399	288	1,057	140	1,954	1,598	1,346	877	1,076	103
2021.10	55	807	428	973	1,933	469	33	401	307	1,098	171	2,074	1,703	1,449	873	1,172	129
2021.9	55	918	440	962	2,093	471	36	467	324	1,205	176	1,235	1,495	1,794	810	1,301	–
2021.8	55	789	339	951	2,365	503	39	403	340	1,320	311	1,247	1,721	2,285	900	1,296	–
2021.7	59	981	341	982	1,148	527	54	405	553	1,738	227	1,298	1,757	2,699	933	1,496	–
2021.6	65	1,267	334	1,048	1,017	565	66	407	541	1,856	258	1,335	1,952	3,074	987	1,517	–
2021.5	71	1,107	125	1,076	1,185	572	73	508	751	1,508	275	981	2,070	2,753	1,000	1,605	–
2021.4	76	1,390	123	1,086	897	578	75	419	680	1,637	125	999	2,259	2,603	1,034	1,817	–
2021.3	82	1,308	130	1,032	153	592	44	419	760	1,758	170	1,017	2,488	2,123	1,221	2,063	–
2021.2	88	1,367	142	966	195	599	44	436	211	1,913	227	964	2,493	2,580	1,221	2,340	–
2021.1	49	1,567	245	944	419	635	307	438	234	2,061	251	1,046	2,049	2,964	1,250	2,671	–

(출처 : 부동산지인 프리미엄)

양가 덕분에 애초부터 미분양물량이 많지 않았지만 이마저도 45%가 소진되었다.

뒤이어 서울과 인천, 강원과 충남, 대구 순으로 미분양이 줄어들었다. 미분양물량 중에서 가장 큰 숫자를 보여준 대구는 2023년의 입주물량이 무려 3만8,860세대나 되는데도 불구하고 조금씩 미분양물량이 소진되고 있다. 실로 대단한 일이다.

교집합 지역을 찾아라

이렇듯 미분양이 서울뿐만 아니라 지방 광역시에서도 점차 소진되고 있는 이유 중 하나는 수도권과 지방을 막론하고 상승하는 분양가에 있다. 최근 분양되는 아파트 분양가격에 비하면 오히려 미분양된 아파트가 가격 면에서 경쟁력이 있다고 판단한 사람들이 생겨났기 때문이다.

따라서 미분양물량이 소진되는 지역의 가격경쟁력 있는 분양권이라면 반드시 눈여겨볼 필요가 있다. 이와 함께 미분양물량이 소진되고 있는 상위 지역들은 다른 어떤 곳들보다 우선순위에 두고 살펴봐야 한다. 지속적으로 미분양물량이 소진된다면 해당 지역의 기존 아파트 시세도 함께 오를 가능성이 매우 높기 때문이다.

반면에 광주, 부산, 전남, 제주는 미분양물량이 소진되지 않고 갈수록 쌓이고 있다. 이런 지역에서는 기존 아파트일수록 시세상승 탄력을 받기 어려워지므로 투자에 유의할 필요가 있다.

결론적으로 2024년 더욱 심화될 양극화 시장 속에서 좋은 투자처를 선택하기 위해서는 청약경쟁률이 지속적으로 상승하면서 미분양은 줄어드는 교집합 지역을 찾아야 한다. 또한 그 지역 내에서도 아직 저점 대비 크게 오르지 않은 아파트를 찾는 노력을 기울여야 할 것이다.

서울·경기·인천의
지역별 비교

2021년 10월 이후 전국 대부분의 지역에서 하락이 시작되고, 2022년 하반기에 어느 정도 급매가 소진되면서 2023년 초 상승으로 턴하는 지역들이 하나 둘 나타났다.

이때 급매가 소진되고 가격이 상승하기 시작한 지역들의 특징은 대부분 과대 낙폭한 상급 입지들이었다는 것이다. 특히 동탄 신도시가 위치한 화성시와 수원시, 성남시, 광명시 등 경기도 내 상급 입지들의 하락이 크게 이루어졌다.

왜 상급 입지들의 하락이 더 컸을까? 그 이유는 꽁꽁 얼어붙은 거래량에도 계속해서 급매 거래가 이루어졌기 때문에 나타난 현상이다. 부동산 시세는 거래가 뒷받침될 때 만들어진다. 대부분의 부동산 시세는 실거래가를 기반으로 생성되기 때문에 거래가 되지 않으면 시세 또한 과거 시세에 그대로 머물러 있게 된다.

따라서 이 시기에 하락률이 높은 지역과 단지는 사실 실거주자들이 좋아하는 지역과 단지이기 때문에 거래가 이루어졌다는 뜻으로 해석할 수 있다. 이처럼 하락률은 높으면서 입주물량이 적은 지역들 위주로 범위를 좁혀 나가다 보면 나에게 꼭 맞는 아파트를 선점할 수 있을 것이다.

서울과 경기도 매매증감률

NO	지역명(단지수)	21.10.01	23.01.01	증감률(%)	23.07.11	증감률(%)
1	경기 화성시(517)	2,009	1,484	-24.30%	1,588	4.40%
2	경기 수원시 영통구(182)	2,641	2,003	-24.10%	2,061	2.50%
3	경기 성남시 수정구(80)	3,919	2,958	-23.60%	3,076	3.30%
4	경기 광명시(101)	3,104	2,355	-22.80%	2,406	1.20%
5	경기 양주시(153)	1,177	884	-22.80%	884	-3.30%
6	경기 군포시(108)	2,218	1,726	-21.40%	1,673	-3.20%
7	경기 시흥시(329)	1,706	1,317	-21.10%	1,332	0.00%
8	경기 성남시 중원구(66)	2,940	2,302	-21.10%	2,257	-2.00%
9	경기 의왕시(108)	2,615	2,038	-21.10%	2,027	-1.20%
10	경기 고양시 덕양구(259)	2,131	1,665	-20.90%	1,647	-1.80%
11	경기 수원시(593)	2,216	1,732	-20.70%	1,752	0.80%
12	경기 하남시(171)	3,135	2,481	-20.40%	2,581	3.70%
13	경기 김포시(254)	1,710	1,335	-20.30%	1,319	-1.70%
14	경기 오산시(135)	1,422	1,108	-20.20%	1,098	-1.40%
15	경기 안양시 동안구(172)	3,089	2,456	-19.90%	2,411	-2.00%
16	경기 용인시 수지구(226)	2,561	2,047	-19.30%	2,100	1.90%
17	경기 동두천시(55)	904	715	-19.20%	648	-9.20%
18	경기 수원시 권선구(189)	1,825	1,459	-19%	1,460	0%
19	서울 강동구(190)	4,366	3,502	-18.80%	3,525	0.60%

(출처 : etf.com)

서울은 언제나 1순위

수도권 유망 지역 중 1순위는 당연히 서울이다. 서울의 입주물량은 2024년과 2025년 꾸준히 물량이 부족한 상태이기 때문이다.

또 향후 2년간의 입주물량을 구별로 살펴보면 대부분이 강남구와 강동구에 예정되어 있다. 특히 2025년 강동구의 입주 물량은 1월에 입주 예정인 올림픽파크포레온 단지 하나에서 나오는 물량이다. 올림픽파크포레온의 입주 시기를 전후해서 인근 지역의

Insight

전세가와 매매가가 흔들릴 가능성이 있으나, 인근 지역의 입주 예정 물량이 거의 없는 상황이기 때문에 입주장이 지나면 안정세에 들어갈 것으로 예상된다.

참고로, 필자가 즐겨 사용하는 부동산지인의 적정수요량 산정 방법을 알아보면 이렇다. 2016년에서 2021년의 국토교통부 장기 주택종합계획을 기반으로 신규 입주수요

서울의 입주 예정 물량

지역	인구수	2024 아파트			2025 아파트		
		적정수요량	입주량	상태	적정수요량	입주량	상태
서울(전체)	9,414,093	48,114	17,024	부족	48,109	22,950	부족
강남구	537,139	2,698	7,130	과잉	2,699	98	부족
강동구	458,953	2,338	4,373	과잉	2,338	12,032	과잉
강북구	291,384	1,504	1,045	부족	1,504	497	부족
성동구	279,374	1,440	825	부족	1,441	528	부족
중구	121,441	618	282	부족	618	–	부족
영등포구	376,139	1,909	664	부족	1,909	375	부족
은평구	463,298	2,397	752	부족	2,397	876	부족
성북구	429,142	2,192	594	부족	2,192	2,840	초과
금천구	229,235	1,170	187	부족	1,170	–	부족
구로구	394,833	2,005	284	부족	2,007	440	부족
동대문구	338,115	1,708	238	부족	1,708	2,190	초과
송파구	657,101	3,351	397	부족	3,349	179	부족
동작구	380,622	1,952	114	부족	1,952	–	부족
관악구	487,192	2,468	75	부족	2,468	571	부족
서대문구	308,122	1,550	38	부족	1,550	360	부족
용산구	217,288	1,129	26	부족	1,129	–	부족
종로구	140,397	728	–	부족	728	–	부족
광진구	336,169	1,720	–	부족	1,720	–	부족
중랑구	384,272	1,964	–	부족	1,965	1,055	부족
도봉구	308,986	1,593	–	부족	1,593	436	부족
노원구	500,104	2,574	–	부족	2,575	–	부족
마포구	365,111	1,862	–	부족	1,862	473	부족
양천구	438,353	2,255	–	부족	2,254	–	부족
강서구	566,839	2,901	–	부족	2,904	–	부족
서초구	404,484	2,088	–	부족	2,077	–	부족

(출처 : 부동산지인 프리미엄)

물량, 각 지역의 멸실 정보, 지역특성정보(국민연금 가입자 수 등 6개 항목 활용) 등의 항목을 인공지능으로 학습하여 수요량을 추정한다고 한다.

지역별로 차이가 큰 인천 · 경기도

인천의 경우 2024년과 2025년 지속적으로 입주 물량이 많은 데다 인천의 대장이 위치한 연수구의 입주 물량이 많은 부분을 차지하고 있기 때문에 조금 더 보수적으로 시장을 바라볼 필요가 있다. 경기도 지역 또한 지역별로 입주 물량이 차이가 많이 나는 편인데, 2024년과 2025년 입주물량이 부족한 지역을 정리해 보면 다음과 같다.

경기도 서북/서남권의 경우 고양시 덕양구, 일산서구, 김포시, 부천시, 군포시, 시흥시, 안산시 단원구, 상록구가 있는데 김포시는 이웃해 있는 인천 검단신도시의 공급 물량이 2025년까지 지속적으로 예정되어 있어 입주물량이 없음에도 집값이 조정받을 가능성이 높은 지역에 속한다. 하지만 2024년 총선을 앞두고 여당이 김포시를 서울에 편입하겠다는 움직임을 추진하면서 호재로 인한 일시적 상승의 가능성이 있다. 시흥시와 안산시, 부천시 또한 광명뉴타운의 입주물량과 인천 입주물량의 영향권에 위치하고 있어 주의가 필요하다. 군포시도 2024년 안양에 예정된 8,000세대가 넘는 입주 물량의 영향을 무시할 수 없을 것이다.

따라서 서북/서남권에서는 일산이 속해 있는 고양시를 주목할 필요가 있다. 2024년 6월 개통 예정인 GTX-A 노선의 영향권에 있으며 1기 신도시 재건축 이슈가 꾸준히 거론될 것이기 때문이다.

동북/동남권의 경우 남양주시, 구리시, 하남시, 의정부시, 성남시 중원구, 분당구, 용인시 수지구, 기흥구, 수원시 팔달구, 권선구, 영통구가 있다. 특히 구리시와 남양주시 다산동, 별내동은 잠실역까지 이어지는 8호선 연장 호재가 2024년 6월 예정되어 있고, 2023년부터 3년 내내 입주 물량이 부족한 도시이기 때문에 전세가와 매매가 상승이 유의미하게 일어날 가능성이 높은 지역이다.

경기도 중 입주 예정 물량이 적은 지역(2024~2025년)

지역	인구수	2024 아파트			2025 아파트		
		적정수요량	입주량	상태	적정수요량	입주량	상태
고양시	1,078,025	5,448	4,173	부족	5,446	2,090	부족
고양시 덕양구	495,916	2,444	1,848	부족	2,444	0	부족
고양시 일산서구	288,680	1,492	0	부족	1,490	0	부족
광명시	283,849	1,472	1,051	부족	1,472	7,389	과잉
구리시	188,671	967	565	부족	967	0	부족
군포시	264,857	1,358	0	부족	1,358	0	부족
김포시	484,474	2,450	0	부족	2,450	0	부족
남양주시	735,521	3,704	350	부족	3,704	1,776	부족
부천시	788,179	4,046	1,455	부족	4,046	629	부족
성남시	923,344	4,691	1,825	부족	4,690	2,620	부족
성남시 분당구	478,796	2,448	1,123	부족	2,448	0	부족
성남시 수정구	230,244	1,190	702	부족	1,189	2,620	과잉
성남시 중원구	214,304	1,053	0	부족	1,053	0	부족
수원시	1,191,821	5,993	2,946	부족	5,993	2,383	부족
수원시 권선구	367,324	1,850	128	부족	1,850	726	부족
수원시 영통구	361,916	1,830	211	부족	1,830	1,566	적정
수원시 팔달구	193,392	931	0	부족	931	91	부족
시흥시	518,072	2,589	965	부족	2,589	1,297	부족
안산시	637,480	3,290	1,398	부족	3,291	725	부족
안산시 단원구	296,217	1,522	1,398	적정	1,522	0	부족
안산시 상록구	341,263	1,768	0	부족	1,769	725	부족
여주시	113,375	570	587	적정	570	0	부족
용인시 기흥구	436,636	2,228	999	부족	2,228	1,093	부족
용인시 수지구	377,921	1,904	524	부족	1,904	174	부족
의정부시	462,374	2,345	2,701	적정	2,345	718	부족
하남시	326,913	1,629	980	부족	1,629	0	부족

(출처 : 부동산지인 프리미엄)

또한 수원시와 용인시는 20년간 약 300조 원을 투자하여 첨단 시스템 반도체 클러스터를 구축한다는 발표가 난 후 이미 상승을 시작했다. 추정되는 고용 인원만 160만 명에 이를 것으로 추산하고 있기 때문에 앞으로의 미래가치가 높은 지역이다.

제4장

재건축 투자 트렌드

by 오래임장

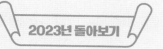
더 빠르게, 더 높게, 더 중심으로

　　한국부동산원에 의하면 2023년 8월 전국 아파트 값이 7개월 만에 처음으로 0.02% 상승으로 전환했다. 특히 서울 아파트 값이 상승하며 부동산 시장에 온기가 확산되고 있다. 서울 강남구 · 서초구 · 용산구 아파트 가격은 급락 후 전고점 대비 90%를 회복했기에 집값이 바닥을 찍고 반등했다는 의견이다. 또한 서울 · 수도권 주요 단지들이 평균 200 대 1의 높은 청약 경쟁률을 기록하고 있기에 내 집 마련 시기와 방법을 고민하는 무주택자가 많아졌다.

　　그러나 같은 서울이지만 노도강(노원구·도봉구·강북구) 등의 비강남권, 그리고 지방 도시들은 고점 대비 회복률이 평균에도 미치지 못한다. 집값 상승을 견인하는 것은 주로 직장과 주거지역이 가까운 직주근접 지역, 주거

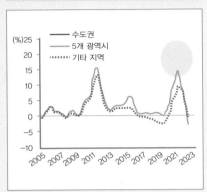

주택 매매가격 변동률 추이

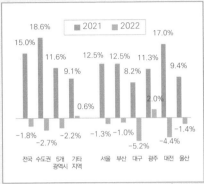

지역별 주택 매매가격 변동률

(출처 : KB국민은행)

선호도가 높은 지역, 그리고 대단지 아파트들이고 비강남권은 부동산 규제 및 대출 완화에도 불구하고 경기침체 우려 때문에 회복이 더디다.

건축비 상승의 압박

불안정한 부동산 시장 분위기에 더해서 신축 아파트 공사비까지 크게 오르고 있다. 원자재값 상승 및 금리인상으로 수익성이 저하되었다며 정비사업 수주를 기피하는 건설사들도 많아졌다. 이미 착공에 들어간 구역도 시공비 조정을 놓고 정비사업조합과 시공사가 첨예하게 대립하는 사례가 많다.

경기도 성남시 수정구에 위치한 산성구역은 8호선 산성역 역세권에 3,372세대를 건설한다. 착공을 앞둔 상태에서 시공단은 원자재 수급 불균형과 금리 및 물가상승을 이유로 평당 공사비를 기존 445만 원에서 44% 인상한 662만2,000원으로 올려줄 것을 요구했다. 이에 산성구역조합은 '시공사 계약 해지'라는 초강수를 두었지만, 시공사 재선정이 유찰되면서 공사가 더 늦어질까 우려한 조합은 시공사가 제안한 공사비를 수용하기로 했다.

이처럼 시공사의 공사비 인상 요구로 인해 갈등이 빚어지고 있는 사업장은 아래의 표에서 볼 수 있듯이 꽤 많고, 다른 사업장에서도 착공을 앞

조합과 시공사 간 공사비 갈등 터진 수도권 현장

지역	단지명	건설사	평당시공비	인상요구액
서울	서초신동아	DL이앤씨	474만 원	780만 원
	북아현2구역	삼성물산, DL이앤씨	490만 원	748만 원
	홍제3구역	현대건설	512만 원	898만 원
	반포주공1단지3주구	삼성물산	525만 원	787만 원
	신반포4지구	GS건설	499만 원	681만 원
	대조1구역	현대건설	462만 원	517만 원
	공덕1구역	GS건설, 현대건설	448만 원	613만 원
	신반포18차 337동	포스코건설	660만 원	958만 원
과천	과천주공4단지	GS건설	493만 원	677만 원
수원	권선6구역	삼성물산, SK건설, 코오롱물산	538만 원	630만 원
성남	산성구역	대우건설, GS건설, SK	445만 원	661만 원
부산	대연3구역	롯데건설, HDC현대산업개발	439만 원	660만 원
전주	감나무골재개발	포스코건설	433만 원	579만 원

두고 이같은 갈등이 일어날 가능성이 크다.

치솟는 공사비에 정비사업은 공사비 증액 문제로 공사가 중단되거나 혹은 시공사 선정에 어려움을 겪고 있다. 국토교통부 주택통계(KOSIS)에 의하면 5월 전국 주택 인허가 실적은 15만7,534가구, 착공 실적은 10만 366가구로 작년에 비해 각각 26.9%, 47.9%가 줄었다.

이렇게 착공 물량이 감소하면 분양 물량도 감소하고, 당연히 신축 아파트의 수도 줄어들기 때문에 희소성에 의해 집값 상승으로 이어질 수 있다. 실제로 원자재 가격상승으로 인한 건축비 상승은 분양가 상승으로 이어지고 있다. 지난 10년간 분양가는 연평균 8.62%씩 상승했는데, 건축비 상승에 더해서 분양가 상한제마저 사라지자 2023년 8월 기준 분양가 상승률은 14.78%를 기록했다.

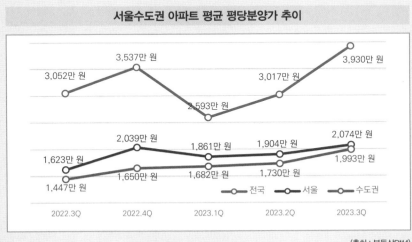

서울수도권 아파트 평균 평당분양가 추이

(출처 : 부동산R114)

청약 시장의 쏠림 현상

그럼에도 여전히 청약은 최소의 자본으로 시세보다 저렴하게 새 아파트를 마련할 수 있는 가장 쉽고 빠른 방법으로 받아들여지고 있다. 건축비 인상으로 2024년 아파트 분양가가 상승할 것으로 예상되는 가운데 오히려 '지금이 가장 싸게 분양받을 수 있는 때'라는 의견이 팽배하다.

서울과 인접한 인덕원, 광명, 용인 등 수도권의 국민평형 아파트의 분양가는 10억 원을 훌쩍 넘어서며 고분양가 논란을 일으켰지만 그럼에도 흥행을 했다. 2023년 8월 1일 1순위청약을 한 광명4구역(광명센트럴아이파크)의 84㎡ 분양가는 12억7,200만 원이며, 9월 15일 기준으로 한 개 평형을 제외하고 완판되었다.

이처럼 서울과 수도권 주요 단지들이 높은 청약 경쟁률을 기록하면서 부동산 시장이 들썩이고 있지만, 이는 일자리가 가까운 수도권 주요 입지에서만 일어나는 쏠림 현상일 뿐, 지방이나 다소 입지가 안 좋은 곳의 분양 시장은 상황이 좋지 못하다. 평균 청약경쟁률을 보면 대구 0.3:1, 강원 0.4:1, 울산 0.2:1, 제주 0.1:1, 부산 0.3:1 등 경쟁률 미달이 속출하고 있다.

국토교통부 통계에 따르면 2023년 8월 기준 전국 미분양주택 수는 총 6만1,711호로, 이중 서울과 수도권 미분양주택은 약 1만 호, 나머지가 약 5만 호로 격차가 크다. 즉, 일자리를 기반으로 하는 개발호재나 교통호재가 있는 지역은 청약이 흥행할 가능성이 높지만 입지가 별로 좋지 못한 곳은 전국 평균경쟁률인 11:1에도 못 미치게 된다.

이와 같은 분양 시장의 양극화는 그 이전 단계에 해당하는 정비사업, 즉 재건축이나 재개발 사업의 추진에도 영향을 미칠 수밖에 없다. 그럼에도 정비사업은 지금과 같은 시장에서 주택 투자자들에게 남은 거의 유일한 선택지일 뿐만 아니라, 시장이 다시 살아날 때는 좋은 기회가 되어줄 것이기 때문에 계속 관심을 갖지 않으면 안 된다.

규제지역

: 오히려 좋은 이유

2023년의 부동산 청약 시장 키워드가 '사전청약'과 자족기능을 갖춘 '산업단지'였다면 2024년 부동산 청약 시장의 가장 중요한 키워드는 양극화로 인한 '인 서울(in seoul)'이다. 지난 1·3 대책으로 정부는 강남3구(강남구, 서초구, 송파구)와 용산구를 제외한 모든 지역에서 분양가상한제를 폐지했다. 그러자 수도권 지역의 분양가가 크게 오르면서 서울의 아파트 가격과 비슷하거나, 경우에 따라서는 더 높아지는 경우까지 생겼다.

그러면서 이 기회에 서울 입성을 계획하는 수요자가 많아졌다. 2023년 7월에 1순위청약을 접수한 '청량리롯데캐슬하이루체'는 234.75:1의 높은 경쟁률을 기록했고, 신림3구역 '서울대벤처타운역푸르지오'는 지하철과 거리가 꽤 멀고 단지도 작은데 1순위 마감을 했다.

추첨제 비율의 확대

그동안 투기과열지역의 국민주택 규모(전용면적 85㎡) 이하 아파트는 가점제로만 청약 당첨자를 뽑았다. 가점제는 무주택 기간, 청약통장 가입 기간, 가족구성원 수 등에 따라 높은 점수대로 당첨자를 선별하기 때문에 점수가 낮은 저가점자나 유주택자는 국민주택 규모 이하 청약에 참가할 기회가 사실상 없었다.

그러나 2023년 4월 1일부터 전용면적 85㎡ 이하는 전체 일반분양 물량의 60%가, 60~85㎡ 규모는 30%가 추첨제로 배정되었고 85㎡를 초과하는 아파트는 100% 추첨제로 청약 당첨자를 선정한다. 이에 따라 40~50대보다 청약 가점이 낮을 수밖에 없는 30대도 청약을 통해 내 집 마련을 하려는 수요가 늘 것이다.

그리고 이는 분양가가 다소 높더라도 청약 경쟁률을 상승시키는 효과

규제지역 청약 개선(안)

구분	투기과열지역		조정대상지역	
	현행	개선(안)	현행	개선(안)
60㎡ 이하	가점 100%	가점 40% 추첨 60%	가점 75% 추첨 25%	가점 40% 추첨 60%
60~85㎡		가점 70% 추첨 30%		가점 70% 추첨 30%
85㎡ 초과	가점 50% 추첨 50%	가점 80% 추첨 20%	가점 30% 추첨 70%	가점 50% 추첨 50%

(출처 : 국토교통부)

를 가져올 것이고, 비강남권 및 수도권 분양 시장의 흥행을 이끄는 기폭제가 될 것이다. 반면 비수도권에서는 광주, 강원, 경남, 충남, 충북 등 다섯 개 지역만 지난해보다 경쟁률이 올랐고 이 외 지방 전 지역의 경쟁률은 하락했다.

마지막 남은 분양가상한제

서울 중에서도 핵심지인 강남에 진입할 기회가 오고 있는 이유는 분양가상한제 때문이다. 2023년 상반기 분양가상한제가 적용되는 단지들의 전국 평균 청약 경쟁률은 약 19:1이다. 이는 일반 청약 경쟁률 4.36:1에 비해 네 배 이상 높은 경쟁률이다.

분양가상한제 적용 단지는 주변 시세의 70~80% 수준에서 분양을 해

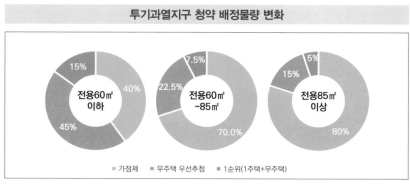

투기과열지구 청약 배정물량 변화

전용60㎡ 이하 — 40%, 45%, 15%
전용60㎡~85㎡ — 70.0%, 22.5%, 7.5%
전용85㎡ 이상 — 80%, 15%, 5%

■ 가점제　■ 무주택 우선추첨　■ 1순위(1주택+무주택)

(출처 : 국토교통부 자료 가공)

야 한다. 물론 그럼에도 이 지역의 분양가는 저렴하지 않지만, 그나마 서울 핵심지로 진입할 수 있는 '합리적인 분양가'로 인식되며 청약통장이 몰리고 있다.

2023년 초 정부는 부동산 시장 연착륙을 위한 규제 완화의 일환으로 1·3 부동산 대책을 발표했다. 이에 따라 이제 전국에서 분양가상한제 적용을 받는 민간택지는 투기과열지구인 강남구, 서초구, 송파구, 용산구뿐이다. 지난 7월 분양한 용산 국제빌딩 주변 제5구역을 재개발하는 용산호반써밋에이디션의 분양가는 전용면적 84㎡ 기준 16억3,390만 원(3.3㎡당 평균 4,500만 원)이었다.

절대적인 가격만 보면 결코 저렴하지 않지만 주변 시세와 비교하면 5억 원 이상 저렴하다. 이에 1순위 청약 65가구(특별공급 25가구 제외) 모집에 1만 명이 몰려 평균 경쟁률 162:1을 기록했다.

이렇듯 강남3구와 용산구는 마지막 남은 규제지역으로서 분양가상한제가 적용되기에 주변 시세보다 상대적으로 분양가가 많이 낮게 책정될 것이다. 자금적 여유가 어느 정도 있다면 청약 저가점자나 유주택자도 서울 최상급지에 진입할 기회를 잡을 수 있다. 게다가 공사비 상승은 착공 절벽 및 분양가 상승으로 이어질 것이기에, 무주택자 및 1주택자도 일단 신청하고 보는 쏠림 현상이 두드러질 것이다.

이처럼 부동산 규제로 인한 저렴한 분양가는 오히려 아파트 분양 시장에 활기를 불어넣을 수 있다. 주변 시세와 비교해 수억 원의 차익을 기대할 수 있기 때문이다. 업계는 잠실 미성·크로바아파트를 재건축하는 잠실르엘의 분양가를 3.3㎡당 5,000만~5,500만 원으로 예상하는데, 강남 주요 분양 예정 단지들의 평균 분양가는 3.3㎡당 6,000만 원을 넘을 것이라 예측한다. 특히 반포1·2·4지구를 재건축한 반포디에이치클래스트는 3.3㎡당 7,000만 원대로 예측된다.

아무리 분양가상한제가 적용된다 해도 분양가 자체의 절대적인 금액이 비싸기에 무주택자보다는 현금 부자들을 위한 것이라는 지적도 나온다. 하지만 잠실동 대장 단지인 '엘리트파(엘스, 리센츠, 트리지움, 파크리오)'의 전용면적 84㎡짜리 평균 거래가격이 23~24억 원이며, 반포동 일대 주요 아파트 시세가 3.3㎡당 1억 원을 훌쩍 넘고 있다는 걸 생각하면 나름 적정수준의 분양가로 보인다.

아무나 도전하기는 어렵다

그러나 분양가가 상대적으로 낮다고 해도 투기과열지구는 전매제한 3년, 실거주 의무, 재당첨제한 등의 규제가 적용되므로 유의해야 한다. 민간택지의 아파트는 시세 대비 분양가 수준에 따라 실거주 의무기간이 결정되는데, 시세 대비 분양가가 80% 이상일 경우 2년 이상 실거주를 해야 하고, 80% 미만이면 3년간 실거주를 해야 한다. 2023년 7월에 분양한 용산호반써밋에이디션의 경우 전매제한 3년, 실거주 의무 3년, 재당첨 제한 10년을 적용받고 있다.

게다가 규제지역인 강남3구와 용산구는 무주택자도 중도금대출 한도가 크지 않다. LTV(Loan to Value, 담보가치인정비율) 한도 내에서 분양가의 50%까지만 가능하다. 예를 들어 분양가가 18억 원이라면 최대 9억 원까지 중도금대출을 받을 수 있는데, 만약 DSR(Debt Service Ratio, 총부채원리금상환비율)까지 적용 시 대출 한도는 더 줄어들 수 있다.

그러나 분양가상한제가 없는 지역과 비교해 훨씬 더 큰 시세차익을 누릴 수 있으므로 여력이 된다면 강남권 분양 단지에 도전해볼 만하다. 참고로, 강남구의 최근 2년간(2021~2022년) 평균 분양가는 3.3㎡당 3,387만 원이었고, 같은 기간 입주 시세는 3.3㎡당 7,051만 원이었다.

청약 재당첨제한 기간	
당첨 주택의 구분	당첨일로부터 적용 기간
투기과열지구	10년
분양가상한제 적용주택	10년
청약과밀지역	7년
토지임대주택	5년
투기과열지구 내 정비사업	5년

강남3구 분양예정 재건축 단지(2023하반기~ 2024년)

지역	단지명	분양사	세대수	분양수
강남구	도곡삼호아파트	도곡래미안레벤투스	308세대	133
	강남구청담삼익아파트	청담르엘	1,261세대	176
	강남구대치동구마을3지구	디에이치대치에델루이	282세대	76
	강남구삼성동98가로주택	효성해링턴플레이스	118세대	27
서초구	반포1,2,4주구	반포디에이치클래스트	5,002세대	2450
	반포3주구	래미안트리니원	2,091세대	537
	신반포4지구	신반포메이플자이	3,307세대	236
	신반포15차아파트	래미안 원펜타스	641세대	292
	신반포21차아파트	포스코 / 단지명 미확정	275세대	108
	신반포22차아파트	현대엔지니어링/ 단지명 미확정	160세대	28
	방배5구역	디에이치방배	3,080세대	1,686
	방배6구역	래미안 원페를라	1,097세대	465
	방배삼익아파트	아크로리츠카운티	721세대	166
송파구	잠실진주아파트	잠실래미안아이파크	2,678세대	578
	잠실미성 · 크로바아파트	잠실 르엘	1,910세대	241
	문정136주택재건축	스테이트e편한세상문정	1,265세대	296

서울시 분양예정 정비사업장(2023하반기~ 2024년)

지역		단지명	분양사	세대수	분양수
성동구	행당동	행당7구역	행당 라체르보푸르지오써밋	958	135
	성수동1가	장미아파트	포스코	263	92
	용답동	용답동주택재개발	청계천리버뷰자이	1,670	797
동작구	흑석동	흑석9재정비촉진구역	디에이치 켄트로나인	1,536	431
	흑석동	흑석11재정비촉진구역	흑석 써밋 더힐	1,509	419
	노량진동	노량진2재정비촉진구역	SK건설	421	196

	노량진동	노량진8재정비촉진구역	DL건설 아크로	987	309
용산구	한강로3가	아세아아파트	부영주택건설	969	819
	이촌동	이촌현대아파트	르엘이촌	750	97
강동구	둔촌동	둔촌현대1차	더샵둔촌포레 572	572	74
	둔촌동	성내5구역	DL이앤씨	408	324
마포구	아현동	마포로3구역제3지구	대우건설	239	126
	아현동	마포로3-1지구	현대엔지니어링	176	35
	공덕동	공덕1구역 주택재건축	GS건설, 현대건설	1001	456
동대문구	제기동	제기4구역 주택재개발	현대건설	909	362
	이문동	이문3재정비촉진구역	이문아이파크자이	4,321	1641
	답십리동	답십리17구역 주택재개발	DL건설	326	268
은평구	대조동	대조1구역 주택재개발	힐스테이트 메디알레	2,083	502
서대문구	연희동	연희1구역 주택재개발	SK건설	1002	322
	홍은동	홍은13구역 주택재개발	서대문 센트럴아이파크	827	409
	영천동	영천구역재개발	반도유보라	199	108
성북구	삼선동1가	삼선5구역	롯데건설	1,223	522
	장위동	장위6구역 주택재개발	라디우스파크푸르지오	1637	760
	동선동4가	동선2구역	계룡건설	334	116
	길음동	신길음1구역	DL이앤씨, 고려개발	444	304
강서구	등촌동	등촌1구역 주택재건축	힐스테이트등촌역	541	270
	방화동	방화6재정비촉진구역	강서센트럴아이파크	557	300
영등포구	영등포동5가	영등포1-13구역	대우건설 두산건설	659	213
관악구	신림동	신림2재정비촉진구역	롯데건설 대우건설	1487	587
종로구	신영동	신영1구역 주택재개발	신안건설	199	115
노원구	월계동	월계동 주택재건축	월계동중흥S클래스	355	133
도봉구	도봉동	도봉2구역 주택재개발	금호건설	299	127
구로구	고척동	고척4구역 주택재개발	현대건설 대우건설	983	576
	개봉동	길훈아파트	개봉해피트리앤루브루	295	115
금천구	시흥동	시흥동 현대아파트	한신공영	219	78

신탁방식

: 사업 속도를 높일 획기적 방법

금리인상 및 원자재값 상승으로 공사원가가 크게 오르며 사업성 저하로 조합과 시공사 간의 갈등이 심화되는 사업장이 많다. 단군 이래 최대의 재건축 사업이라는 둔촌주공아파트 재건축은 공사비 증액 문제로 공사 중단이라는 초유의 사태를 맞았다가 재개되었으나, 한국부동산원의 공사비 검증 이후 이에 대한 해석으로 다시 갈등을 빚고 있다.

시공비 증가로 인한 공사비 인상과 공사 중단은 재건축 사업에서 일반적으로 사용되는 '조합방식' 정비사업의 고질적문제를 드러내고 있다. 이에 대한 대안으로 사업비 조달이 쉽고 추진속도가 빠른 '신탁방식' 사업을 택하는 구역이 늘고 있다.

조합방식 vs 신탁방식

정비사업의 진행 방식은 크게 조합방식과 신탁방식으로 나눌 수 있다. 조합방식 정비사업은 토지등소유자들의 동의를 얻어 스스로 조합을 설립한 조합장 및 조합원들이 사업시행자로서 각종 인허가 및 시공사 선정, 분양 등 모든 절차를 주도적으로 처리한다. 조합원이 사업 주체이므로 조합원의 의견이 사업에 적극 반영된다는 장점이 있으나, 전문성이 부족하기에 시행착오를 겪는 경우가 많고 조합장의 비리나 탈루로 인해 사업이 지연되거나 사업성이 저하되는 일이 생길 수 있다.

반면 신탁방식 정비사업은 토지등소유자(조합원)가 신탁회사에게 토지를 위탁하면 신탁회사가 수수료를 받고 사업시행을 맡아서 하는 방식이다. 초기 사업비 조달부터 공사 발주, 관리와 분양 등의 업무를 대행한다. 신탁회사는 '믿을 신(信)'에 '맡길 탁(託)'이라는 한자 뜻처럼 건설에 필요한 자금을 관리하고 보증하는 기관으로, 시행사와 계약을 맺고 소유권을 위탁받아 관리한다.

신탁방식의 가장 큰 장점은 초기 단계의 사업 속도가 빠르다는 점이다. 신탁방식은 주택도시보증공사(HUG)의 대출보증을 받거나 신탁회사가 직접 자금조달을 하기 때문에 사업추진이 원활하며, 풍부한 경험을 갖춘 신탁회사가 전문적으로 사업을 추진하므로 시간과 비용을 단축시킨다. 특히 사업시행자 방식으로 진행되는 신탁방식의 경우 토지등소유자 75%의

조합방식 정비사업 vs 신탁방식 정비사업

조합방식 재건축	신탁방식 재건축
추진위 설립	신탁사 시행사 지정
조합설립 인가	시공사 선정
건축심의	건축심의
사업시행인가	사업시행인가
시공사 선정	
관리처분인가	관리처분인가
철거 및 착공	철거 및 착공
분양	분양

(좌측 열은 "사업절차" 항목에 해당)

	조합방식	신탁방식(사업대행자)	신탁방식(사업시행자)
시행사	조합	조합	신탁회사
의사결정	조합 및 조합원 총회	조합 및 조합원 총회	토지등소유자 전체회의
운영	이사회/대의원회	이사회/대의원회	정비사업위원회(주민대표)
시공사선정시기	조합설립인가 후	조합설립인가 후	시행자 지정고시 후
동의요건	재개발: 토지등 소유자 3/4 이상 토지면적의 1/2 이상 재건축: 동별 구분 소유자 1/2 이상 전체 구분 소유자 3/4 이상 토지소유자의 3/4 이상	토지 등 소유자 과반수 동의 토지면적 1/3 이상 신탁등기	조합방식동의요건 토지면적 1/3 이상 신탁등기
자금 조달/관리	시공사	신탁회사	신탁회사
공사계약 형태	도급제(분양불)	도급제(기성불)	도급제(기성불)
개발이익	조합에 귀속	개발이익 일부 신탁 수수료 지급	
공사관리	시공사/감리자/조합–	시공사/감리자/조합/신탁회사	시공사/감리자/신탁

동의를 얻으면 조합 설립 없이 신탁회사가 실질적인 사업시행자로서 사업을 추진하기 때문에 사업 기간을 2~3년가량 줄일 수 있다.

또한 사업추진과정이 투명하고 공공성 측면에서 조합방식보다 유리하다. 신탁회사는 금융기관으로 분류되기 때문에 「자본시장과 금융투자업에 관한 법률(이하 '자본시장법')」에 따라 투명한 자금 운용을 하고, 이에 대해 금융당국의 관리·감독을 받아야 한다. 기존 조합방식의 정비사업은 모든 개발 이익을 조합에 귀속시킨다는 장점이 있는 반면, 전문성이 부족하고 업무 집행 방식이 불투명하다는 이유로 내부 갈등이 지속적으로 발생한다. 이 때문에 비대위가 결성되는 등 정비사업이 지지부진해지는 원인이 되기도 한다. 이에 비해 신탁방식은 정비사업이 투명하고 원활하게 운영될 수 있으며, 이로 인한 사업 지연의 위험이 적다.

또한 요즘처럼 공사비 인상으로 인해 갈등이 생기거나 시공사가 수주를 포기하는 경우에는 신탁방식의 강점이 더욱 부각된다. 신월4구역을 재건축한 신목동파라곤 아파트는 시공사와 재건축조합의 공사비 분쟁이 조

조합방식과 신탁방식의 장단점		
	조합방식	**신탁방식**
장점	조합원 의견 적극 수렴↑ 개발이익 조합귀속 조합이익 극대화	사업절차 간소화 및 사업기간 단축 자금조달 투명한 자금관리 공사비절감으로 사업성↑
단점	초기 자금조달의 어려움 전문성 부족 조합장 탈루 등 투명성 부족	신탁수수료 부담 (2~4%) 불공정 계약 가능성 계약해지 어려움

율되지 않아서 시공사가 유치권 행사를 하는 바람에 입주가 지연되었다. 이처럼 원자재 가격 상승으로 인해 곳곳에서 공사비 증액을 요구하는 사례가 늘고 있는데, 공사비 인상 조율이 안 되면 시공사는 조합에 사업비 대출 연장 거부 및 사업비 회수를 요구할 수 있다. 전문성이 부족한 조합은 자금조달부터 설계변경, 시공, 더 나아가 분양까지도 시공사에 의존하는 경향이 크다. 경우에 따라서는 시공사의 이익을 높여주느라 조합원들의 이익이 배제되기도 한다.

이와 달리 신탁방식 정비사업은 부동산 개발사업 경험이 풍부한 신탁회사가 전문성을 바탕으로 시공사가 요구하는 공사비가 적정한지 검증을 하여 협상을 할 수 있다. 뿐만 아니라 사업성이 낮아서 시공사가 수주를 기피하는 소규모 사업장도 신탁회사가 보증을 함으로써 원활한 사업 진행을 도모할 수 있다.

완공 후 조합의 해산과 청산 절차도 훨씬 효율적이다. 신축 아파트가 지어지고 입주를 한 지 몇 년이 지나도 조합청산이 안되는 구역이 많은데, 이는 청산 단계의 조합은 민법이 적용되기 때문에 행정적으로 관리·감독이 어렵기 때문이다. 그러나 신탁방식 정비사업은 관리 비용 절감을 위해 신탁회사가 신속히 해산·청산 절차를 진행한

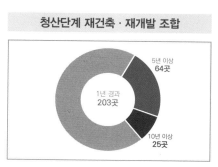

청산단계 재건축·재개발 조합

1년 경과
203곳

5년 이상
64곳

10년 이상
25곳

(출처 : 교통국토부)

다. 이처럼 사업 초기부터 해산 시까지 사업 관리를 보다 효율적으로 할 수 있으므로 신탁방식 정비사업은 눈여겨볼 만한 방법이다.

참고로, 신탁방식 정비사업은 다시 사업대행자 방식과 사업시행자방식으로 나뉜다. 사업대행자 방식은 신탁회사가 조합에게 사업 전반을 대행받아 실질적 사업 주체로서의 역할을 수행하는 것이고, 사업시행자 방식은 조합 구성 없이 신탁회사가 실제 사업시행자로서 사업을 추진하는 것이다.

잘나가는 조합들이 신탁방식에 주목하는 이유

2022년 발표된 8·16 부동산 공급대책을 살펴보면 정부는 250만 호 공급을 목표로 하는데 이 중 30% 이상이 서울 및 주요 지역 내 구도심 개발을 통한 물량이다. 이를 위해 정부는 「노후계획도시 특별법(1기 신도시 특별법)」, 서울시 신속통합기획, 모아타운 수시 접수 등 적극적으로 정비사업 정책을 발표하고 있다. 그만큼 서울의 정비사업은 지자체뿐만 아니라 정부 차원에서 신경을 쓰고 있다. 사실상 정비사업이 아니면 서울과 수도권에서 주택을 대규모로 공급할 수 있는 방법이 없기 때문이다.

정부는 정비사업에 속도를 더하기 위해 신탁방식 정비사업을 지원하는 쪽으로 정책을 운영하고 있다. 국토부는 2023 하반기 경제정책 방향에서 신탁방식 정비사업에 대한 특례 방안을를 검토 중이라 밝혔다. 현재는 정비구역을 지정해달라는 제안을 주민들이 직접 하지만, 신탁회사가 개입할 수 있는 단계를 앞당겨서 정비구역 지정을 제안할 수 있는 권리를 부여한다는 것이다. 또한 정비구역 지정과 사업계획 수립을 동시에 할 수 있도록 허용하는 내용이다. 이렇게 되면 신탁방식으로 정비사업을 진행할 경우 정비구역지정부터 사업시행인가까지의 사업기간을 대폭 단축할 수 있을 것으로 예상한다.

그러나 한국에서 신탁방식 정비사업은 아직 초기 단계다. 몇몇 대형 신탁회사를 제외하면, 한국자산신탁과 한국토지신탁 등을 제외한 중소형 신탁회사의 경우는 별다른 이력이 없다. 전국의 준공 실적을 다 합쳐도 경기도 안양시의 평촌대성유니드, 서울시 강서구의 신마곡벽산블루밍을 포함해 다섯 건이 되지 않는다. 특히 아파트 재건축의 경우는 신탁방식으로 진행된 사례가 없다.

그럼에도 신탁방식 정비사업이 주목받는 이유는 공사비 인상으로 인해 시공사와 갈등을 겪는 현장이 늘고 있기 때문이다. 강남 재건축조합을 비롯해서 사업성이 높은 단지의 재건축조합들은 그동안 신탁방식 정비사업에 관심이 없었다. 그러나 최근 정비사업에 대한 규제가 완화되면서 불필요한 분쟁을 줄이고 정비사업에 속도를 더하기 위해 신탁회사를 찾는 사례가 늘고 있다.

서초구 삼풍아파트는 정비사업의 속도가 빨라질 것을 기대하며 한국토지신탁·한국자산신탁 컨소시엄과 업무협상(MIU)를 체결하는 등 강남

지역 최초의 신탁방식 재건축을 시행한다. 사업성이 좋은 목동9·10·14단지, 상계주공5·11단지도 신탁방식으로 사업을 진행하기로 결정했다. 그밖에도 양천구 신월시영아파트, 도봉구 창동9·10구역, 동작구 상도14구역 등 16개 이상의 서울 주요 정비사업구역이 신탁회사와 업무협약(MOU)을 체결하는 등 신탁방식으로 방향을 선회하고 있다.

신탁방식 정비사업이 역세권 정비사업, 서울시 신속통합기획 등과 결합되면 더욱 시너지를 낼 것이다. 종상향을 통해 사업성을 올릴 수 있고, 정비사업 기간을 획기적으로 단축할 수 있기 때문이다.

책임준공형 토지신탁

신탁방식 정비사업이 각광받게 되면 함께 주목해야 할 것이 부동산 신탁회사의 책임준공확약이다. 책임준공확약이란 책임준공기한까지 공사를 이행하지 못할 경우 프로젝트 파이낸싱(PF) 대출의 채무를 1차적으로 시공사가 인수하고, 2차적으로는 부동산 신탁회사가 대신 상환한다는 약정을 말한다. 공사비를 줄이려고 철근을 누락하는 등 각종 부실시공 논란이 늘어나는 가운데, 부동산 신탁회사의 책임준공확약은 더욱 눈길을 끌 수밖에 없다.

조합방식의 정비사업은 자금조달을 시공사가 하는데, 이를 위해서 금융기관으로부터 자금을 대출받는 것이 바로 PF 대출이다. 금융기관에서 대출을 받으려면 내걸 수 있는 담보물이 필요하다. 하지만 부동산 PF는 아직 기초자산인 건물이 세워지기 전에 이뤄지기 때문에 담보로 잡을 건물이 없으므로, 금융기관은 대신 시공사에 책임준공확약을 요구하는 것이 일반적이다. 부동산 PF에서 책임준공확약은 매우 중요하다. 금융기관에서는 보통 회사채 발행등급 기준 신용도가 A급인 우량한 시공사만이 책임준공 능력이 있다고 인정하지만, 이를 충족시키는 시공사는 많지 않기 때문에 이런 시공사를 데려오려면 그만큼 높은 시공단가가 요구된다.

만약 조합방식이 아니라 신탁방식 정비사업이 진행된다면, 신용도가 높은 신탁회사가 책임준공확약을 통해서 연대보증을 할 수 있다. 이 경우에는 반드시 우량 시공사가 아닌 중소형 시공사를 데려올 수 있으므로 비교적 저렴한 시공단가로 사업을 진행할 수 있다. 이것이 책임준공확약의 기본 구조다.

책임준공확약 시공사의 예정/실제 공정률

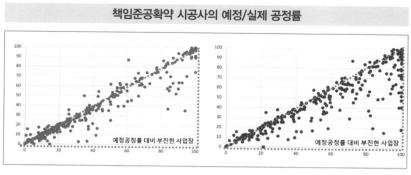

(출처 : NICE신용평가)

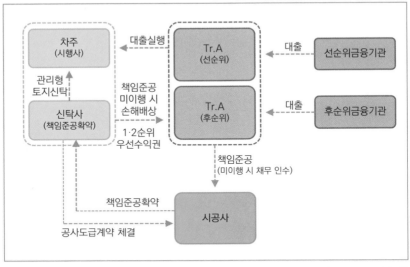

부동산 신탁회사 책임준공 확약 구조도

차주 (시행사)

대출실행

Tr.A (선순위)

대출

선순위금융기관

관리형 토지신탁

책임준공 미이행 시 손해배상

Tr.A (후순위)

대출

후순위금융기관

신탁사 (책임준공확약)

1·2순위 우선수익권

책임준공 (미이행 시 채무 인수)

책임준공확약

시공사

공사도급계약 체결

(출처 : KAB부동산연구원)

책임준공형 토지신탁은 은행 계열 부동산회사인 KB부동산신탁과 하나자산신탁이 먼저 다루기 시작했다. 여러 금융지주의 신탁회사 중에서 책임준공 능력이 있어서 선호도 역시 높은 곳은 7개사 정도인데 KB부동산신탁, 하나자산신탁, 신한자산신탁(아시아신탁), 우리자산신탁(국제신탁), 교보자산신탁(생보부동산신탁), 대신자산신탁, 한국투자신탁운용 등이다. 중소형 증권사에서 운영하는 주요 신탁회사에는 한국자산신탁과 한국토지신탁 및 코람코자산신탁, 대한토지신탁 등이 있고 그밖에 무궁화신탁, 코리아신탁, 신영부동산신탁 등의 소형 신탁회사도 있다.

한국기업평가(KR)는 2023년 상반기 정기평가에서 영업실적 및 재무건

부동산신탁회사 2023년 상반기 정기평가

기업	구분	신용등급		비고
		직접등급	현재등급	
KB 부동산신탁	장기	–	–	
	단기	A2+	A2+	유지
한국자산신탁	장기	A/Stable	A/Stable	유지
	단기	–	–	
코람코자산신탁	장기	A/Stable	A/Stable	유지
	단기	A2	A2	유지
우리자산신탁	장기	A/Positive	A/Positive	등급상향
	단기	–	–	
대한토지신탁	장기	–	–	유지
	단기	A3+	A3+	유지
코리아신탁	장기	BBB+/Stable	BBB+/Stable	유지
	단기	A3+	A3+	유지

(출처 : NICE신용평가)

전성 수준, 토지신탁 리스크를 중점적으로 점검하여 신용등급에 대한 시장점유율이 높고 재무건전성이 개선된 한국자산신탁의 신용등급을 상향조정[A(P) → A(S)] 하고, 나머지 4개사의 신용등급은 종전과 같이 유지하였다. 또다른 평가회사인 NICE신용평가는 유효등급을 보유하고 있는 부동산신탁회사 6개사에 대한 2023년 상반기 정기평가에서 우리자산신탁의 장기신용등급을 상향조정하고, 그 외 부동산신탁회사는 기존 등급을 유지하였다.

GTX-A
: 수혜 지역은 어디일까

부동산 시장의 양극화 바람은 재건축 시장에도 비슷한 흐름을 가져왔다. 이제는 재건축이 된다고 해서 무조건 프리미엄이 붙는 게 아니라 오히려 미분양이 될 가능성을 품은 곳들도 생겨나고 있다. 결국 재건축 사업의 성공 여부도 해당 지역의 발전이라는 기본전제를 깔고 있어야 가능한 것이다. 특히 서울을 벗어난 다른 지역의 경우는 지역 자체의 발전 가능성이 재건축 사업의 성공을 가늠한다고 해도 과언이 아니다.

2024년, 서울을 제외하고 가장 주목할 만한 곳은 GTX의 수혜를 받는 지역들일 거라고 생각된다. GTX(Great Train Express)는 수도권 주요 지점을 연결하는 광역급행철도로 A노선, B노선, C노선의 세 개 사업이 진행 중이다. 세 노선 중 가장 빨리 공사를 시작한 GTX-A는 광역급행철도의 첫 번째 노선으로 수도권 서북부의 파주 운정신도시와 동남부의 화성 동탄신도시를 이으며 서울 주요 거점까지 20분대에 이동한다.

　이중 삼성-동탄 구간의 광역급행철도 사업은 중앙정부와 지자체가 예산을 투입해서 진행하는 재정사업으로, 수서-동탄 구간이 2024년 상반기에 제일 먼저 개통될 예정이다. 운정-삼성 구간은 민간자본이 진행하고 운영하는 민자사업으로 운정-서울역 구간이 2024년 하반기에 개통될 예

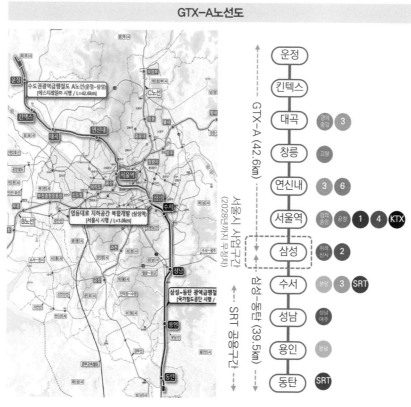

GTX-A노선도

(출처 : 국토교통부)

정이고, 오는 2028년에는 나머지 노선이 모두 개통되면서 GTX-A 전체 노선이 완성될 예정이다. 계획대로 2024년 상반기에 수서-동탄 구간, 하반기에 운정-서울역 구간이 순차적으로 개통되면 GTX-A 노선이 다시 수도권 부동산 시장의 핵심 키워드가 될 것이다.

가까워지는 운정신도시와 동탄신도시

GTX-A노선은 파주 운정신도시에서 서울역까지 18분대, 화성 동탄2신도시에서 수서역까지 19분대 운행으로 두 도시의 서울 접근성을 우수하게 바꿔놓을 것이다. 수도권에서 서울 중심 일자리 지역으로 이동이 빨라지며 배후주거지 개념이 넓어지게 되는데, 특히 파주 운정신도시와 화성 동탄신도시는 GTX-A의 최대 수혜 지역으로 꼽힌다. 예정역 주변 단지의 거래량과 거래가도 꾸준히 상승하고 있다.

2023년 가격 흐름을 보면, 분당을 제외한 1기 신도시의 회복이 느린 반면 수도권 동남부에 위치한 2기 신도시인 동탄, 판교, 광교의 회복세가 빨랐다. 저점을 기록한 2022년 12월과 비교했을 때 가격상승률이 가장 큰 지역은 동탄 제2신도시로, 6개월간 무려 16.8%의 높은 상승률을 보인다. 다음은 광교(11.6%), 판교(8.8%), 동탄 제1신도시(8.6%)가 뒤를 이었다.

이렇게 수도권 동남부 지역의 가격 회복률이 높은 이유는 GTX-A 노선의 동탄~수서 구간과 무관하지 않다. 내년 상반기 개통을 앞두고 있고, 반도체 국가산단의 배후주거지 역할이 예상되기 때문이다.

정부는 국가첨단산업 육성전략의 일환으로 용인·평택을 세계 최대 반도체 클러스터 거점으로 선정했다. 용인시는 105만 명이 넘는 자족형 도시로 첨단산업과 교통이라는 대형 호재가 겹쳐 수요가 붙고 있으며, 동탄 신도시 아파트 또한 용인지역에 조성중인 반도체 클러스터와 인접한 입지로 배후 수요가 탄탄하기에 줄줄이 신고가를 기록하고 있다. GTX-A의 영향을 가장 크게 받을 동탄역롯데캐슬 전용면적 102㎡은 직전 거래가 18억3,000만 원을 뛰어넘어 신고가 20억 원에 거래됐다.

수도권광역급행철도(GTX) A노선은 1~6공구로 나눠 공사 중인데 1·2공구는 굴착을 끝내고 내부 공사를 본격화했다. 개통이 가시화되며 가장 작업 속도가 빠른 2공구(킨텍스역)를 중심으로 고양시 일산동구 킨텍스 주

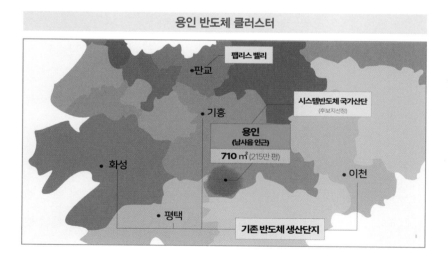

용인 반도체 클러스터

- 팰리스 밸리
- 판교
- 기흥
- 시스템반도체 국가산단 (후보지선정)
- 용인 (남사읍 인근) 710㎡ (215만 평)
- 화성
- 이천
- 평택
- 기존 반도체 생산단지

변 단지가 들썩이고 있다.

일산동구 장항동 킨텍스원시티 M3블럭 전용면적 84㎡는 최저점을 기록한 지난 2월 10억7,000만 원에 거래되었으나 6개월 만에 14억2,000만 원에 거래가 되었다. 인근 포레나킨텍스 전용면적 84㎡도 지난 2월 최저가 대비 6개월 만에 2억2,800만원이 상승하여 11억800만 원에 거래되었다.

GTX-A 운정역(예정) 인근 운정3지구 A19블록에 분양하는 운정자이시그니처는 서울 접근성이 높고, 택지지구이기에 분양가상한제가 적용되는 아파트이다. 이에 1순위 청약에서 4만 명이 넘는 청약자가 몰려 평균 경쟁률 64:1, 최고경쟁률 240:1을 기록했다.

이처럼 주변 단지를 보면 서울 도심으로 접근성 개선에 따라 주택거래량과 시세 반등이 보인다. GTX-A 개통 이후에는 도심의 직장인 수요가 운정신도시, 은평구 등으로 유입되어 추가 상승할 여력이 보인다. 따라서 성남·용인·화성 및 운정·일산·능곡·은평구 지역의 정비사업과 분양물량에 관심을 가져야 한다.

B노선과 C노선의 상황은?

GTX-A노선의 개통이 내년으로 다가오며 B노선과 C노선에 대한 관심도 커지고 있다. GTX-B노선은 인천 송도에서 남양주 마석까지 수도권과 서울을 횡으로 가로지르는 노선으로, 세 노선 중 유일하게 강남을 거치지 않아서 사업성이 낮다.

B노선도 재정구간과 민자구간으로 나뉜다. 재정구간은 용산—상봉 구간으로 2023년 초 설계에 착수했다. 민자구간은 인천대입구—용산의 신설 구간과 기존의 경춘선(별내-마석) 구간으로 나뉘는데, 2023년 실시협약 체결을 위한 협상을 하고 있다. 2024년 상반기에는 재정구간과 민자구간 모

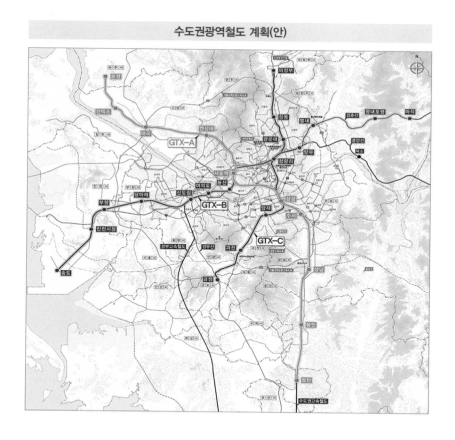

수도권광역철도 계획(안)

두 착공, 2030년 개통을 목표로 추진하고 있다.

GTX-C노선은 경기북부의 양주시에서 경기남부의 수원역까지 서울과 수도권을 종으로 횡단하는 노선이다. 2023년 7월 민자투자사업 심의위원회 심의를 통과하였으며, 하반기에 착공해서 2028년 개통을 목표로 한다. 이들 노선의 진행 상황에 다라 어떤 지역이 수혜를 입을 것인지도 미리 봐둔다면 좋을 것이다.

이와 함께 2024년 6월 개통 예정인 서울지하철 8호선 연장 구간(별내선) 수혜 지역도 눈여겨봐야 한다. 별내선이 개통되면 현재 1시간 걸리던 남양주—잠실 구간의 이동시간이 20분대로 줄어든다. 업무지구인 잠실 및 강남으로 접근성이 대폭 향상되기에 남양주 별내지구 및 다신신도시와 구리시 일대 아파트와 정비사업장이 수혜를 받는다.

주목해야 할
서울 재건축 단지

강남구 도곡삼호아파트(래미안레벤투스)

도곡삼호아파트(래미안레벤투스)는 41평 단일평형 144가구로 소규모 재건축이 진행된다. 레벤투스(reventus)는 '귀하다'는 뜻의 라틴어로, 강남8학군을 품은 강남구 도곡동 540번지 일원에 들어선다. 분양세대는 133가구로 물량이 많지 않지만 학군과 강남 인프라를 누릴 수 있기에 관심을 가져야 한다.

세대수	308세대
분양 세대	133세대
시공사	(주)삼성물산
규모	16개동 / 지하4층최고 22층
입주 예정일	2025년 4월

Insight

도곡삼호아파트는 2017년 이후 전매된 세대가 없으며, 대지지분 21평을 소유한 조합원은 대부분 84㎡와 105㎡를 분양받는다. 조합원분양가는 59㎡가 약 9억5,000만 원(평당 약 3,800만 원), 84㎡가 약 12억 원(평당 약 3,529만 원)이다. 일반분양 예상가는 평당5,800만~6,000만 원이라고 예상할 경우 59㎡가 약 14억5,000만 원, 84㎡가 약 19억7,000만 원이다. 주변에 위치한 도곡렉슬아파트 34평형이 약 27억이고 래미안도곡카운티 33평형이 약 27억 원임을 감안하면 약 10억 원의 이익을 예상할 수 있다.

도곡1차아이파크	도곡삼익	도곡렉슬	역삼래미안
2007.03준공	1983.06 준공	2006.01	2016.09
321세대	247세대	3,002세대	1,050세대
실거래19.5억	실거래가 17.8억	실거래가 27.4억	실거래가 23.8억
평당 5900만원	평당 5000만원~	평당 8300	평당7200

강남구 DH대치에델루이(구마을3지구)

강남구 대치동 975번지 일대를 개발하는 구마을 주택재건축은 1·2·3지구로 나뉘어 개발된다. 1지구는 올해 6월부터 입주한 대치푸르지오써밋(평당가 약 4,826만 원)이고, 2지구는 2021년 9월 입주한 대치르엘(평당가 약 4,772만 원)이다.

구마을3지구를 개발하여 일반분양하는 DH대치에델루이는 총 282세대 중 임대주택이 39세대이고 일반분양은 76세대로 적은 편이다. 그렇지만 삼성역까지 도보 10분 거리에 위치하며, 대한민국 사교육의 중심인 대치동 학원가를 이용할 수 있기에 많은

세대수	282세대
분양 세대	79세대
시공사	현대건설(주)
규모	6개동 / 최고 16층
입주 예정일	2025년 1분기

사람이 관심을 갖고 있다. DH대치에델루이는 용적률 249%, 건폐율 41%이며 1·2·3
주구가 모이면 1,044세대의 대규모 신축 아파트 단지가 된다.

예상 분양가는 3.3㎡당 6,000만~7,000만 원대로 보이며 이에 따라 59㎡는 14억~15
억 원, 84㎡는 18억~19억5,000만 원 정도로 예상된다. 대치푸르지오써밋은 2020년
8월 일반분양을 하였는데 당시 평당가는 4,826만 원이었다.

인근에 위치한 재건축 대장인 은마아파트 31평형의 시세가 약 23억5,000만 원이고,
자이로 리모델링하는 대치현대아파트 32평형의 시세가 약 22억7,000만 원임을 감안
하면 수익성이 높다.

서초구 래미안원페를라(방배6구역)

2023년 상반기 완공 예정이었으나, 오염토 검출로 인해 착공이 지연되었던 방배6구

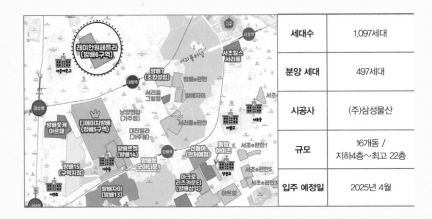

세대수	1,097세대
분양 세대	497세대
시공사	(주)삼성물산
규모	16개동 / 지하4층~최고 22층
입주 예정일	2025년 4월

역이 2024년 분양을 앞두고 있다. 학업성취도가 높은 서문여중·고가 근거리여서 딸을 둔 학부모들의 관심이 클 것이다. 총 1,097세대 중 일반분양은 465세대로 59㎡가 141세대, 84㎡가 324세대이다.

방배5구역의 분양 예상가는 평당 5,300만~6,000만 원으로 이에 따라 59㎡가 12억~14억 원, 84㎡가 17억~20억 원 정도로 예상된다. 인근의 방배삼호4차(신삼호)아파트 34평형 중층이 약 27억 원, 21년 차인 방배현대홈타운 30평형이 약 21억8,000만 원, 9년 차인 방배롯데캐슬아르떼 33평형이 약 24억 원이라는 것을 감안하면 예상 분양가를 기준으로 아직 수익성이 충분해 보인다.

서초구 아크로리츠카운티(방배삼익아파트)

2호선 방배역세권에 위치한 방배삼익아파트는 주변에 방일초, 서초중, 동덕여중, 이

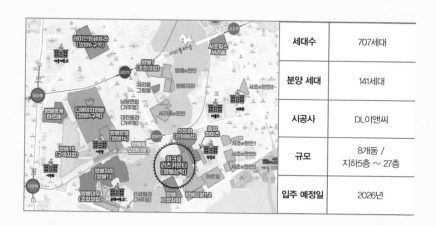

세대수	707세대
분양 세대	141세대
시공사	DL이앤씨
규모	8개동 / 지하5층 ~ 27층
입주 예정일	2026년

수중, 동덕여고, 상문고, 서울고, 서울교육대학원 등이 있어 교육 인프라가 우수하다. 조국 전 법무부장관이 거주한 곳으로 많은 관심을 받았다.

이곳은 사업속도가 상당히 빠르다. DL이앤씨의 하이브랜드인 '아크로리츠카운티'로 재건축되는데, 래미안원페를라가 빨라야 내년 상반기에 분양될 것으로 보인다면 아크로리츠카운디는 내년 하반기에 일반분양이 예상된다. 707세대 중 141세대를 일반분양한다. 조합원 분양가는 59㎡가 평당 3,680만 원으로 9억2,000만 원이고 84㎡는 평당 3,700만 원으로 약 12억6,000만 원이다.

재건축될 아크로리츠카운티의 일반분양 예상가는 평당 6,000만 원이다. 이에 따라 59㎡가 약 13억~14억 정도, 84㎡가 약 18억~20억 원 정도로 예상된다. 인근에는 2018년 사용승인이 이뤄진 방배아트자이가 있는데 24평형의 호가가 18억원, 34평의 호가가 21억 원이다. 또한 2021년 사용승인을 받은 방배그랑자이의 33평형 호가가

27~28억 원이라는 걸 생각하면 상당히 괜찮은 가격이다.

서초구 메이플자이(신반포4지구)

2023년 10월 분양 예정이었던 메이플자이는 공사비 증액 이슈로 조합과 시공사 간 갈등이 커지면서 일반분양이 연기되었다. 메이플자이는 신반포4지구를 재건축한 아파트로, 한신8·9·10·11·17단지, 녹원아파트, 베니하우스7단지, 그리고 거목상가와 매일상가를 통합 재건축한다. 과거 반포래미안퍼스티지(반포주공2단지)와 반포자이(반포주공3단지)가 이 지역의 시세를 체크하는 레이더와 같은 단지였다면 반포디에이치클래스트, 원베일리, 메이플자이가 그 왕관을 이어받을 것으로 보인다.

3,307세대 대단지인 메이플자이는 예상 사업비만 1조 원에 달하며, GS건설의 시공과 삼성물산의 조경이 빛을 발하며 추후 캐나다보다 아름다운 단풍조경을 볼 수 있지

세대수	3,307세대
분양 세대	236세대
시공사	GS건설
규모	29개동 / 지하4층~35층
입주 예정일	2025년

않을까 생각한다. 청약 대어(大漁)인 메이플자이는 특히 소형평형의 경우 가점제보다 추첨제의 비율이 높기 때문에 신혼부부와 30대 젊은 세대에도 당첨 가능성이 있다. 또한 중도금대출이 50% 가능하며, 전매제한은 있지만 실거주 의무가 없기 때문에 전세를 맞춰 잔금을 치를 수 있으므로 자금 부담을 덜 수 있다.

래미안원베일리의 평당 분양가가 약 5,668만 원이였기에 메이플자이는 이보다 조금 높은 평당 6,000만원 이상으로 예상된다. 이럴 경우 59㎡는 15억~16억 원, 84㎡는 20억~21억 원으로 예상할 수 있다. 주변의 반포자이 84㎡가 32억~33억 원에 거래되므로 10억 원 이상의 수익을 기대할 수 있다.

서초구 래미안원펜타스(반포15차)

신반포15차를 재건축하는 래미안원펜타스는 초역세권으로 계성초(사립), 반포초(공립),

세대수	641세대
분양 세대	292세대
시공사	삼성물산
규모	35개동 / 지하4층~35층
입주 예정일	2024년

반포중(공립), 신반포중(공립) 및 학업성취도가 높은 세화여중(사립)과 세화여고(자사고), 세화고(자사고)에 둘러싸여 있다. 단지내 세대구성을 살펴보면 총 641세대 중 중대형 평형이 67%나 되며, 특히 일반분양 세대의 82%가 84타입이다. 때문에 실거주 수요가 많을 것으로 예상된다.

신반포15차는 2019년 대우건설과 공사비 증액 문제로 갈등을 빚으며 계약을 해지한 바 있다. 조합은 새로운 시공사로 삼성물산을 선정했으나, 대우건설과 소송이 이어지며 일반분양이 늦어지고 있다. 후분양 아파트로 실물을 확인하고 분양받는 형태이기 때문에 선분양 아파트보다 분양가가 높다.

래미안원베일리의 일반분양가가 평당 5,668만 원이었으므로 이보다 높은 약 6,000만 원 내지 6,300만 원선으로 분양이 예상된다. 이를 적용해보면 59㎡는 15억~16억 원, 84㎡는 20억~21억 원 내외로 예상된다.

송파구 잠실래미안아이파크(잠실진주아파트)

잠실래미안아이파크는 잠실르엘(진주·미성아파트 재건축)과 더불어 송파구의 핵심 분양 단지다. 올림픽공원을 영구 조망할 수 있기에 가치가 높다. 실제로 대형 평형이 배치된 114동, 116동, 118동은 올림픽공원에 가깝고, 8호선 몽촌토성역과도 가깝다. 뿐만 아니라 2·8호선 잠실역, 2호선 잠실나루역, 9호선 한성백제역의 트리플 역세권으로 서울 시내 거점으로 이동하기가 편리하며 특히 8호선 몽촌토성역은 아파트 단지에 지하로 연결된다.

잠실롯데월드몰, 롯데백화점, 롯데마트, 홈플러스 등과 가까운 '몰세권'이다. 또한 서울 동남권 개발의 3대 축인 잠실 마이스 개발 시 시세는 더 오를 것이다. 아쉬운 점은 단지 내 학교가 없다는 점이다. 초등학교는 가까운 잠실초로 배정될 수 있으나, 중학교는 잠실중이 아닌 500m 이내의 방이중으로 배정될 수 있다. 시공사는 삼성물산과 현대산업개발 컨소시엄이다. 공사 중 유물이 발견되어 공사가 지체될 뻔했으나 빠르게 발굴 작업이 협의되어 공사가 재개되었다.

일반분양은 43㎡(123세대), 59㎡(49세대), 84㎡(406세대)의 세 가지 평형인데, 이중 84㎡의 분양물량이 가장 많다. 조합원분양가는 평당 4,000만 원이다. 이에 따라 59㎡는 10억4,000만 원, 84㎡는 13억7,500만 원이다. 일반분양가는 평당 약 5,000만~5,500만 원으로 예상된다. 59㎡는 12억5,000만~13억5,000만 원, 84㎡는 17억5,000만~19억 원에 분양된다. 바로 옆에 붙어있는 파크리오의 시세가 21억5,000만 원이고 잠실의 대장인 잠실주공5단지 34평의 시세가 25억~26억 원이다.

세대수	2,678세대
분양 세대	578세대
시공사	삼성물산, 현대산업개발
규모	35개동 / 지하4층~35층
입주 예정일	2025년

Insight

여의도 재건축 단지들

지난 4월 발표된 '여의도 아파트 지구단위계획'을 보면 서울시는 열두 개 아파트 단지를 아홉 개의 특별계획구역으로 지정했고, 종상향을 통해서 3종 일반주거지는 용적률을 최고 300%까지, 준주거지는 400%까지, 상업지역은 최고 800%까지 허용하기로 했다.

특히 여의도에서 재건축을 추진하는 열여섯 개 단지 중 일곱 개 단지가 신탁방식으로 정비사업을 추진한다. 시범·수정·광장(3~11동) 아파트는 한국자산신탁을 신탁회사로 선정했으며 한양·공작아파트는 KB부동산신탁을, 은하아파트는 하나자산신탁을 신탁회사로 선정했다. 최근 삼익아파트는 한국토지신탁과 도시정비사업 추진을 위한 MOU를 체결했다. 따라서 이들 단지의 사업 속도는 상당히 빠를 것으로 예상된다.

부트2024 : 부자되는 트렌드

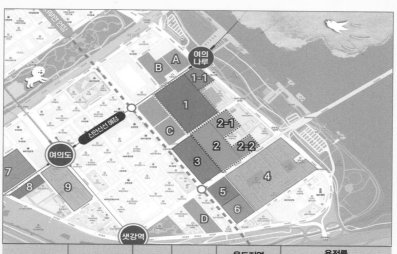

단지명	단지명	평수	지분	용도지역 (변경)	용적률	
					현재	변경
1구역	삼부	27평	15.1㎡	주거+상업	164%	800% 이하
	목화	15평	7㎡		211%	
2구역	장미	38평	17.8㎡	주거지역	243%	400% 이하
	화랑	33평	14.9㎡	주거지역	219%	
	대교	26평	13.4㎡	주거지역	198%	
3구역	한양	35평	13.3㎡	주거지역	274%	800% 이하
4구역	시범	18평	10.9㎡	주거지역	145%	400% 이하
5구역	삼익	40평	15.6㎡	주거지역	256%	800% 이하
6구역	은하	40평	15.5㎡	주거지역	256%	
7구역	광장(3~11동)	34평	17.2㎡	주거지역	220%	800% 이하
8구역	광장(1~2동)	34평	14.19㎡	주거지역	180%	
9구역	미성	26평	10.8㎡	주거지역	178%	

제5장

재개발 투자 트렌드

by 바니이모

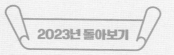

선택적 상승의 시대

4세대 초(超) 신축 아파트 84㎡ 타입(34평형)이 무려 45억9,000만 원! 2023년 8월 입주를 시작한 서울시 서초구 반포동 원베일리(2,990세대)의 실 거래가이다. 입주를 코앞에 둔 7월에 해당 거래가 이뤄지면서 서울시 신축 아파트의 평당 최고가격이 1억 원을 가뿐히 넘겼다.

45억 원이라는 숫자가 잘 와닿지 않는다면 현재 서울 아파트 매매가의 중위가격을 알아보자. 중위가격이란 주택 매매가격을 낮은 순서대로, 혹은 높은 순서대로 나열했을 때 중간에 위치한 가격이다. 평균가격은 저가주택과 고가주택의 가격 변동에 좌우될 수 있지만, 중위가격은 정중앙의 가격만 따지기 때문에 시세 흐름을 판단하는 데 적합하다. 2023년 8월을 기준으로 서울 아파트의 중위가격은 약 9억7,500만 원. 그중에서 국민

평형(전용면적 84㎡) 이하 신축 아파트의 분양가 12억 원임을 볼 때, 반포 원베일리의 거래가는 이들의 네 배에 달한다.

　도대체 어떤 아파트길래 이렇게 비싼 걸까? 왜 오르는 아파트는 끝도 없이 오르고, 내가 사는 집은 안 오르는 것일까?

롤러코스터 같았던 부동산 시장

　2021년과 2022년을 지나 2023년 현재에 이르기까지 대한민국 부동산은 마치 롤러코스터를 탄 듯하다. 하늘에 닿을 듯 신고가를 경신하며 끝없이 올라가더니 어느새 수직강하한다. 아무 준비 없이 서울 부동산을 마주한 나는 타기 싫은 롤러코스터를 억지로 탄 듯 아찔하기만 하다.

　2017년부터 상승하던 서울 부동산 가격은 2021년 최고조에 이른다. 코로나19 팬데믹과 함께 전 세계적으로 풀린 유동성에 시장이 과열되었고 이는 대한민국도 예외가 아니었다. 서울 부동산, 특히 강남권 신축 아파트들은 자고 일어나면 신고가를 경신했고, 강남뿐만 아니라 전국이 뜨거웠다. 투자를 하지 않으면 바보가 되었고, 대출을 받지 않은 사람은 마치 돈을 굴릴 줄 모르는 무능력자 취급을 받기도 했다. 직장생활만 열심히 했던 사람, 빚을 내서 투자하지 않았던 사람은 자본주의를 모르는 멍청이로 전락하고 말았다.

이런 분위기에 편승해서 부동산 강의가 활개를 쳤고 강사들은 너도나도 몇십 억 원의 자산가임을 과시하며 "너도 나처럼 될 수 있다"고 부추겼다. 대출 강사들은 수강생들에게 대출을 알선하느라 바빴다. 저금리 시기에 "현금은 쓰레기(Cash is trash)"라는 레이달리오의 말은 마치 "진리가 너희를 자유케 하리라"와 같은 세기의 명언이 되어 너도나도 모두 대출을 받아서 투자를 하게 된다.

그렇게 2021년을 보내고 2022년, 드디어 수영장의 물이 빠지자 누가 알몸이었는지 실체가 드러난다. 방송에서는 전문가들이 금리와 부동산은 상관이 없다고 호기롭게 말했건만, 금리가 오르자마자 부동산 가격은 떨어지기 시작한다. 될성부른 나무, 바람에 아니 흔들리던 강남조차도 폭락의 기운이 스며든다. 전고점 대비 몇억 원은 우습게 떨어진다. 거래가 없다. 불과 1년 전과는 분위기가 사뭇 달랐다.

그렇게 부동산 가격은 잡혀가는 듯했다! 무주택자들은 간절히 바랐다. 집값은 더 떨어져야 한다고. 지금 집값은 다주택 투기꾼들이 만들어놓은 허상일 뿐이라고. 그 공포감의 절정을 보여준 것이 바로 단군 이래 최대 분양이라는 둔촌주공아파트 재건축 현장이다. 강남권에 가까운 강동구에서 올림픽파크포레온(1만2,032세대)이라는 이름으로 거듭날 이 아파트가 무려 미분양! 분양가가 적정한지에 대해 설왕설래하며 "지금 둔촌주공을 사면 꼭지를 잡는 거다" 혹은 "아니다, 다시 오른다" 등등 의견이 분분하다 보니 당첨되었는데도 고민하다가 포기한 사람들마저 생겨났다. 그러면서 전국을 대상으로 미계약분에 대한 추첨, 이른바 '줍줍' 물량까지 나오기에 이른다.

이것이 격동의 2021년과 2022년을 보낸 2023년 상반기 대한민국 부동산의 모습이다. 갑자기 드리운 폭락의 그림자로 수직강하했던 부동산 시세에 혹자는 환호하고 혹자는 가슴을 쓸어내렸다. 그런데 2023년 말 현재, 정확히 1년이 지나자 바닥을 다진 롤러코스터가 다시 출발하는 모습이다. 미분양이던 둔촌주공아파트 분양권에 웬걸, 프리미엄(P)이 붙었다. 그것도 수억 원이나! 게다가 서울의 거래량도 증가하고 있다. 월간 1,000건에도 못 미치던 서울 아파트 거래량이 3,000건을 넘어 4,000건가량 거래되고 있다(2023년 9월말 기준). 다시 상승이다, 이런!

그런데 조금 이상하다. 왠지 과거와 다르다. 선택적 상승! 즉 '될놈될(될 놈은 뭘 해도 된다)'! 될성부른 떡잎부터 회복세가 두드러진다. 다 같이 오르는 것이 아니라 오르는 놈이 더 오른다. 실거주 수요를 포함한 모든 투자자들은 소중한 자산을 바로 이곳에 파킹(parking)하기 위해 총력을 다해야 한다. 왜 일까? 같은 돈으로 투자를 했을 때 오름폭, 즉 수익률이 다르기 때문이다.

집으로 집을 사는 일. 다시 말해서 집에서 더 좋은 집으로 갈아타며 강남3구와 용산구 같은 핵심지로의 진입을 목표로 하자. 변화의 속도가 더욱 빨라진 2023년의 서울, 그리고 또다시 맞이하게 될 상승장과 하락장. 이번엔 시장참여자로서 기회를 잡을 수 있도록 마음가짐부터 바꿔보자.

MZ세대의 비상과 상처

2022년과 2023년을 통틀어 부동산 시장의 주인공은 단연코 MZ세대였다. 뒤늦게 부동산 시장에 참여한 MZ세대들은 강의를 통해 부동산에 입문하는 경우가 많았고, 일부 강사들이 '찍어주는' 단지의 분양권 등을 매수하는 경우가 생겼다. 그것도 한 채가 아니라 여러 채!

상대적으로 투자금이 적은 MZ세대는 상승장 후반의 시장에 참여하면서 이른바 '영끌', 즉 영혼까지 끌어모은 대출로 집을 사기 시작했다. 혹은 전세를 끼고 사는 이른바 '갭투자'로 지방의 소형아파트를 매수하여 보유한 아파트의 수를 늘렸다. 이런 방식으로 순식간에 10억 자산가가 되기도 했다. 전 재산 1억 원을 쪼개서 갭(전세가격과 매매가격의 차이)이 2,000만 원인 지방의 아파트를 다섯 채만 매수하면, 한 채당 시세가 2억 원씩 다섯 채가 되므로 순식간에 10억 자산가로 둔갑하는 것이다.

상승장 막바지에 올라탄 이들의 투자 성적은 2023년 바로 결과가 나왔다. 유동성이 풍부한 저금리 시대, 영혼까지 끌어모아 호기롭게 받았던 대출이 금리상승이라는 날카로운 비수가 되어 이들을 위협하게 되었다. 시중의 유동성이 회수되면서 금리가 오르자 이자 비용에 대한 부담이 커진 것이다. 엎친 데 덮친 격으로 대출이 어려워지자 아파트 거래가 멈추고 가격 하락이 시작되었다. 이자 비용도 부담스러운데 자산까지 쪼그라들기 시작했다.

영끌족들의 피해가 특히 컸던 것은 왜일까? 준비가 안 된 상태로 무리한 투자를 해서이다. 강사들이 찍어준 단지, 갭이 작다고 들어간 단지, 톡방에서 흘러나온 단지에 대출을 최대한 끌어서 투자한 결과는 2023년 금리 상승과 함께 고스란히 피해로 돌아오기에 이른다. 이것이 지난 상승장을 주도한 영끌족 MZ세대의 모습이다.

그렇다고 이제는 부동산 투자를 안 할 수도 없는 시대다. 우리는 드라마틱하게 변하는 지난 몇 년의 장세를 통해서 내 자산을 스스로 지키지 않으면 거대한 자본주의 파도에 떠밀려간다는 것을 피부로 체감했다. 아무리 시장이 안 좋아도 투자는 포기할 수 없다. 그렇다면 지금 같은 시장에서 우리가 집중해야 할 투자 전략은 무엇일까? 바로 지금 사는 곳보다 조금 더 좋은 상급지로 이동하는 것이다.

상급지 이동을 위해 가장 좋은 방법은 뭐니뭐니해도 재개발과 재건축 투자를 활용하는 것이다. 왜 하필 재개발·재건축일까? 재개발과 재건축이 일어나는 곳은 현재 주변시세보다 가격이 저평가되어 있기 때문에 비교적 저렴한 비용으로 미래의 신축 아파트, 새것이 될 아파트를 선점하는 효과가 있기 때문이다. 여러분은 한 번쯤 '썩빌(썩은 빌라)'이라는 말을 들어봤을 것이다. 썩었다고 표현할 정도로 낡고 오래된 빌라! 근래에 이슈가 된 '빌라왕' 사건이나, 전세 사기 사건의 주인공이기도 한 빌라! 그런데 이 낡고 오래된 빌라들이 만약 재개발 구역 내에 있다면 가치가 달라진다. 단지 낡기만 한 빌라가 아니라 미래가치를 품은 진흙 속 진주가 되는 것이다.

몇 년 후 번데기를 탈피하고 변신해서 20억~30억 원짜리 신축 아파트가 될 빌라들인 것이다.

아는 만큼 보이기 때문에, 똑같이 낡고 오래된 빌라도 재개발 구역 내에 있는 것과 구역 외에 있는 것의 가치는 천지 차이가 난다. 그렇다면 비슷한 '썩빌' 중에서 어떤 빌라가 더욱 가치가 있는 걸까? 재개발 구역 빌라는 어떻게 알아볼 수 있을까? 지금부터는 향후 10년간 서울의 주거를 이끌어갈 미래의 신축이 될 진흙 속 진주들을 살펴보자.

규제 완화

: 정비사업이 대세인 이유

　　이전 정부에서는 부동산 상승의 주범이 투기 세력이라며 부동산 거래에 대해 강력한 규제로 일관했던 반면, 현 정부에서는 규제 완화에 전념하고 있다. 2023년 1월에 발표된 대책을 보면 강남3구(강남구, 서초구, 송파구)와 용산구를 제외한 모든 지역이 투기과열지구와 조정대상지역에서 해제되었다.

　　조정대상지역에서 해제되면 민간택지의 분양가상한제가 적용되지 않으며, 청약과 대출에서 꽤 큰 변화가 생긴다. 24개월 이상을 불입해야 청약 자격이 주어졌던 청약통장은 6개월 이상만 유지해도 청약을 할 수 있게 된다. 청약 당첨자의 전매제한 기간도 수도권에서는 최대 10년이었던 것이 3년으로 바뀌고, 다주택자도 청약을 신청할 수 있게 됐다. 규제지역에서는 최대 10년 이내에 당첨된 기록이 있으면 청약 접수를 할 수 없었는데 이마저도 해제된다.

대출 폭도 완화되고 있다. 중도금대출 상한이 폐지되었고, 무주택자(1주택자 처분 조건 포함)가 9억 원 이하의 주택을 구입할 때는 1년간 한시적으로 운영하는 특례보금자리론 제도를 통해 대출을 받을 수 있게 됐다. 덕분에 얼어붙은 부동산 시장에 온기가 불고 있다.

재개발할 수밖에 없는 도시, 서울

규제가 완화될 때 더욱 주목해야 할 곳은 바로 재개발과 재건축 등 정비사업 구역들이다. 특히 서울과 수도권은 이미 집을 지을 만한 땅이 없기 때문에 재개발이나 재건축이 아니라면 새로운 주택을 공급할 방법이 없다.

서울 집값은 왜 오를까? 여러 원인이 있지만 수요 · 공급의 법칙에 따른 공급 부족에서 가장 큰 원인을 찾을 수 있다. 2020년을 기점으로 2024년까지 서울은 아파트의 입주물량, 즉 공급이 턱없이 부족하다. 왜 부족해졌을까?

서울의 주택이 공급 부족 상태가 된 것은 뉴타운 정책이 시작되던 때로 거슬러 올라간다. 흔히 뉴타운이라 불리지만 정식 명칭은 '재정비촉진

사업 지구'이다. 2002년 이명박 당시 서울시장이 최초로 시행한 정책이다. 기존의 재개발 사업은 새 아파트가 완성되어도 주변 환경이 계속 열악하고 낙후된 상태로 남아있어 도시 경관상 전체적인 변화가 필요했다. 그래서 비교적 큰 규모의 지역을 통째로 뉴타운으로 지정하고 기부채납을 통해 도로, 녹지, 기반시설 등을 함께 조성함으로써 도시 전체를 새롭게 변신시키는 정책을 추진했다. 즉 한두 동짜리 아파트의 재개발·재건축이 아니라 아파트 군락이 형성되는 뉴타운을 지정한 것이다.

서울 재개발의 역사를 살펴보면 2002년부터 2007년까지 총 26개의 뉴타운을 선정했는데, 지금 강북 지역의 준신축 아파트들은 대부분 그 당시 지어진 것이다. 이른바 '1기 뉴타운'인 은평뉴타운, 길음뉴타운과 '2기 뉴타운'인 미아뉴타운 등이 여기에 속한다.

2011년 박원순 당시 서울시장도 뉴타운 지정을 통해 신규 주거지를 대거 공급하려고 했다. 하지만 쪼개기 등의 각종 이슈가 터지며 잡음이 많아지자 약 25만 호에 가까운 뉴타운을 해제하기에 이른다. 그러자 신규 공급이 막히게 된다.

일부 주거지는 뉴타운 대신 도시재생이라는 형태의 개발이 추진되었다. 도시재생은 주택을 개량하여 신규 주거지를 만드는 것이 아니라 기존의 주거환경을 가꾸고 다듬는 데에 중점을 둔 사업이었다. 그 결과는 서울의 절대적인 공급 부족! 결국 부족한 아파트는 새로 지어서 공급을 하는 것밖에 방법이 없다는 것을 보여준다. 정비사업이 진행될 수밖에 없는 이유가 여기에 있다.

재개발은 어떤 과정을 거치는가

정비사업의 종류는 크게 재개발과 재건축으로 나뉜다. 부동산에 관심이 별로 없는 분들은 모두 '재개발'이라고 통칭해버리곤 하는데, 재개발과 재건축은 엄연히 다르다. 이 책을 읽고 있는 분들은 반드시 구분해 두시길 바란다.

재건축이 아파트를 중심으로 한 민간의 수익사업이라는 의미가 더 크

재개발과 재건축의 차이

	재개발	재건축
법령	도정법	도정법
기반시설	열악	양호
안전진단	불필요	필요
조합원	구역 내 토지 또는 건축물 소유자 및 지상권자	구역 내 토지와 건축물 동시 소유자
기부채납	많은 편	적은 편
법령(임대)	전체 세대의 15% 이상	상한용적률과 법정상한용적률 차이의 50%
초과이익환수	없음	환수법에 따름
주거이전비·영업보상비	의무	적음
사업진행	까다로움	상대적으로 쉬움

● 지상권자 : 토지 소유자의 토지를 사용할 권리를 가진 자.
● 재건축초과이익환수제 : 2018년 1월 2일 이후 관리처분인가를 신청한 재건축 조합에 초과이익에 대해 10~50%를 환수하는 조치. 초과이익은 사업기간 중 오른 집값에 대해 해당 시·군·구 평균 집값 상승분과 개발비용을 뺀 값.

다면, 재개발은 지자체의 지휘 아래 낡고 불량한 주거환경을 변화시키기 위해 진행하는 공공의 의미가 더 크다. 따라서 재개발과 재건축은 엄연히 적용되는 방법도 다르고 수익성도 다르다.

공공적인 성격을 갖고 있지만 재개발도 하나의 사업이다. 시공사 등 민간업자가 관여해서 수익을 올리되 정부와 지자체가 관여해서 공공의 성격을 강하게 유지하는 대규모 사업인 것이다. 이 챕터에서는 재개발을 주로 다루게 될 텐데, 재건축과 공통점이 많으면서도 차이점이 있기 때문에 정확히 알아두는 게 좋다. 재개발은 종합적으로 기본 도시계획을 수립하고 세부 계획을 진행하는데 진행 단계는 다음과 같다.

① 구역 지정

지자체가 주거환경이 낙후된 어떤 곳을 재개발 구역으로 지정하면 구체적인 정비계획이 수립된다. 재개발 구역으로 지정되기 위해서는 몇 가지 조건이 있다.

먼저 접도율이 40% 이하여야 한다. 접도율이란 정비구역 내에서 폭 4미터 이상의 도로에 접한 건축물 수와 정비구역 내 건축물 수의 비율을 말한다. 접도율이 높다는 것은 넓은 도로에 접한 집이 많다는 뜻이므로 도로 인프라가 비교적 쾌적하다는 뜻이다. 반대로 접도율이 낮다는 것은 구역 내에 소방차가 드나들기 힘들 만큼 골목길이 많고, 레미콘 같은 공사 차량이 드나들지 못해 법률적으로 건축허가를 받지 못할 만큼 열악하단 뜻이다.

재개발 구역으로 지정되기 위해서는 호수밀도가 1만㎡ 당 60호 이상이어야 한다. 호수밀도란 구역 내 건물들이 얼마나 많이 밀집되어 있는지 판단하는 기준이며 1만㎡(약 3,000평)당 60호 이상의 건물이 들어차 있어야 한다.

구역 내 과소필지는 40% 이상이어야 한다. 과소필지란 단독으로 개발이 불가능하다고 판단되는 작은 토지를 말하는데, 서울시의 경우 대지면적 90㎡(약 27평) 미만의 토지가 이에 해당한다.

그밖에도 연면적 기준으로 건물의 노후도가 60% 이상이어야 재개발 구역으로 지정될 수 있다. 이렇듯 재개발 구역 지정은 여러 가지 요소를 충족할 만큼 주거환경이 열악한 곳에서 이뤄진다. 그래서 재건축과 달리 별도의 안전진단을 하지 않는다.

② 추진위원회 설립

정비구역으로 지정된 후 본격적으로 재개발 사업을 추진하기 위해서는 흔히 '조합'이라 부르는 법인회사를 설립해야 한다. 바로 이 조합을 설립하기 위한 실무를 추진하는 곳, 즉 조합의 전 단계가 추진위원회이다.

③ 조합설립인가

추진위원회가 재개발 조합으로 인정받기 위해서는 해당 구역 내 토지

등소유자 중 3분의 2 이상의 동의를 얻어야 한다. 추진위원회는 이러한 동의서와 함께 여러 자격을 충족했음을 증명하는 서류들을 구청장에게 제출함으로써 조합설립인가를 신청해야 한다. 조합설립인가가 나오면 드디어 하나의 법인체로서 사업을 정식으로 시작하게 된다.

④ 건축심의

새로 건설될 아파트가 도시 미관을 어떻게 향상시키고 공공성을 확보할 수 있는지 따져보는 단계이다. 서울시는 건축심의가 까다로워 이를 통과하는 것 자체로도 한 고비를 넘겼다고 본다. 그래서 정비구역 내에는 건축심의 통과를 환영하는 플래카드가 붙기도 하며 그만큼 프리미엄이 오르기도 한다.

서울시는 아파트의 높이에 민감하다. 특히 한강변 아파트의 경우 도시 스카이라인에 위화감을 조성하지 않기 위해 2014년부터 주거용건물의 층수를 35층 이하로 제한하는 '35층룰'을 적용해왔다. 하지만 현재는 이러한 층수제한도 조금씩 완화되는 추세다.

⑤ 사업시행인가

사업시행인가는 사업을 이렇게 진행하겠다는 내용을 담은 사업시행계획을 조합이 지자체에 보고하고 검토받은 후 시장 또는 구청장이 최종 확정하고 인가하는 행정절차다. 사업시행인가를 받기 위해서는 사업장 토지면적 3분의 2 이상에 해당하는 토지소유자가 동의해야 하고, 동시에 사업장 내 토지 및 건축물 소유자 총수의 3분의 2 이상이 동의를 해야 한다.

사업시행인가 단계까지 오면 재개발 사업이 무산될 가능성이 낮기 때문에 사업시행인가가 나오면 가격이 오른다. 그래서 직전에 매수를 하는 것도 좋은 투자 방법일 수 있다. 이 단계에서 매수와 매도가 가장 많이 이루어지기도 한다.

⑥ 관리처분계획인가

재개발 사업을 통해 분양될 땅과 건축물을 조합원에게 배분하는 중요한 절차이다. 조합은 감정평가를 실시해서 사업장 내 부동산의 가치를 산정한 뒤 그 결과를 바탕으로 조합원들로부터 분양신청을 받는다. 이렇게 받은 조합원 분양신청 결과를 기반으로 관리처분계획을 세우고 이를 시장이나 군수 등에게 제출하여 인가를 신청한다.

관리처분계획인가가 나오면 이후에는 기존 주택에 머물던 사람들을 이주시키고 주택을 철거한 후 멸실해야 한다. 멸실이 완료되면 드디어 공사가 시작되고, 조합원이 아닌 일반인들을 대상으로 일반분양을 진행한다. 이렇게 2~3년 간의 공사 기간을 거쳐 드디어 신축 아파트로 변신하게 된다. 관리처분계획인가 이후부터는 주택이 입주권으로 바뀌게 되므로 거래할 때 세금 문제를 꼼꼼히 따져봐야 한다.

청약보다 재개발이 좋은 이유

재개발 사업이 진행되면 구역 내에 일정한 조건 이상의 물건을 가진 사람들을 조합원이라고 부르는데, 조합원은 다시 원조합원과 승계조합원으로 나뉜다. 조합이 설립될 당시부터 정비구역의 물건을 보유하고 있었던 사람을 원조합원, 나중에 원조합원으로부터 물건을 매수한 사람을 승계조합원이라고 한다. 정확히 말하면 2008년 3월 12일 이전에 정비구역으로 지정된 곳에서는 사업시행인가일을 기준으로 원조합원과 승계조합원을 나누고, 그 이후에 지정된 곳에서는 정비구역 지정일을 기준으로 나눈다.

재개발 조합원의 물건을 사는 이유는 뭘까? 바로 일반분양(청약)에 나오지 않는 좋은 물건을 선점할 수 있기 때문이다. 일반분양으로 나오는 물량은 조합원들에게 배정되고 남은 물건들이다. 그래서 흔히 '로열동 로열층(RR)'으로 불리는 좋은 동호수 물건과 중대형 평형은 주로 조합원 물건에 포함되어 있고, 일반분양 물량은 비선호 동의 비선호 층인 경우가 많다.

물론 서울 아파트의 청약은 로또에 가까우니 동호수와 상관없이 당첨되기만 한다면 더할 나위 없지만, 문제는 그럴 확률마저도 낙타가 바늘구멍을 통과하는 수준이라는 점이다. 그 전에 좋은 아파트를 선점하기 위해선 차라리 조합원 물건을 사는 것도 고려해볼 만하다. 그렇지 않으면 신축 아파트로 완성되었을 때 제값을 모두 지불하고 입주해야 한다.

조합원 물건은 진흙 속에 깊게 파묻힌 진주이다. 이 진주는 아래와 같이 다양한 모습을 하고 있다.

① 단독주택

단일 세대가 하나의 건축물 안에 독립적으로 주거 생활을 하는 주택을 말한다. 단독주택의 반대 개념은 집합건물인데, 대표적인 것이 아파트이므로 두 가지를 대조해서 생각하면 쉽다. 재개발 구역의 단독주택은 대부분 대지를 많이 품고 있는 경우가 많아 재개발 물건 중 감정평가가 높은 편에 속한다. 참고로, 하나의 건축물 안에 여러 세대가 살고 있지만 소유권등기가 세대별로 구분되어 있지 않은 다가구주택 역시 단독주택에 속한다.

② 원빌라

지을 때부터 빌라, 즉 다세대주택으로 건설하여 중간에 용도변경 없이 같은 형태를 유지해온 빌라를 말한다. 대지지분은 적지만 가격이 저렴한 편이라 재개발 지역에서 가장 무난한 투자 물건으로, 프리미엄이 비교적 높게 형성된다.

③ 전환빌라(구분빌라)

원래는 단독주택이나 다가구주택이었으나 소유권을 세대별로 분할하여 구분 등기한 물건을 뜻한다. 전환 다세대 주택이라고도 부른다. 통상적으로 같은 조건일 때 원빌라보다는 가치를 낮게 평가받기 때문에 프리미엄이 상대적으로 낮게 형성된다.

④ 뚜껑

재개발 지역 내의 무허가 건축물 중에서 입주권이 보장되는 물건을 '뚜껑'이라고 한다. 「서울시 주거환경 정비조례」에 따르면 구청 혹은 지방자치단체 건축과의 건축물관리대장에 등재되어 있는 무허가 건축물만 입주권을 받을 수 있다. 따라서 이 내용을 통해 반드시 확인해야 하며, 해당 재개발 조합에도 정관 상 물건에 대한 예외규정 등의 정보를 파악하고 거래해야 한다.

⑤ 도로

말 그대로 건물 없이 도로로 사용되는 땅이다. 재개발 지역 내의 토지를 모두 합해서 일정 면적 이상 보유한 경우에는 입주권을 받을 수 있는데, 서울시의 경우 90㎡ 이상이어야 한다. 재개발 지역 내 토지 중에서 도로는 작게 쪼개져 나오기도 하고, 대지가 작아 감정평가금액이 낮기 때문에 투자자들에게 인기 있는 상품이다. 단독주택이나 원빌라에 비해 프리미엄도 낮은 편이라 다소 가볍게 거래가 가능하다. 재개발 구역에서 조합원의 물건을 매수할 때에 권리가액이 조합원분양가에 못 미치는 물건의 경우 감정평가액을 높이기 위해 도로를 사서 합치기도 한다.

이런 물건들은 모두가 각각 감정평가를 받는 조합원 물건이며, 해당 물건의 감정평가액에 프리미엄(P)을 주고 매수하면 조합원의 자격을 얻게 된다. 비록 프리미엄을 붙여서 샀더라도 미래에 신축 아파트가 되어 그보다 큰 보답이 돌아온다면 성공적인 재개발 투자가 된다.

갈아타기

: 집이 아닌 땅을 보고 움직이자

집을 살 때 현금을 모아서 사는 사람은 거의 없다. 요즘 시대에 돈을 모아서 집을 산다는 것은 사실상 불가능하다. 2021년 서울시 기준 1인당 연평균 소득은 2,526만 원이고 맞벌이 부부를 기준으로 해도 5,000만 원 남짓이다. 아무것도 먹지도, 쓰지도 않고 5,000만 원을 그대로 모아도 10년이면 5억 원.

그런데 제대로 된 부동산을 사두면 1~2년 만에 5억 원을 벌 수 있음을 우리는 지난 몇 년간 확인했다. 대한민국뿐만 아니라 전 세계적으로 월급을 한 푼 두 푼 아껴서 내 집 마련을 하기란 사실상 불가능하다.

결국 부동산을 사는 가장 좋은 방법은 집으로 집을 사는 것이다. 즉, 사는 곳을 갈아타며 자산을 불려 나가야 한다는 뜻이다. 없는 돈을 쪼개서 힘들게 여러 채를 사고팔 필요도 없다. 지금 보유하고 있거나 살고있는 집 한 채만 있으면 그 집의 양도소득세 비과세 요건(2년 이상 보유 및 2년 이상 거주 등)을 채우고, 그 사이에 오른 가격을 활용하여 다음 상급지로 이동하는 것. 이런 식으로 꾸준히 갈아타기를 통해 자산을 불려 나가는 것이 재테크의 가장 좋은 방법이 된다.

갈아타기 전략의 구조는 간단하다. 내가 가진 자산을 최대한 활용해서 현재 보유하고 있는 곳보다 상급지, 즉 입지가 더 좋으며 땅값이 더 비싼 곳, 더 좋아질 곳으로 이동하면 된다. 신축 아파트로 변신할 예정이라든가, 교통 인프라의 변화가 있거나, 인구가 증가하거나, 업무지구가 생겨나는 등 미래가치가 더 있는 곳으로 이동하면 된다.

입지 좋은 곳의 신축 아파트를 살 때는 전세를 끼고 이른바 '갭투자'를 할 수도 있고, 재개발·재건축 입주권을 선점할 수도 있다. 여러 가지 선택지를 생각하며 다양한 시뮬레이션을 해보자. 당장은 갈아타기를 하지 못해도 우리는 계속 입지를 살피고 가격을 봐야 한다. 그러다가 기회가 오면 빠르게 판단하고 바로 실행하자.

네이버 프리미엄 콘텐츠 「투자고수의 비밀노트」를 운영하는 것도 투자하기 좋은 물건과 최신 이슈, 입지 분석 노하우를 속속들이 제공함으로써 독자들이 시간과 비용을 아끼기를 바라기 때문이다. 부동산 상승장에서는 속도전이 중요하다. 어물쩍대다가 물건은 사라지고 없다. 평소에 꾸준히 공부하면서 기회가 오면 놓치지 말자.

갈아타기 초보자들의 치명적 실수

만약 지금 살고있는 지역이 만족스럽고, 자녀 학교 문제나 직장 문제로 다른 지역으로의 이동이 쉽지 않다면 그 지역에서 평형을 늘리는 것도 좋다. 다만 이른바 '로열동 로열층(RR)'이나 아파트 타입, 향 등에 너무 매몰되지는 말자. 자산을 늘리기 위한 갈아타기의 핵심은 내가 소유할 땅의 지분이 이전보다 커지느냐다. 아파트가 신축이라고 해서, 혹은 평형이 더 커졌다고 해서 대지지분이 많은 것은 아니고 오히려 전에 살던 집보다 지분 가치가 적을 수도 있다. 혹시나 이사를 하면서 갖게 되는 땅의 가치가 전보다 더 떨어지는 우를 범하면 안된다.

특히, 평형을 늘리겠다고 하급지로 자산을 이동시키는 일은 절대 하지 말자. 과거 1기 신도시들이 탄생했던 1990년대 말에서 2000년대 초, 신도시의 새 아파트 가격이 강남을 비롯한 서울의 집값과 큰 차이가 없을 때, 꽤 많은 강남 사모님들이 일산이나 용인 수지의 신축 대형아파트를 선택했다. 가격대가 비슷하다 보니 신도시의 새 아파트, 더 큰 평형에서 거주하는 게 낫다는 생각이었다. 입지의 중요성이 지금처럼 중요하게 여겨지지 않던 시기다. 그리고 그들은 다시 돌아오지 못할 강을 건넌 셈이 되었다. 현재 강남과 경기도의 집값 차이는 몇 배로 벌어졌고, 돌아오고 싶어도 오지 못하는 상황이다.

부동산은 첫째도 입지, 둘째도 입지, 셋째도 입지다. 불편한 진실이지만 입지에는 서열이 있다. 쉽게 말해서 입지에 따라 땅이 지닌 가치와 가격이 각각 다르다는 뜻이다.

정부는 친절하게도 매년 땅의 가격을 공시지가라는 이름으로 정리해준다. 대한민국에서 가장 비싼 땅은 벌써 몇 년째 위상을 지키고 있는 그곳, 바로 명동의 네이처리퍼블릭 건물 자리로 무려 평당 5억7,000만 원 정도다. 그도 그럴 것이 이곳은 상업지역이고 유동인구가 하루 평균 11만5,441명으로 전국에서 가장 많은 곳이다.

그렇다면 주거지로의 서열은 어떻게 정해질까? 역시 공시지가를 통해 알 수 있다. 지역별 대장 아파트가 위치한 땅의 공시지가를 살펴보면 결국 아파트 가격에 수렴한다는 것을 알 수 있다. 즉, 공시지가가 비싼 곳에 지어진 아파트일수록 거래가격도 비싸다는 것이다. 아파트를 가격을 구성하는 것은 기본적으로 '땅값 + 건물값'이고 여기에 외부요소가 일부 포함되는데, 건물값은 시간이 지나면 감가상각 된다. 결국 남는 것은 땅값, 즉 지가(地價)인 것이다.

물론 땅 본연의 값 이외에도 일자리, 개발호재, 교통, 상업시설, 인구변화, 학군 등 외부요소를 간과하면 안 된다. 하지만 이 모든 요소들이 결국 지가에 반영되기 때문에 그 근본은 단연코 지가라고 할 수 있다. 따라서 갈수록 부자가 되기 위해서는 내가 살고있는 곳보다 조금 더 땅값이 비싼 곳으로 이동하기 위해 노력해야 한다. 부동산 투자는 결국 땅에 투자하는 것임을 잊지 말자.

이것이 가장 잘 드러나는 분야가 재개발 사업이다. 낡은 주택과 노후한 주거환경에 가려져 있던 땅의 가치가 재개발이라는 정비사업을 통해 대단지 신축 아파트로 새롭게 거듭나게 될 때 그 땅의 본연의 가치가 더욱 부각되며 시너지를 내서 시세의 상승을 일으키기 때문이다. 특히 서울의 핵심 요지에는 입지는 좋지만 환경이 낙후된 재개발 구역들이 많다.

본 챕터에서 다루는 재개발 핵심 구역들은 당장 매수하거나 갈아타기가 어려울 수도 있다. 하지만 그렇더라도 반드시 기억해 두었으면 한다. 하락장에도 가격이 떨어지지 않는 부동산! 서울에서 가장 강력한 하방경직성을 가진 다듬어지지 않은 원석! 서울 재개발 구역들이기 때문이다. 언젠가는 꼭 갖고 싶지 않은가?

보기에 좋다고 정말 좋은 집일까

최근 부동산 강의가 많아지고 SNS를 통한 정보가 많아지면서 MZ세대를 비롯해 부동산에 무관심했던 사람들이 대거 부동산 시장에 참여하고 있다. 투자자들 사이에서만 쓰이던 임장(현장조사)이라는 말이 대중적으로 확산되면서 요즘은 초보자들도 부동산 현장에 가서 물건지를 보고 현장 분위기를 파악하고 오는 일들이 많아졌다.

그런데 이때 주의할 것이 있다. 임장보고서에 매몰되면 안된다는 것이다. 처음 부동산 공부를 시작하는 초보자들은 열정적으로 밤새워 임장보고서를 작성하고, 모여서 발표를 하며, 문서로 정리하고 뿌듯해한다. 그런데 내용을 살펴보면 기껏 임장을 가서는 아파트 단지의 쓰레기통이나 주차장 차단기 같은 것들을 세세히 보고 와서 적어놓는다. 이런 것을 임장이라고 생각하지 말자. 투자를 하는 데에 아파트 단지의 차단기, 주차장, 단지 내 쓰레기통, 놀이터의 모양 등이 영향을 미쳐서는 안 된다.

특히 재개발 사업이 진행되는 곳은 오래되고 낙후된 곳이기 때문에 외적인 부분을 판단 기준으로 삼게 되면 모두 탈락이다. 낡은 모습 밑에 숨겨진 땅의 가치를 파악해야 한다. 노후된 건물만 걷어내고 새로운 아파트를 지어 올리면, 도로를 넓히고 공원을 만들고 기반시설을 조성하면 그 지역이 어떻게 변화할 것인지를 상상할 줄 알아야 한다.

중요한 것은 그 지역이 지금 내가 살고 있는 곳보다 상급지가 맞느냐, 그리고 내가 가진 돈으로 진입할 수 있느냐이다. 갈아타기 전략을 위해서는 현재 내가 가진 자산에 맞게 최대치의 효율을 끌어올려야 한다. 상급지의 못난이 주택과 하급지의 똘똘이 주택이 가진 땅의 가치를 판단한 뒤 내 자산이 어느 곳에서 더 불어날지를 평가하자. 그리고 내가 감당할 수 있는 곳은 둘 중 어디인지를 냉정하게 판단하자.

재개발 투자에 있어 너무 사소한 요소들을 판단 근거에 넣지는 말자. '임장을 위한 임장'을 하지는 말자. 상급지 여부를 판단하는 데에 주차장 차단기와 쓰레기통이 영향을 주면 되겠는가?

세대별 재개발 활용 전략

재개발을 이용한 갈아타기의 기본은 내가 갈아타고자 하는 곳의 땅값이 내가 지금 살고 잇는 곳보다 우위에 있어야 한다는 것이다. 물론 지가가 낮은 곳으로 가는 대신 평형을 넓히는 것이 나쁘다는 것은 아니다. 인생의 후반기에 널찍한 집에서 편안히 살기 위해서는 지가를 일부 포기하더라도 더 크고 좋은 집을 고르는 것도 나쁘지는 않다.

다만 한참 자산을 축적하는 것이 목적인 젊은 세대라면 공격적으로 투자하는 것이 좋다. 사회초년생 시절과 신혼부부 시절은 생활비를 아껴서 종잣돈을 모으기 가장 좋은 시기로, 두 사람의 월급을 모아 자산을 폭발적으로 늘리기 좋은 시기이다. 이 시기에 열심히 노력해서 최대한 빨리 첫 주택을 마련하자.

신혼부부의 경우 혼인신고를 하기 전에 각각 1주택을 마련하면, 혼인신고 후 5년 이내에 둘 중 한 채를 팔 경우 양도소득세를 비과세 받을 수 있다. 이런 전략을 활용하는 것도 좋다. 다만 아직 자산이 적은 신혼부부라면 1억 원짜리 주택 두 채를 사는 것보다는 자산을 뭉쳐서 좀 더 좋은 2억 원짜리 한 채를 사는 걸 추천한다. 종잣돈이 없을수록 자산을 한 바구니에 넣어 불려야 한다. 시간이 지나 첫 주택의 가격이 오르고 자산의 상승이 일어났다면 두 번째 주택으로 갈아타며 상급지로 세팅을 하면 된다. 실제로 신혼 때 마련한 집을 토대로 비과세 혜택을 두 번 받으며 강남에 입성한 지인의 사례가 있다.

30대이지만 아직 자녀가 없거나 어리다면 여전히 공격적으로 투자할 수 있는 시기이다. 앞으로 10년은 더 걸릴 것 같은 재개발·재건축 구역이라도 서울이라면 과감히 투자해야 한다. 핵심지에 일단 진입하기만 했다면 시간을 이기는 투자가 되기 때문이다. 낡은 주택에 실거주하며 다소 불편을 감수하다가 재개발·재건축이 진행되기를 기다리는 이른바 '몸테크'를 고려해도 좋다.

아이가 학령기에 들어가면 몸테크가 쉽지 않다. 교육을 위해 주거지를 옮겨야 할 수도 있기 때문이다. 그렇지만 학군이 좋은 강남권의 재개발·재건축 구역이라면 역시나 몸테크가 훌륭한 선택일 수 있다. 반면 비강남권에서는 몸테크를 결정할 때 신중히 하길 바란다.

40대 후반이 되면 재개발·재건축 투자를 활용한 갈아타기는 거의 마지노선이다. 기본 10년 이상 걸리는 사업이고, 관리처분계획인가가 이뤄진 곳이라고 해도 6~7년이 추가로 소요된다. 예를 들어 한남3구역은 2023년 6월말 관리처분 인가를 득했고, 10월말 이주가 시작됐지만 3,800세대의 이주와 철거, 멸실, 그리고 착공까지 고려한다면 신축 아파트 입주는 2029년 혹은 2030년에나 가능할 것으로 예상한다. 게다가 40대 이후로는 부모님 간병이나 자녀의 학비 등 경제적 부담이 가중되는 시기이다. 어느 하나라도 삐걱하면 현금흐름이 충분하지 않은 상태에선 버티기 힘들다. 그러므로 이 시기에 재개발·재건축을 이용해서 갈아타기를 하려면 신중히 결정하자.

50대 이후라면 전 재산으로 투자한 재개발·재건축의 결과물은 아마도 본인이 아니라 자녀에게 대물림될 수 있다. 이러한 투자도 잘못된 것은 아니지만, 시간을 태워야 하는 재개발·재건축 투자에 인생 후반기의 전 재산을 투자하는 것은 위험도가 높다. 이때는 욕심을 내려놓고 가능하면 지금 살고있는 곳보다 땅의 가치가 높은 상급지로 이동하는 것에 만족하는 게 좋다고 본다.

실수요자라면 서울의 재개발 구역 중 관리처분계획인가를 받은 구역들을 살펴보는 것도 좋은 전략이다. 아래 구역들이 여기에 속하는데, 이들은 향후 3~5년 안에 신축 아파트로 변하게 된다.

가재울8구역	보문5구역	이문1·3구역
갈현1구역	봉천4-1-2구역	장위6·10구역
노량진2·4·6·8구역	삼선5구역	청량리7구역
답십리17구역	수색8구역	한남3구역
대조1구역	신림2·3구역	행당7구역
도봉2구역	신월곡1구역	홍은13구역
동선2구역	연희1구역	흑석9·11구역
마포3-3구역	영등포 1-13구역	

물론 서울의 재개발 입주권을 사려면 투자금이 매우 많이 들어간다. 그렇더라도 몇 년만 버티면 확실하게 끝이 보이는 투자다. 4세대 신축 아파트의 달콤한 꿈을 꿔보자. 단, 가능하다면 서울 위주의 속도가 빠른 구역에 투자해야 함을 명심해야 한다.

　썩어빠진 모습의 빌라나 다세대주택, 낡은 단독주택들이 정비구역 안에 있다면 눈여겨보자. 머지 않은 미래에 멋진 보석으로 거듭날 다듬어지지 않은 원석들이다. 이런 물건들을 내 자산에 맞는 범위에서, 내 생애주기를 고려하여 매수하고 시간을 이기는 투자를 하자.

한남뉴타운
: 투자자의 필수교양

이제부터는 직접 투자하지는 않더라도 재개발 투자자라면 반드시 알아두어야 할 서울의 핵심 재개발 구역을 살펴보자. 이 책에 등장하는 구역들은 서울을 대표하는 곳들로 일명 뉴타운이라는 이름으로 불린다. 앞으로 서울 부동산의 트렌드를 주도하게 될 핵심 뉴타운을 알아봄으로써 서울이라는 도시의 방향성을 가늠해볼 수 있을 것이다.

대한민국 재개발의 꽃

용산구 한남동에 위치한 한남뉴타운은 대한민국 재개발의 꽃이라 해

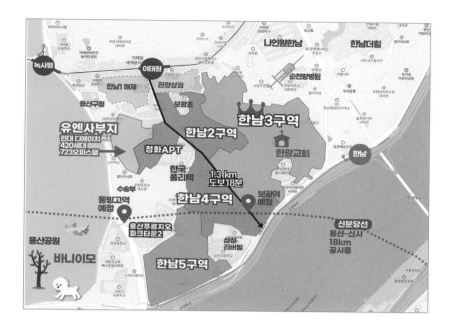

도 과언이 아니다. 대한민국에서 진행되고 있는 모든 재개발 사업 중의 최상급지라 할 수 있으며 현 정부가 출범한 이후로 용산구의 가치가 더욱 부각되면서 역대급 재개발 구역이 될 것으로 보인다.

용산구는 그 자체로 북으로 남산과 북악산, 남으로 한강을 바라보는 배산임수(背山臨水)의 입지를 가지고 있지만 그중에서도 이에 정확하게 부합하는 곳이 바로 한남동이다. 풍수지리적 명당이기 때문인지 한남동에는 이미 부촌이 형성되어 있고 국내 굴지의 대기업 오너들과 톱스타들이 살고 있다. 이런 한남동을 가까이에 둔 한남뉴타운 역시 재개발 사업이 완성되면 엄청난 가치를 평가받을 것이다.

아직 다듬어지지 않은 원석 한남뉴타운은 1·2·3·4·5구역으로 나뉜다. 이중 1구역은 구역 지정이 해제되었고 2구역은 1,536세대, 3구역은 3,816세대, 4구역은 2,595세대, 5구역은 1,624세대로 진행된다. 이들을 모두 합치면 9,590세대이다. 한남뉴타운이 모두 완성되고 나면 용산에 1만 세대의 미니 신도시급 주택단지가 탄생하는 것이다.

진행 속도는 한남3구역이 가장 빠르고 그 뒤를 이어 한남2구역, 한남4구역, 한남5구역 순서로 진행 중이다.

참고로, 한남1구역은 이태원과 인접해 있어 상권의 발달로 인해 구역이 해제되었다. 이태원은 관광특구로 내국인뿐 아니라 외국인들도 많이 찾는 곳이라 상권이 매우 발달해 있다. 한남1구역은 밤이 되면 찬란한 불빛의 거리로 변하면서 술집과 특이한 상업시설이 활발하게 영업을 하는 곳이다. 그만큼 주거지로의 변모가 쉽지 않은 곳이기 때문에 구역 지정이 해제된 것이다.

핵심 중의 핵심, 한남3구역

한남대교를 타고 강남에서 강북으로 건너가다가 문득 한강을 바라보면 뾰족한 첨탑을 한 번쯤 본 적이 있을 것이다. 바로 한남3구역 안에 있는 한광교회이다. 한남3구역 내에서도 가장 큰 가치를 인정받은 자리로, 감정평가금액이 가장 높다. 한광교회와 그 주위를 둘러싼 낡은 빌라들이 바로 한남뉴타운의 명실상부한 대장급인 한남3구역이다. 5,816세대로 현대건설의 '디에이치한남' 브랜드로 사업이 진행 중이다. 2023년 6월 말 드디어 관리처분계획인가를 득했고 10월 말부터 드디어 이주가 시작되었다.

투기과열지구 내의 재개발 구역은 관리처분계획인가 이후부터 조합원의 지위를 양도할 수 없다는 금지 조항이 있다. 부동산의 소유권 자체를 사고팔 수는 있지만 조합원 지위는 양도되지 않기 때문에 신축 아파트의 입주권을 받지 못하고 현금청산이 된다. 2023년 6월 관리처분계획인가를 앞두고 한남3구역의 매매가 많이 이루어진 이유이다. 당연히 현재는 매물이 거의 나오지 않는다.

단 「도시 및 주거환경 정비법」의 예외조항에 따르면, 투기과열지구라고 해도 10년 이상 보유 및 5년 이상 거주한 조합원의 매물은 매매가 가능하도록 인정해주고 있다. 이런 사람들은 투기 수요가 아니라 이곳에서 오래 실거주한 사람들이므로 원한다면 집을 매수하고 떠날 수 있도록 배려해주는 것이다. 간혹 이런 물건들이 나올 수 있으니 꾸준히 관찰하면서 기회를 노릴 필요가 있다.

한남3구역은 2023년 10월 30일부터 공식 이주가 시작되었지만, 조합원이 3,880세대나 되기 때문에 빠르게 이주하는 것이 쉽지는 않을 것이다. 부지런히 진행하여 2024년 내지 2025년에 이주를 마무리하고 철거를 진행한다면 2026년이나 2027년쯤에는 착공을 넘볼 수도 있을 것이다. 빠르면 2029년 입주 가능!

계획대로라면 한남3구역에서는 약 830세대의 일반분양 물량이 나올 예정인데, 모두 59타입이다. 분양가는 59타입 기준으로 최저 약 12억 9,000만 원으로 예측한다. 결코 저렴한 가격은 아니다. 하지만 용산이지 않은가!

게다가 현대에서 수주를 맡은 한남3구역은 조합원 혜택이 매우 좋다. 가장 좋은 것은 바로 조합원들이 분담금을 입주 후, 그것도 입주 1년 후 납부할 수 있다는 조건이다. 조합원들은 분담금에 대한 부담 없이 전세 세입자부터 얻고, 잔금은 1년 후 치러도 된다.

한남뉴타운
구역별로 들여다보기

한남2구역

보광초등학교를 끼고 있는 초품아(초등학교를 품은 아파트) 지역이다. 2021년 11월에 사업시행인가를 득하고 현재 관리처분계획인가를 준비하고 있다. 1,537세대의 신축 아파트로 건립할 예정으로, 조감도를 보면 서울 전역을 조망하는 스카이라운지가 돋보인다.

이태원 상업시설을 도보로 이용 가능한 한남2구역은 오세훈 시장의 '2040 도시기본계획'의 수혜를 받을 것으로 예상된다. 현재 90m로 제한된 남산 주변 고도제한이

119m로 변경 예정이라 이에 따른 세대수의 증가가 예상되고 있다.

건설사는 롯데건설과 대우건설이 경합을 벌이다가 대우건설로 최종 결정되었다. 브랜드는 '한남써밋'이 될 예정. 한남2구역의 공사비는 평당 770만 원으로 책정되어 한남3구역의 평당 공사비 598만 원보다 약 200만 원 증액되었다. 한남3구역의 공사비를 책정할 당시보다 우크라이나발 전쟁 등의 영향으로 원자재값이 급등하면서 상승분이 반영된 것이다. 사업비만 1조 원에 달하는 한남2구역! 앞으로 사업성이 어떻게 변동될지 주목해볼 필요가 있다.

한남4구역

현재 조합설립인가가 이뤄진 상태로 조합원 1,166세대. 임대를 포함한 전체 세대수 2,167세대의 건축안이 건축심의를 기다리고 있다. 한남4구역은 사업성이 좋아서 일반 분양 물량이 무려 1,841세대나 예정되어 있으며 여기에는 대형 타입도 포함되어 있다. 사업성이 좋고 매력적인 한남4구역! 하지만 덩치가 큰 물건, 즉 감정평가금액이 높은 단독주택들이 많아서 접근이 쉽지 않다. 현재로서는 투자금이 많이 들기 때문이다. 하지만 한남4구역에는 신동아파밀리에라는 226세대의 나홀로 아파트가 포함되어 있다. 재개발 구역에는 낡고 오래된 빌라만 있는 것이 아니라 아파트가 포함되기도 한다. 재개발 구역에 포함된 아파트의 경우 역시 감정평가를 받아 당당히 조합원 매물이 된다.

한남5구역

현재 조합설립인가가 난 상태로 현재 조합원 수는 1,542세대이며 임대를 포함한 분양 세대수는 모두 2,221세대로 예정되어 있다. 속도는 가장 느리지만 입지는 가장 좋다. 한강변을 끼고 있으며 용산공원도 도보로 이용 가능하다.

다만 구역 내에 변전소가 위치하고 있다는 것이 최대 단점인데, 한국전력과의 협의를 통해 이전 및 지중화에 필요한 비용을 조합에서 부담하는 조건으로 변전소 이전을 합의한 상태다. 5구역 역시 대지지분이 큰 물건들이 많아 매매가가 꼬마빌딩 수준으로 높게 책정되어 있어 투자나 실거주 모두 진입이 쉽지는 않다. 하지만 한남뉴타운은 대한민국 재개발의 탑티어인 만큼 반드시 관심있게 지켜보자.

노량진뉴타운

: 업무지구 접근성 끝판왕

컵밥의 거리, 공시생들과 입시생들의 메카였던 노량진이 변하고 있다. 서울 서남부권 최대 정비사업에 지정된 노량진 재정비촉진지구, 즉 노량진뉴타운이 대규모 신축 아파트 단지로 변모 중이다. 완성되면 용산, 여의도, 강남으로의 접근성이 우수한 대표 주거지가 될 전망이다.

노량진의 옛 이름은 '노들나루'로 백로가 노닐던 나루터라는 뜻이다. 나루터는 예로부터 교통의 요지! 우리나라 최초의 철도인 경인선의 출발지였던 노량진은 과거에도 지금도 서울의 남과 북을 잇는 교통의 요지이다. 지금도 노량진에서는 용산, 강남, 시청까지 모두 30분 이내에 도착할 수 있다. 서울의 3도심이라 할 수 있는 이른바 CBD(사대문 업무지구), YBD(여의도 업무지구), GBD(강남 업무지구)까지 한 번에 이동 가능한 유일한 뉴타운이다.

노량진뉴타운은 뉴타운 중 유일하게 해제된 구역 없이 사업이 진행 중인 곳이기도 하다. 1구역부터 8구역까지 총 여덟 곳의 재개발 구역이 지정되어 있다. 전 구역이 모두 완성되면 약 9,100세대가 거주하는 대규모 신흥 주거지로 부상한다. 여덟 곳의 재개발 구역이 모두 동시에 진행되고 있기 때문에 헷갈리지 말고 꾸준히 체크해야 할 구역이다.

전 구역이 속도를 내고 있는데, 이중 1,000세대 이상의 단지가 구성될 구역은 1구역, 3구역, 6구역이다. 특히 1구역과 3구역은 일반분양 비율과 조합원분양 비율이 비슷할 정도로 사업성이 좋다. 속도가 빠른 구역은 2구역, 4구역, 5구역, 6구역, 8구역으로 모두 관리처분계획인가를 득했다. 나머지 1구역, 3구역, 7구역은 사업시행인가를 득했다.

느리지만 알짜배기인 노량진1구역

가장 속도가 느리지만 가장 대장이 될 곳은 1구역이다. 2,992세대의 신축 아파트가 만들어질 노량진1구역은 평지에 위치한 노른자땅이다. 입지와 세대수 면에서 대장이 될 가능성이 크기 때문에 노량진1구역은 '2023 하반기 정비사업 최대어'로 불리며 여러 시공사들이 수주를 위해 눈독을 들이고 있다.

GS건설이 1년 전부터 공을 들이고 있는데 이곳에 집중하기 위해 3구역의 수주도 포기했을 정도다. 하지만 다만 2023년 7월 GS건설이 시공한 검단의 아파트 지하주차장이 붕괴하면서 기업 이미지와 브랜드 가치가 실추된 상황이고, 아직 노량진뉴타운에서 한 곳도 수주를 하지 못한 삼성물산도 엄청나게 공을 들이고 있기 때문에 두 회사의 수주전이 치열할 것으로 예상된다. 과연 수주전에서 어떤 결과가 나올지 주목된다.

노량진1구역은 현재 영업 중인 상가가 많고 빌라 등의 주거지도 건재하다. 속도가 제일 느린 만큼 조합원 매물도 많았으나, 현재는 덩치가 작은 매물들은 모두 거래되어 자취를 감추었고 대부분 단독주택만 나온다. 단독주택은 대지지분이 크기 때문에 감정평가금액도 높아서 매매가 자체가 높게 책정된다. 이렇게 매물 대부분이 덩치가 크다 보니 투자든 실거주든 사실상 접근이 쉽지 않다.

1구역은 노량진 전 구역 중 유일하게 특별건축구역으로 지정되어 있다. 특별건축구역은 조화롭고 창의적인 건축물을 통하여 도시경관을 창출하고, 건설기술 수준을 향상하며, 건축 관련 제도 개선을 도모하기 위하여 일부 특례를 적용할 수 있도록 「건축법」에 따라 지정하는 구역을 말한다. 특별건축구역 안에서는 건폐율, 건축물의 높이, 일조권 등의 기준을 배제 또는 완화하거나 통합하여 적용하기 때문에 보다 자유로운 건축 설계가 반영된 창의성 높은 건축물이 만들어질 수 있다.

1구역은 조합설립 동의서를 받을 때 '원플러스원(1+1)' 약정서를 작성하였다. 이에 따라 현재는 25평 이하 세대의 비율이 높게끔 설계되어 있는데, 대형평수를 늘리기 위해서는 조합원들의 재동의를 받아야 한다. 2주택자 이상 근린생활시설 조합원의 이주비 대출도 감정가의 60%까지 지급하고, 분담금도 이른바 '빵빵백'이라고 부르는 '입주 시 잔금 100%'로 진행하고자 하므로, 속도가 느린 것 외에는 모든 것이 완벽한 구역이라 할 만하다.

또 하나의 대장 단지, 노량진3구역

1구역과 마주보는 위치에서 1,012세대로 진행 중인 노량진3구역은 1구역 못지않게 입지가 좋다. 노량진역을 도보로 이용 가능한 초역세권이고, 초등학교를 품은 초품아이며, 한강조망이 가능한 곳이기 때문에 1구역과 함께 이 구역의 대장이 될 가능성이 크다. 노량진역은 지하철 1호선·7호선·9호선과 서부선이 연결되는 역인 만큼 도보로 이용하는 초역세권의 입지적 가치는 매우 뛰어나다.

노량진3구역은 도시경관을 개선하고 멋진 스카이라인을 만들기 위한 특화설계가 진행 중이다. 시공사는 포스코건설이고 브랜드는 하이엔드 브랜드인 '오티에르'로 진행 예정이다. 3구역은 조합원들에게 이주비 대출 조건으로 LTV의 100%를 제시하였고, 분양가는 별도의 중도금 없이 입주 시 100%를 내도록 하는 파격 조건을 내세웠다.

2023년 말 현재 사업시행인가 후 조합원들의 매물에 대해 감정평가를 진행하여 종전자산 평가를 한 후 추정분담금에 대한 심의를 준비하고 있다. 조합원 분양신청을 준비하는 것이다. 3구역은 대형평형 위주로 구성되어 조합원 모두 최소 84타입 이상의 큰 아파트를 배정받을 수 있다.

노량진 뉴타운 단계

구역	진행단계	입주	세대수
노량진1구역	사업시행인가	미정	2,992세대
노량진2구역	관리처분인가	2025년	421세대
노량진3구역	사업시행인가	2029년	1,012세대
노량진4구역	관리처분인가	2026년	870세대
노량진5구역	관리처분인가	2028년	727세대
노량진6구역	관리처분인가	2027년	1,499세대
노량진7구역	사업시행인가	미정	576세대
노량진8구역	관리처분인가	2027년	987세대

노량진뉴타운
구역별로 들여다보기

노량진2구역

노량진뉴타운 중 면적이 가장 작은 2구역은 415세대로 진행 중이고, 2023년 하반기 현재 철거를 마치고 착공을 앞두고 있다. 장승배기역 초역세권으로 노량진뉴타운을 통틀어 조합원수가 고작 98명밖에 되지 않아 가장 적다. 하지만 그만큼 진행 속도가 빠르고, 적은 조합원 수 대비 일반분양 물량이 많으므로 사업성이 매우 좋다. 분양금액을 입주 시 잔금 100%로 지정하여 조합원들의 분담금 부담을 확 줄였다. 속도도 빠르고, 부담도 덜한 노량진2구역! 시공사는 SK의 하이엔드 브랜드인 '에코플랜트 드파인'이다. 원래는 상가와 주거가 혼재된 421세대의 주상복합 아파트로 진행될 예정이었으나, 정비지구 계획변경 통해 상도파크자이처럼 외부 1층을 상가로 짓고 나머지는 아파트 동으로 지으려 하고 있다. 이미 관리처분계획인가를 득한 상태지만, 설계변경을 통해 다시 분양을 할 경우에는 사업시행인가 시점으로 돌아가는 셈이 되므로 관리처분계획인가를 다시 받게 된다.

Insight

노량진4구역

870세대로 진행 중이며, 2023년 하반기 현재 관리처분계획인가를 득했다. 중간에 조합장 교체라는 이슈가 있었지만 신임 조합장과의 협력으로 관리처분계획인가가 빠르게 진행되었다. 2023년 말 이주 개시, 2024년 9월 철거를 목표로 사업이 진행중이다. 시공사는 현대건설로, 브랜드는 '디에이치씨엘스타'가 될 예정이다. 당초 힐스테이트로 사업시행인가를 받았으나 변경되었다. 진행 속도가 빠르고, 시공사 현대건설의 브랜드 가치를 높게 평가받고 있다.

경사 지대에 위치해 있지만 장승배기역을 도보로 이용 가능하여 차후 7호선과 서부선의 더블 역세권이 될 예정이다. 현재는 설계변경을 진행하고 있는데, 기준 층고를 3m로 높게 설계하여 입주 후 주거 쾌적성과 층간소음 문제를 잡겠다는 계획이다. 층고를 높이느라 전체 세대수의 13%가 줄어들 것으로 예상했으나, 건축계획 단계에서 확보하지 못한 용적률을 확보하면서 세대수가 844세대에서 870세대로 오히려 증가했다. 조합원분양 물량 역시 쓰리베이(3-bay)에서 포베이(4-bay)로 구조를 변경하였고, 발코니 확장 세대의 전용면적이 확대되었으며, 주차대수도 1.5대로 개선되었다. 또한 35평형과 41평형의 수를 401세대로 늘려서 조합원 모두가 최소 34평형 이상을 분양받을 수 있도록 했다.

3구역과 4구역의 조합원들 중 경계 지역에서 양쪽 구역에 모두 조합원으로 등재되어 감정평가가 달리 나오는 문제가 있었으나, 지난해 조율을 마쳤다. 최종적으로 조합원 수는 375명으로 확정되었다.

노량진5구역

727세대로 진행중이며, 대우건설의 하이엔드 브랜드인 '써밋더트레시아'라는 브랜드로 지어질 예정이다. 5구역은 타 구역과 달리 사업시행인가 이후 바로 대우건설이 시공사로 빠르게 확정되었다. 5월 관리처분총회를 마치고 10월 관리처분계획인가를 득했다. 9개동 최고 29층으로 지어질 예정이며, 조합원은 원플러스원(1+1)을 신청한 조합원을 포함하여 319명이다. 727세대 중 임대아파트가 130세대이므로 일반분양은 약 278세대가 나오게 된다.

노량진5구역은 1구역, 6구역, 8구역과 접해 있는데 이곳은 도로로 확실하게 갈라진 구역이 아니다 보니 경계에 걸친 주택들이 몇몇 있다. 그러다 보니 경계 구역에 걸쳐 양쪽 조합에 모두 포함되는 세대가 발생하게 되었고, 5구역은 이러한 경우가 약 100세대 정도 된다. 이들은 경계조합원이라 하여 경계가 접한 구역 중 하나를 선택하도록 되어 있다.

그래서 많은 조합원들이 앞으로 대장이 될 것으로 기대되는 1구역과 진행 속도가 빠른 8구역을 놓고 고민하게 되었는데, 각자 상황에 맞게 선택을 한 후 결과적으로 5구역 조합원은 기존 409명에서 320명으로 줄어들었다. 그러면서 일반분양이 277세대로 늘어나게 되었고, 이에 따라 사업성이 다소 증가하게 되었다.

5구역은 걸림돌이 될 수 있었던 교회보상총회를 끝내고 사업에 박차를 가하는 중이다. 역시나 조합원들의 부담을 줄이기 위해 분담금은 입주시 100%를 내도록 하는 조건을 제시하였다.

노량진6구역

1,499세대로 진행중이며 건설사는 SK에코플랜트와 GS건설이 함께 진행한다. 총 1,499세대 중 일반분양이 약 380세대로 많은 편이라 사업성도 좋다. 노량진6구역 역시 조합원의 분담금을 입주 시 100% 납부로 설정하여 조합원들의 부담을 줄였다.

서부선과 7호선이 만나는 장승배기역의 더블역세권이며, 노량진뉴타운 중 가장 먼저 관리처분계획인가를 받아서 속도가 가장 빠른 구역이다. 2023년 7월 현재 대부분의 세대가 이주를 완료하여 철거를 앞두고 있지만 일부 미이주세대가 남아 명도소송이 진행중이다. 장승배기역 인근에는 장승배기종합행정타운이 곧 준공 예정이라 행정 인프라까지 함께 아우를 수 있다. 단점은 경사 지대에 있다는 것인데, 이에 따라 단차를 이용한 설계를 진행할 예정이다.

일반분양은 2024년 예정이며 평당 분양가를 3,000만 원 정도로 예상해볼 때 59타입은 8억 원대, 84타입은 10억 원대로 예상된다. 하지만 현재 시장 분위기가 전반적으로 상승하는 분위기이므로 그보다 초과될 가능성이 크다.

노량진7구역

576세대로 진행 예정이고, 조합원분양 478세대와 일반분양 100세대로 구성될 예정이다. 시공사는 SK에코플랜트로 노량진뉴타운의 다른 2구역과 발맞추어 하이엔드 브랜드인 '드파인'으로 특화설계안이 제안되어 있다.

2023년 5월에 관리처분계획을 수립하여 관리처분계획인가를 위해 박차를 가하고 있다. 늦어도 2024년 초까지는 인가가 처리될 것으로 보이며 이와 함께 본격 이주가 개시될 예정이다. 현재 조합원 분양신청을 마무리한 상태로, 역시나 분담금을 입주시 100% 납부로 진행하여 조합원들의 부담을 줄이고 있다.

위치는 노량진뉴타운의 여덟 개 구역 중 가장 바깥쪽으로 노량진역에서 가장 떨어져 있고, 사업성이 우수한 편이라 하기도 어렵다. 하지만 초기 투자금이 가장 낮은 구역이고, 영화초등학교와 영등포중·고등학교를 끼고 있는 학세권이라는 장점이 있다. 또한 동작구의회, 동작구청, 동작경찰서 등 공공기관들이 모두 모이는 종합행정타운이 도보로 이용 가능한 위치에 들어온다.

경사 지대에 위치하여 시공 시 단차를 이용한 설계가 필요해 보인다. 관리처분계획당시 적용된 평당 공사비는 약 540만 원이었으나 현재 공사비가 오르고 있어 최종 금액은 상향될 가능성이 크다. 공사 기간은 착공일로부터 37개월(3년 1개월)로 잡혀있다.

노량진8구역

987세대로 진행중이며 시공사는 DL이앤씨로 대림의 하이엔드 브랜드인 '아크로리버스카이'로 진행중이다. 2023년 현재 이주가 약 50% 진행된 상태로 2024년 상반기 착공을 준비하고 있다. 2027년 입주가 예상된다. 8구역 역시 분담금을 입주 시 100%로 설정하여 조합원들의 부담을 줄였다.

노량진뉴타운 중에서 노량진7·8 구역은 사실 행정구역상 노량진동이 아니라 대방동에 속해 있는데, 그중에서도 8구역은 대방동에 가장 치우친 곳이다. 하지만 8구역은 지하철 1호선과 9호선이 지나는 더블역세권이며, 따로 홈페이지를 마련하여 정보 공개와 조합원과의 소통을 진행하고 있어 진행이 원활한 편이다.

2023년 안으로 건축심의와 함께 사업시행계획 변경인가 접수를 목표로 한다. 그 과정에서 세대수는 종전 1007세대에서 987세대로 감소하였다. 또한 2021년 12월 기준 평당 공사비가 590만 원에 책정되어 있었으나, 인건비와 자재비가 급승하면서 이후에는 평당 700만 원대로 상승할 가능성이 있다.

흑석뉴타운
: 인싸들이 사랑하는 그곳

예로부터 검은 돌이 많아 흑석동(黑石洞)이라 불렸다는 이곳은 중앙대학교와 중앙대병원을 중심으로 흑석1구역부터 11구역까지의 재개발 구역들이 배치되어 있다.

최근 들어 '서반포'라고까지 불리는 흑석뉴타운은 이른바 '인싸'들이 유독 많이 선택한 지역이기도 하다. 김의겸 국회의원은 흑석9구역의 상가주택을 샀다가 여론의 뭇매를 맞고 본의 아니게 1년 만에 매도한 적이 있지만, 상승장이었던 당시의 최종 투자수익률이 나쁘지 않아 수익도 알뜰하게 챙기게 되었다. 현재까지 계속 보유하고 있었더라면 어땠을까? 흑석9구역의 새 아파트는 놓쳤지만 더 좋은 보금자리로 이동하셨을 것이라 믿자. 뿐만 아니라 나경원 국회의원이 흑석동을 지역구로 삼아 선거에 나섰으며, 흑석2구역에는 전 농구선수 서장훈의 건물도 있다.

공공재개발로 진행되는 흑석2구역

농구선수 출신 방송인 서장훈의 건물이 떡 버티고 있는 흑석2구역은 공공재개발로 진행 예정이다. 이에 따라 주 사업시행자는 서울주택도시공사(SH)가 맡게 되고, 시공사는 삼성래미안이 맡게 되어 '래미안팰리튼'이라는 브랜드로 진행된다.

공공재개발이란 말 그대로 공공이 주도하는 재개발로, 정부나 지자체

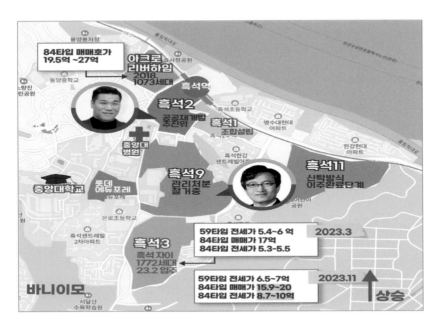

부트2024 : 부자되는 트렌드

가 개입하여 민간 시공사와 협업으로 사업을 진행한다. 수익성보다는 공익을 위한 성격이 강화된 사업이기 때문에 임대주택의 비중이 좀 더 커지게 된다. 대신 공공재개발을 하는 대가로 400%였던 용적률이 600%로 상향되었고, 이에 따라 세대수도 기존 604세대에서 1,055세대로 증가하게 된다. 다만 임대주택 세대도 374세대로 증가하기 때문에 공공재개발에 반대하는 토지소유자들과의 합의점을 찾아야 하는 과제가 있다. 입지로는 가장 좋은 흑석2구역의 미래는 과연 어떻게 될까?

차기 대장 자리를 노리는 흑석9구역

흑석뉴타운 중 유일한 평지이며 흑석뉴타운의 차기 대장으로 손꼽히는 곳이 흑석9구역(디에이치켄트로나인)이다. 흑석역을 도보로 이용 가능하고, 중앙대학교병원과 초등학교 접근성이 가장 좋은 구역이다. 2023년 현재 이주를 완료하였고 철거 진행 중이다. 총 1,536세대 중 임대주택 262세대가 포함되어 있고, 조합원 831명에 일반분양은 41세대 정도이다.

일반분양은 2024년 초에 예정되어 있는데, 2023년 3월에서 4월 사이에 조합원분양 세대의 타입 변경과 재분양신청이 있었다. 그러면서 관리처분계획 당시 118.53%였던 비례율이 68.87%로 뚝 떨어졌다. 그 사이에 인상된 공사비와 사업비 등이 수정 반영된 것이다. 이에 따른 조합원분양가의 상승이 예견된다.

일반분양가도 상향될 것으로 보인다. 기존의 일반분양 예정가는 평당 2,930만 원이었다. 그런데 상급지인 한남3구역의 분양가가 평당 5,500만 원선이므로 흑석9구역은 그보다 더 낮을 것임을 감안한다면 일반분양가는 평당 4,000만 원 수준으로 상향될 것으로 보인다. 이를 토대로 한 예상 비례율은 약 99.75% 정도가 될 것으로 재추정하고 있다.

이에 따라 흑석9구역의 일반분양가는 59타입의 경우 약 9억6,000만 원, 84타입의 경우 약 13억6,000만 원이 될 것으로 추정된다. 하지만 현재 흑석뉴타운의 대장인 아크로리버하임의 전용면적 84㎡짜리가 20억~23억 원선임을 볼 때 조합원분양가도 일반분양도 여전히 시세차익이 존재한다.

흑석 뉴타운 단계

구역	단계	세대수	이름
흑석1구역	조합설립	–	–
흑석2구역	공공재개발	1,055세대 예정	래미안팰리트
흑석3구역	준공	1,772세대	흑석자이
흑석4구역	입주완료	863세대	흑석한강푸르지오
흑석5구역	입주완료	655세대	한강센트레빌1차
흑석6구역	입주완료	964세대	한강센트레빌2차
흑석7구역	입주완료	1,073세대	아크로리버하임
흑석8구역	입주완료	545세대	롯데캐슬에듀포레
흑석9구역	철거중	1,536세대	디에이치켄트로나인
흑석11구역	이주 90%	1,509세대	써밋더힐

흑석뉴타운
구역별로 들여다보기

흑석1구역

흑석뉴타운의 마지막 퍼즐로 불리는 1구역은 위치는 가장 좋으나 속도는 가장 느리다. 중앙대 앞 상권과 이어져 있어 장사가 잘되다 보니 토지등소유자들의 반대가 심하기 때문이다. 재개발 구역의 상가나 건물들이 장사가 잘될 때는 소유자들이 조합사업에 협조적이기 어렵다. 재개발을 하지 않아도 충분히 수익이 나기 때문이다.

이곳에는 흑석빗물펌프장과 쓰레기적환장이 있어 재개발을 추진하려면 모두 철거해야 한다는 점에서도 난이도가 높지만, 어쨌든 2022년 말 조합설립인가를 득했다. 이제 걸음마 단계다.

흑석3구역(흑석자이)

6월 말 이른바 '줍줍(미분양 물량의 무순위 청약)'으로 약 93만 대 1의 경이로운 경쟁률을 기록한 흑석3구역(흑석자이). 1,772세대로 은로초등학교를 품고 있는 초품아이자 사립학교인 중대부속초·중학교까지 인근에 있다. 다만 흑석동 자체에 고등학교가 없기 때문에 이곳에도 고등학교가 없는 것이 단점이며, 서달산을 향하는 경사로에 위치하여 단차가 꽤 있다.

2023년 2월 입주가 시작되었다. 특히 84타입 중에는 하나의 집을 둘로 나눠 쓸 수 있는 분리형 세대가 있어 노후를 위한 임대수익형으로도 활용 가능하다.

흑석11구역(써밋더힐)

2023년 현재 이주가 진행중이다. 주택도시보증공사(HUG)에서 이주비를 보증하는 신탁 방식으로 진행되어 속도가 빠르다. 조합원은 700명인데 신축은 1,509세대. 임대주택을 빼면 1,252세대로 건립되기 때문에 일반분양 물량이 많아 사업성이 좋다. 세계적인 건축기업 SMDP가 설계를 맡아 독보적인 설계가 나올 것으로 기대된다.

김포

: 서울 편입 가능성 있는 재개발 구역들

2023년 말, 김포시가 서울로 편입될 수 있다는 소식이 뉴스에 오르내리고 있다. 정부는 김포시를 필두로 서울 생활군에 인접한 경기도 몇 개 구역의 서울 편입을 거론하고 있는데, 그중 가장 유력한 후보는 바로 김포

서울 생활권 도시들

(출처 : 연합뉴스)

'메트로폴리탄 서울' 효과

(출처 : 중앙일보)

이다. 확장된 서울, 메트로폴리탄 서울!

김포시에는 유독 서울로 출퇴근하는 인구가 많다. 그런 김포 시민들의 출퇴근길을 돕기 위해 2019년 김포골드라인이 개통되었다. 하지만 지하철 개통의 기쁨도 잠시, 김포 시민들의 숨통을 트이게 해줄 줄 알았던 김포골드라인은 오히려 호흡곤란을 만들어내고 있다.

48만 6,000여 명의 인구를 가진 김포시의 출퇴근 인구가 이용하기에는 턱없이 작은 2량짜리 경전철로 만들어졌기 때문에 출퇴근 시간이면 이용객들이 숨 쉬기도 어려울 정도로 미어터지고, 그로 인해 각종 사고도 빈번히 일어난다. 숨 막히는 출퇴근길을 견뎌야 하는 골드라인은 '김포골병라인', '지옥철'이라는 불명예스러운 별명과 함께 수요 예측을 제대로 하지 못한 교통 대책 실패의 대표 사례로 남게 됐다.

그래서인지 정치권에서는 해마다 국회의원이나 장관들이 김포골드라

김포골드라인 모습(좌)과 윤석열 대통령의 탑승 체험(우)

(출처 : 국제뉴스)

인 탑승 체험을 통과의례처럼 진행하고 있다. 김포시민들의 민심을 달래기 위한 것일 텐데, 이번에는 한 발 더 나아가 '서울의 확장'이라는 명분으로 김포시의 서울 편입을 논의하고 있는 것이다.

김포의 차기 대장은 어디일까

서울의 확장이라는 계획은 2024년 4월에 치러질 총선에서 수도권 표심을 잡기 위한 졸속 정책이 될지도 모른다. 하지만 행정구역상 서울에 편입되지 않더라도, 김포라는 땅 자체만 봤을 때 서울 접근성이 좋다는 것은

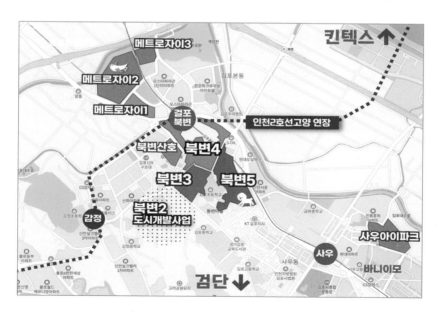

지금도 분명한 사실이다. 이를 바탕으로 좋은 재개발 물건을 미리 찾아보는 건 어떨까? 다듬어지지 않은 원석을 통해서 미래의 신축을 선점해보자.

김포의 편입으로 서울시의 지도가 바뀐다면 우리가 미리 눈여겨봐야 할 곳은 어디일까? 김포 재개발 시장에도 이주·철거 후 착공을 준비하는 진흙 속 진주들이 있다. 특히, 김포골드라인이 지나가는 걸포북변역의 재개발 삼총사!

현재 걸포북면역 인근에는 김포의 대장이자 김포의 시세를 이끌었던 한강메트로자이 아파트가 있다. 1·2·3단지 통틀어 4,029세대로, 김포골드라인 걸포북변역에서 탑승객이 폭발적으로 증가하게 만든 요인이기도 하다. 상승장에는 84타입 호가가 12억 원에서 13억 원까지도 나오곤 했다.

이러한 한강메트로자이를 뛰어넘어, 김포의 대장 자리를 넘볼 차기 삼총사가 바로 북변3·4·5구역이다. 이중에서 3구역과 4구역은 2023년 10월 현재 철거를 마치고 착공을 기다리는 중이며, 5구역은 사업시행인가를 득한 상태다. 속도 면에서는 '북변3구역 〉 북변4구역 〉 북변5구역' 순으로

걸포북변역 인근 구역 상황

	단계	신축 세대수	시공사	입주	일반분양
북변3구역	관리처분인가 (철거 완료, 착공 준비)	1,193	우미린 (신탁)	2025년	2023년 말
북변4구역	관리처분인가 (철거 완료, 문화재조사)	3,058	한양수자인	2027년	2024년 상반기
북변5구역	사업시행인가	2,356	현대, 롯데, 동부	2028년	2025년

진행되고 있고, 세대수 면에서는 '북변4구역 〉 북변5구역 〉 북변3구역' 순
이다.

어마무시한 사업성의 북변4구역

그중에서도 북변4구역은 골드라인 걸포북변역을 끼고 있으며, 추후 인
천지하철 2호선이 완공되면 더블역세권이 된다. 현재 철거를 마쳤고 2024
년 초 착공 예정이다. 그동안 김포성당의 출입 문제와 각종 소송으로 사업
이 지연되었으나 모두 승소하고 다시 추진에 박차를 가하고 있는 중이다.

시공사는 한양수자인이며 3,058세대에 최고 35층의 매머드 단지로 거
듭나게 된다. 그중 일반분양이 무려 2,000세대나 되기 때문에 사업성이 매
우 좋은 구역이다. 김포의 대장 한강메트로자이의 왕관을 물려받을 자격
이 충분해 보인다.

2023년 10월 현재 조합에서는 조합원들을 대상으로 재분양을 준비하

북변4구역 조합원분양 예정가	
	조합원분양 예정가
59타입	3억9,000만 원
74타입	3억4,000만 원
84타입	3억9,000만 원

고 있어서 아직 조합원분양가가 확정되지는 않았다. 하지만 예정가격을 보면 근래에 보기 드물게 저렴한 가격을 확인할 수 있다. 물론 최종 분양가는 공사비 상승에 따라 조정될 예정이다.

현재 김포 초입에 위치한 1,297세대의 고촌센트럴자이 84타입은 일반분양가가 7억 원대 중반이다. 이것을 감안할 때 재개발 물건으로 3억 9,000만 원에 84타입을 선점할 수 있다는 것은 재개발만이 가진 강점이라고 할 수 있다. 일반분양은 2024년 상반기로 예정되어 있으며, 2027년 준공을 목표로 하고 있다.

Insight

걸포북변역
인근 구역 들여다보기

북변3구역

2023년 말 착공 예정인 북변3구역. 1,193세대의 신축으로 거듭날 예정이며 시공사는

우미건설이다. 북면3구역은 신탁방식으로 사업을 진행한다. 공사비와 원자재 상승으

북변3구역 매물 상황

	매물①	매물②	매물③
신청평형	84타입 (고층)	84타입 (중층)	84타입 (고층)
매매가	2억9,300만 원	2억5,000만 원	2억5,200만 원
감정가	4,300만 원	4,300만 원	6,200만 원
프리미엄	2억5,000만 원	2억700만 원	1억9,000만 원
조합원분양가	3억3,400만 원	3억3,400만 원	3억4,000만 원
이주비	×	×	303만 원
초기투자금 (조합원분양가 - 감정가)	2억9,300만 원	2억5,000만 원	2억2,170만 원
분담금	2억9,100만 원	2억9,100만 원	2억7,800만 원
총매수가격	5억8,400만 원	5억4,100만 원	5억3,000만 원

재개발 투자 트렌드 by 바니이모

Insight

로 인해 혹시 모를 미분양에 대비하고자 조합이 내린 결정이다.

일반분양은 2023년 말로 예정되어 있는데, 김포에서는 한강메트로자이 이후 6년 만에 일반분양이다. 김포가 서울로 편입된다면 가장 수혜를 보는 구역이 될 것이다. 84타입을 신청한 조합원 매물들이 매매가 2억5,000만 원 전후의 가격으로 나와 있는데, 서울 편입 소식에 프리미엄이 소폭 상승할 것으로 예상된다.

현재는 모두 철거되었기 때문에 주택이 아닌 입주권만 남은 상황인데, 이를 매매가 2억5,000만 원에 매입한다면 신축을 선점하는 셈! 물론 조합원분양가가 얼마로 결정되느냐에 따라 매수한 물건의 감정가를 바탕으로 조합원분담금을 더 내야 할 수도 있지만, 그래도 3억 원을 넘기지는 않을 것으로 생각된다. 만약 김포가 서울로 편입된다면 2억 원대로 선점하는 서울 신축 아파트가 된다! 상상만 해도 짜릿하지 않은가?

북변5구역

북변5구역은 아직 사업시행인가 단계로, 빌라와 단독주택이 많이 들어서 있으며 이주가 이뤄지기 전이다. 프리미엄이 작은 빌라 혹은 도로나 뚜껑 등이 1억~3억 원대 가격으로 주인을 기다리고 있다. 아직 사업시행인가 단계라서 신축 아파트가 되려면 몇 년을 더 기다려야 하지만, 소액으로 미래의 신축 아파트를 선점한다면 시간을 이기는 투자가 될 수 있다.

그밖에 주목할 만한 곳들

지금까지 언급한 곳 외에도 서울에는 앞으로 새롭게 변모할 뉴타운이 많다. 그러나 앞으로는 서울의 재개발 구역이라고 해도 사업성 측면에서 희비가 갈리는 곳이 생길 수 있다.

전 세계적인 인플레이션 현상과 우크라이나발 원자재값 상승이 더해지면서 현재 건축현장에서는 공사비가 많이 인상되었고 앞으로 계속된 인상이 불가피하다는 목소리가 높다. 실제로 공사비 때문에 조합과 시공단이 협상을 벌이는 경우가 많아졌고, 시공단이 정비사업을 포기하는 사례 또한 적잖이 볼 수 있다.

이말인즉슨 앞으로 서울의 아파트 공급은 더욱 쉽지 않을 것이고, 비용 또한 과거보다 훨씬 더 많이 들게 된다는 뜻이다. 그래서 서울 재개발 구역으로의 갈아타기를 고려한다면 앞으로는 초기 단계의 물건들보다는 최소한 사업시행인가를 받고 관리처분계획인가를 준비하거나, 관리처분계획인가 후 이주를 앞둔 재개발 구역들 위주로 눈여겨보는 게 더욱 안정적이다.

북아현뉴타운

지하철 2호선과 5호선의 환승역인 충정로역, 5호선 서대문역의 더블역세권이자 강북에서 한남뉴타운과 성수전략정비구역 다음으로 꼽히는 재개발 구역이 바로 북아현뉴타운이다. 대표적인 중심업무지구인 광화문과

여의도의 배후지다. 그러나 지난 하락장에 가장 큰 폭으로 조정받은 곳 중 하나이기도 하다.

이곳은 이미 신축 아파트단지가 대거 들어서면서 지역 자체가 크게 변모했으나, 다섯 개 구역 중 북아현2구역과 3구역이 아직 남아 있다. 2구역과 3구역을 합치면 약 6,000세대의 신축 세대가 들어설 예정이라 규모가 꽤 크다.

① 북아현2구역

북아현2구역은 2,332세대로 진행중이며, 삼성물산과 DL이앤씨가 함께 건설할 예정이다. 조합원 분양신청을 마쳤고 관리처분계획인가를 앞두고 있으며, 2023년 내에 조합원 동호수 추첨까지 마치겠다는 계획이다. 그러나 금리 인상과 우크라이나발 전쟁의 영향으로 원자재값이 오르면서 나타난 전국적인 공사비 인상 문제는 이곳도 예외가 아니다.

이 때문에 조합과 시공단 측이 공사비 인상 여부를 놓고 갈등을 벌이다가 결국 시공단이 조합의 계약조건을 100% 수용하여 평당 공사비 748만 원으로 수락하였다. 정비사업의 최대 암초인 공사비 인상 협상이 잘 마무리됨에 따라 북아현2구역의 사업은 크게 탄력을 받게 될 것이다.

② 북아현3구역

북아현2구역의 공사비 협상 완료는 북아현3구역에도 좋은 영향을 줄 것이다. 북아현3구역은 한남3구역에 이어 서울시에서 두 번째로 큰 재개발 구역이다. 총 4,739세대에 GS건설과 롯데건설이 함께 진행 중이고 조합원 수는 1,857명이다. 사업시행인가 후 조합원 분양신청까지 마쳤으나, 현금청산자가 많이 나와 사업에 난항을 겪었다. 이후 새로운 조합장과 함께 사업을 진행중이다.

지난 7월 건축심의를 통과했다. 건축심의란 새 아파트가 도시 미관을 어떻게 향상시키고 공공성을 확보할 수 있는지 살펴보는 단계인데, 서울시의 건축심의는 꽤 까다로워서 이를 통과한 것 자체로도 현수막 감이다. 주요 내용으로는 서울시가 심의에서 중요하게 보는 통경축(조망을 위해 시각적으로 열린 공간)을 확보하며 구릉지형의 공공보행로 단지 레벨 조절, 스카이 브리지 2개소 설치, 최고층수 33층 상향, 커뮤니티 시설 면적 확보, 세대당 1.6대 주차공간 확보 등이다. 이러한 설계를 반영하기 위한 사업시행 변경 인가 절차를 앞두고 있다.

현재 사업시행 변경인가를 추진하는 과정에서 이를 위해 세입자 주거 및 영업권 현황 조사, 조합원 권리분석을 마쳤다. 다만 조합원의 종전자산 평가가 2011년 사업시행인가 기준으로 이루어졌기 때문에 현재 시점에서 재평가 과정이 필요하다.

그리하여 전체 소유주의 지적정리, 편입구역 감정평가 실시계획 수립, 정비사업비 수정 예산(안) 수립 등 선행업무를 진행 중이다. 내년에는 이를 토대로 관리처분계획 수립 등을 마칠 예정이다.

청량리뉴타운

청량리역은 향후 삼성역 다음으로 서울의 중심축을 이룰 교통 허브가 될 곳이다. 현재도 1호선, 경의중앙선, 수인분당선, 경춘선, KTX 강릉선, 중앙선 등 무려 여섯 개 노선이 운행중인데 여기에 추가로 GTX-B노선,

청량리3구역	해링턴 플레이스	254세대	2023. 01
청량리4구역	롯데캐슬 L65	1,425세대	2023. 07
청량리6구역	자이 더 로얄포레	1,493세대	건축심의 통과
청량리7구역	롯데캐슬 하이루체	761세대	일반분양
청량리8구역	롯데캐슬	672세대	건축심의 통과

GTX-C노선, 강북횡단선, 면목선 등 네 개 노선이 더해진다. 무려 열 개의 노선이 집결하니 서울의 물류와 교통을 아우를 최고의 뉴타운으로 급부상할 가능성이 크다.

청량리는 전농·답십리뉴타운과 붙어 있고 위로는 이문·휘경뉴타운이 있다. 이들 지역이 모두 재개발되고 나면 동북권의 신축 아파트 벨트의 퍼즐이 완성된다. 청량리는 향후 10년 사이에 가장 천지개벽할 지역이므로 반드시 익혀두자.

청량리의 재개발 구역들은 이미 개발을 끝내 신축 아파트로 들어선 구역과 진행 중인 구역들로 나뉜다. 청량리 하늘을 떠받치고 있는 롯데캐슬 SKY-L65, 효성해링턴플레이스, 한양수자인그라시엘은 이미 입주를 마쳤다. 그리고 남아 있는 구역들을 형님처럼 이끌고 있는 7구역과 까다로운 건축심의를 통과한 8구역의 저력에 힘입어 청량리의 위상은 한층 높아지고 있다. 6구역, 7구역, 8구역이 함께 약 3,000세대 신축으로 변모할 예정이다.

① 청량리7구역

2023년 여름의 청약 시장을 뜨겁게 달군 청량리7구역(롯데캐슬하이루체)은 성공리에 분양을 마치고 청량리의 위상을 더욱 높여주었다. 2020년 관리처분계획인가 후 바로 착공하여 일반분양까지 성공적으로 마쳤다. 규제가 해제된 후라서 유주택자도 청약이 가능했고, 재당첨 제한도 없으며, 실거주 요건까지 필요 없는 구역이라 경쟁률이 높았다. 일반분양은 51타입과 59타입 등 소형평형만 나왔고, 분양가도 6억 원대 후반에서 8억 원대 중반까지로 서울시 내의 청약 금액 중에서는 비교적 높지 않게 책정되었다. 이곳은 조합원들의 단합이 좋고 속도가 빠르다. 2025년 준공 예정이다.

② 청량리8구역

청량리4구역(롯데캐슬SKY-L65), 청량리7구역(롯데캐슬하이루체)에 이어 8구역도 롯데건설이 시공사로 선정되면서 롯데건설이 청량리에서의 입지를 확실히 다지고 있다. 건축심의를 통과한 청량리8구역은 시공사와 공동시행을 추진함으로써 조합이 단독 시공할 때보다 사업시간이 1년 단축될 예정이다. 8구역은 가치를 높이기 위해 스카이라인, 커튼월룩, 경관조명을 활용한 특화설계를 더해 고급화한다는 계획이다. 전 세대를 남향으로 배치해서 단지의 개방감도 극대화할 예정. 세대수가 적고 시간을 단축하여 빠르게 신축 아파트로 변모될 것이다.

③ 청량리6구역

그밖에도 청량리6구역은 2023년 현재 사업시행인가를 준비중이다. 고려대역과 청량리역을 각각 모두 도보로 이용 가능한 곳이다. 2024년 관리처분계획인가를 거치고 2026년 착공을 준비하고 있다. 현재는 사업시행인가를 앞두고 있어 빌라와 연립·다세대 위주로 거래되고 있지만 프리미엄이 6억~7억 원대로 높아 접근이 쉽지는 않다.

이문·휘경뉴타운

이문·휘경뉴타운은 중랑구와 동대문구 사이에 위치하여 강북에 속한 뉴타운이며, 모두 합쳐 1만4,000세대의 대규모 신축 아파트 단지로 거듭나고 있다. 이미 완공된 휘경1구역(휘경해모로프레스티지)과 휘경2구역(휘경SK뷰) 이외에 휘경3구역(휘경자이디센시아)이 2023년 봄 일반분양을 했다. 이 지역에는 2024년과 2025년에만 약 8,000세대의 분양이 예상되어 있기 때문에 입주 시기의 전·월세를 비롯한 물량 변화가 어떻게 될지 주목해야 한다.

① 휘경3구역(휘경자이디센시아)

휘경자이디센시아로 확정된 휘경3구역은 총 세대수 1,806세대, 일반분양 70세대로 2023년 현재 공사를 진행중이다. 이곳은 서울시 청약시장 부활의 신호탄을 쐈다 해도 과언이 아니다. 분양가 또한 국민주택 평형인 84타입이 10억 원 이하로 책정되었다. 이는 강북에 위치한 장위자이레디언트나 중랑구 중화동의 리버센SK뷰롯데캐슬보다 낮거나 비슷한 수준으

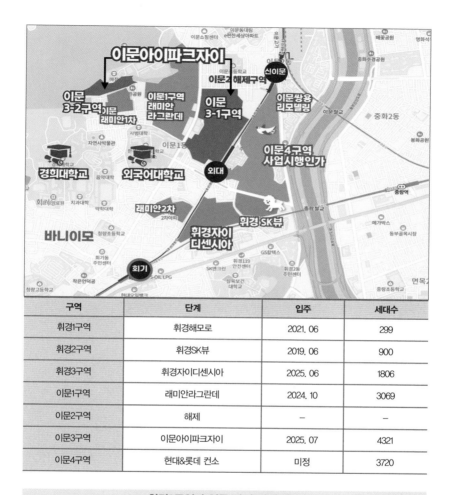

구역	단계	입주	세대수
휘경1구역	휘경해모로	2021. 06	299
휘경2구역	휘경SK뷰	2019. 06	900
휘경3구역	휘경자이디센시아	2025. 06	1806
이문1구역	래미안라그란데	2024. 10	3069
이문2구역	해제	–	–
이문3구역	이문아이파크자이	2025. 07	4321
이문4구역	현대&롯데 컨소	미정	3720

휘경3구역과 인근 단지 시세 비교

분양가	장위자이레디언트	리버센SK뷰 롯데캐슬	휘경자이디센시아
49타입	6.94억	6.15억	6~7억
59타입	7.98억	7.6억	7~8억
84타입	10.23억	9.8억	9~10

로, 갓 분양한 초신축 아파트 가격으로는 분명 매력적이었다.

② 이문1구역(래미안라그란데)

래미안라그란데라는 이름으로 공사가 진행중인 이문1구역 역시 3,069
세대의 초대형 단지다. 분양가는 휘경자이디센시아보다 약간 웃도는 금액
으로 책정되었으나 2023년 상반기 분양에서 1순위 3만7,000개의 통장이
접수되는 등 초대박을 터뜨렸다. 서울 초신축의 인기를 다시 실감하는 순
간이었다. 2024년 10월 준공 예정.

래미안라그란데 분양가

전용면적		분양가		발코니 확장	합계	
		최저	최대		최저	최재
52		686,000,000	746,000,000	10,100,000	696,100,000	756,100,000
55		730,000,000	818,000,000	11,600,000	741,600,000	829,600,000
59	59A	784,000,000	888,000,000	12,000,000	796,000,000	900,000,000
	59B	777,000,000	879,000,000	12,600,000	789,600,000	891,600,000
	59C	853,000,000	870,000,000	14,200,000	867,200,000	884,200,000
74	74A	889,000,000	986,000,000	11,900,000	900,900,000	997,900,000
	74B	907,000,000	976,000,000	13,200,000	920,200,000	989,200,000
	74C	875,000,000	952,000,000	12,500,000	887,500,000	964,500,000
84	84A	1,011,000,000	1,099,000,000	13,200,000	1,024,200,000	1,112,200,000
	84B	1,002,000,000	1,078,000,000	13,600,000	1,015,600,000	1,091,600,000
	84C	1,066,000,000	1,099,000,000	13,700,000	1,079,700,000	1,112,700,000
99		1,207,000,000	1,299,000,000	14,400,000	1,221,400,000	1,313,400,000
114		1,393,000,000	1,499,000,000	14,800,000	1,407,800,000	1,513,800,000

③ 이문3구역(이문아이파크자이)

이문아이파크자이라는 이름으로 지어질 이문3구역 역시 4,321세대의 대단지다. 재미있는 것은 이문3-1구역과 이문3-2구역으로 갈라진 결합 재개발 방식으로 진행이 된다는 점인데, 위치 또한 따로 떨어져 있는 것이 특이하다. 2023년 10월말 드디어 일반분양이 시작되었다. 59타입 분양가는 최고가 기준 10억 원대이고 84타입 분양가는 최고가 기준 13억 원대를 넘어섰다.

만약 빌라 상태의 이문3구역을 매수했더라면 어땠을까? 서울 신축 84타입의 가격은 이제 12억 원대를 넘어 13억 원대로, 불과 몇 개월 전 분양한 이문1구역보다 2억 원 이상 높게 책정되었다. 높아지는 서울 신축 분양가는 점차 시세대로 안착하는 분위기다.

④ 이문4구역

이문4구역은 현대건설과 롯데건설의 컨소시엄이 진행을 맡았고 3,720세대의 대단지다. 2023년 2월에 사업시행인가를 득했는데 완성된다면 이문·휘경뉴타운의 마지막 퍼즐이 된다. 진행이 느린 만큼 다른 구역에 비해 다소 저렴한 프리미엄으로 매수할 기회를 노려볼 수 있다.

제6장

단지내상가 투자 트렌드

by 집이두채

재건축 그 너머의 투자

'단지내상가'는 사전에는 없는 단어이다. 부르는 이마다 다르게 표현하기도 한다. 누군가는 '아파트 상가'라 하고, 누군가는 '재건축 상가'라 하고, 또 누군가는 '썩상(썩은 상가)'이라고 부르기도 한다. 하지만 필자는 단지내상가라고 부른다.

명칭보다는 뜻이 더 중요할 것이다. 아파트가 지어질 때 단지 안에 함께 건설된 상가라는 의미가 중요하다. 필자의 글은 단지내상가를 활용한 재건축 투자 이야기를 주제로 한다. 아파트단지 바로 앞에 붙어있다고 해도 해당 단지와 관련이 없는 상가라면 아파트와 재건축을 함께 하지 못하기에 재건축 투자의 대상으로 가치를 가질 수 없다.

필자는 단지내상가 재건축 투자를 두 가지로 나누어 설명하려고 한다.

첫째, 단지내상가 투자는 땅 투자이다. 재건축 사업이 진행될 가능성을 염두에 두고 기존 아파트단지의 대지지분에 투자하는 것이다. 둘째, 단지내상가 투자는 입주권 투자이다. 소액으로 작은 상가를 사서 주요 입지에 위치한 신축 아파트를 직접 분양받거나 아파트 입주권이 나올 가능성이 높은 매물을 매도하여 수익을 내는 방법이다. 이름에는 '상가'라는 말이 들어 있지만 실제로는 일반적인 상가투자와 전혀 다른 성격인 것이다.

노후계획도시 특별법 제정

단지내상가 투자는 재건축을 염두에 두고 하는 투자이니만큼 재건축 사업의 흐름과 밀접한 관련이 있다. 재건축에 대한 이슈 중에서도 2023년는 「1기 신도시 재정비사업 촉진을 위한 특별법(이하 「1기 신도시 특별법」)」 제정을 두고 정치권이 첨예하게 대립했던 해다.

「1기 신도시 특별법」 제정은 윤석열 대통령의 후보 시절 공약이었다. 그러나 예상만큼 빠르게 추진되지 못하고 있다는 우려가 있었다. 윤 대통령 당선 이후의 행보를 보면 그저 공약이었을 뿐 실현은 다음 정권에나 가능할 거라는 목소리도 나왔다. 2022년 4월 대통령직인수위원회는 이와 관련해 "중장기 국정과제로 검토 중인 사안"이라고 언급했다. 이에 1기 신도시 지역 주민들의 반발이 심해지자, 2022년 5월 대통령이 직접 "1기 신도

약속

▶ 「1기 신도시 재정비사업 촉진을 위한 특별법」 제정
　 − 인허가 절차 간소화, 안전진단 제도 규제 완화, 재건축 초과이익
　　 환수제도 완화, 금융지원, 토지 용도 변경 및 용적률 상향,
　　 세입자 이주대책 및 재정착 대책 등 포함

시의 종합적 도시 재정비 문제를 신속히 추진하겠다"며 수습에 나섰다.

그러나 2022년 8월 국토교통부는 '국민 주거안정 실현방안 대책'을 발표하며 1기 신도시를 위한 마스터플랜 수립 시점을 2024년으로 미루었다. 이 또한 1기 신도시 주민들로부터 거센 비판을 받았고, 원희룡 국토교통부장관은 '1기 신도시 TF'를 확대 개편하였고 2022년 9월 관련 용역을 발주하면서 이를 수습하였다.

이러한 불만은 2022년 10월 1기 신도시 계획을 위한 MP(총괄기획가)를 지정한 후 일부 해소되기 시작했다. 주민들은 담당 MP와 직접 소통을 하며 의견을 전달할 수 있게 되었다. 2023년 2월에는 「노후계획도시 정비 및 지원에 관한 특별법(이하 「노후계획도시 특별법」)」의 주요 내용이 발표되며 주민들의 우려가 상당 부분 해소되었다. 구체적인 내용이 처음으로 공개된 것이다. 특별법의 특혜를 받을 수 있는 '특별정비구역 지정'이라는 개념이 처음으로 공개되었고 안전진단 완화 또는 면제, 토지용도 변경 및 용적률 상향, 각종 인허가 통합 심의 등 구체적이진 않더라도 관련 지원 사항이 무

엇인지 확인할 수 있었다.

필자가 2024년을 전망하면서 이 책에 1기 신도시에 관한 내용을 담을 수 있었던 것은 2023년에 이러한 내용들이 차질 없이 진행되었기 때문이다. 그리고 2024년에도 1기 신도시의 재정비를 위한 초기단계들은 차질없이 진행될 것으로 본다. 이렇게 확신하는 이유는 성남시 MP와의 미팅을 통해 「노후계획도시 특별법」에 의한 1기

(출처 : 국토교통부 보도 자료)

신도시의 재건축이 어떻게 진행되는지 구체적인 내용을 파악할 수 있었기 때문이다.

첨예하게 대립하고 있는 국회 상황을 보면 「노후계획도시 특별법」의 통과는 쉽지 않을 것 같지만, 1기 신도시에 거주하는 29만 세대의 투표권이 걸린 중대한 이슈이기 때문에 늦어도 2024년 4월에 있을 총선 전에는 제정될 것으로 기대된다. 노후계획도시의 정비 자체는 정치적인 이슈가 아니라 사회적 문제를 해결하기 위한 정책적 이슈이다. 그래서인지 여야를 막론하고 다양한 특별법안이 발의되며 의견을 모아 가고 있는 상황이다.

은마아파트 상가 협약서 체결

2023년 4월 26일은 단지내상가 재건축 투자에 있어 역사적인 사건으로 기록될 것이다. 은마아파트의 재건축 추진위원회와 은마상가의 추진협의회가 협약서 관련 3차 회의를 거치며 마침내 협약서에 도장을 찍은 날이다.

'말도 많고 탈도 많다'는 표현이 있다. 하지만 은마아파트는 말은 많았지만 탈은 없었다. 은마아파트는 마치 서울 재건축의 대명사처럼 불리고 있지만, 실제로는 지난 20년 동안 추진위원회만 있었을 뿐 본격적으로 재건축이 시작된 것은 아니었다. 2003년 추진위원회 승인 이후 실제로 정비구역이 지정되고 재건축조합 설립이 진행되고 있는 것은 2023년의 일이다. 열악한 재건축 사업성을 극복하기 위한 종상향 등 추진위원회의 무리한 요구, 비대위와의 갈등 등으로 인해 20년 만에 정비계획 승인을 받아 정비구역지정을 받게 된 것이다.

아파트 재건축을 할 때 단지내상가들과의 실질적인 협상은 대부분 조합설립이 임박한 시점에 진행된다. 그전에는 협상을 서둘러 봐야 갈등만 커지는 경우가 많기 때문이다. 은마아파트의 경우 정비구역 지정이 이뤄진 지 두 달 만인 2023년 4월 26일 단지내상가 협의회와 협약서에 도장을 찍었다. 협상에 걸린 시간이 3개월도 안 된 것이다. 은마아파트는 단지내상가의 숫자가 많고 재건축을 하지 않은 현재도 매출이 높아서 재건축조합 설립을 위한 동의율을 확보하기가 어려울 거라는 우려가 많았지만, 이러한 우려를 불식시키고 빠르게 협상을 끝낸 것이다.

협약서의 제목은 '상가 독립정산제 업무협약서'이다. 독립정산제에 포커스를 맞춘 것이다. 외부적으로는 재건축조합이라는 하나의 법인으로 대표되지만, 내부적으로는 재건축조합과 상가협의회가 독립적으로 존재하면서 조합은 아파트 관련, 상가협의회는 상가 관련 의사결정을 하고, 재정 및 회계를 구분하여 독립정산을 하는 것이다.

그런데 이보다 더 주변에 큰 영향을 끼친 협약서 조항이 있었다. 바로 산정비율을 10%로 조정한다는 조항이다. 산정비율이 무엇을 의미하는지 알아보려면 먼저 「도시 및 주거환경 정비법」 시행령(이하 「도시정비법 시행령」) 제63조 2항의 2를 살펴봐야 한다. 여기에는 단지내상가 소유주가 신축된 아파트의 1주택을 공급받을 수 있는 근거조항이 있다.

[도시 및 주거환경 정비법 시행령 제63조 2항 2]

2. 부대시설·복리시설(부속토지를 포함한다. 이하 이 호에서 같다)의 소유자에게는 부대시설·복리시설을 공급할 것. 다만, 다음 각 목의 어느 하나에 해당하는 경우에는 1주택을 공급할 수 있다.

가. 새로운 부대시설·복리시설을 건설하지 아니하는 경우로서 기존 부대시설·복리시설의 가액이 분양주택 중 최소분양단위 규모의 추산액에 정관 등으로 정하는 비율(정관 등으로 정하지 아니하는 경우에

는 1로 한다. 이하 나목에서 같다)을 곱한 가액보다 클 것

나. 기존 부대시설·복리시설의 가액에서 새로 공급받는 부대시설·
   복리시설의 추산액을 뺀 금액이 분양주택 중 최소분양단위 규모
   의 추산액에 정관 등으로 정하는 비율을 곱한 가액보다 클 것

은마아파트의 경우 재건축 이후에도 상가를 건설해야 하기 때문에 '나'
목의 내용에 근거해서 1주택을 공급받을 수 있다. 이때의 조건은 상가 소
유주가 상가를 분양 신청한 이후 남게 되는 권리차액(권리가액 - 상가조합원 분
양가)이 분양주택 중 최소분양단위 규모의 추산액(최소평형 아파트의 조합원분양
가)에 정관 등으로 정하는 비율을 곱한 가액보다 클 경우 1주택을 공급받
을 수 있는 것이다.

은마아파트의 경우 바로 이 '정관 등으로 정하는 비율(산정비율)'을 10%
로 조정해 준 것이다. 은마아파트의 정비계획을 보면 재건축 이후 최소평
형인 25평형의 조합원분양가를 17억5,400만 원으로 추정하고 있으므로,
단지내상가 소유주가 상가를 분양받고 남은 권리차액이 1억7,540만 원을
초과하는 경우 추가로 1주택을 공급받을 수 있게 되는 것이다. 요컨대 이
산정비율이 낮게 조정될수록 권리가액이 낮은 상가소유주들에게는 유리
하다.

상가협의회와의 협상이 어려울 것이라는 평가를 받았던 은마아파트가

산정비율을 너무나 쉽게 10%까지 낮춰서 조정해 주자 투자자들은 깜짝 놀랐다. 물론 강남구에서는 재건축조합 설립을 앞둔 나머지 두 개 아파트도 산정비율을 10% 혹은 그 이하로 조정해 주고 있지만, 협상이 가장 어려울 것이라고 예상되었던 은마의 산정비율 조정 소식은 단지내상가 투자에 대한 불을 지필만큼 충분히 큰 이슈이다. 은마아파트까지 산정비율을 조정해 주었다면 주변 아파트들도 산정비율 조정 가능성이 높을 거라는 기대감이 형성되었던 것이다.

은마아파트의 협약서 체결 이후 인근 A아파트에서 단지내상가 매물이 단기간에 완판되는 보기 드문 현상이 나타났다. 4월 말에 협약서가 체결된 후 5월과 6월 두 달 동안 한 개 단지에서만 11건의 거래가 발생하였다. 해당 단지의 상가는 2023년 4월까지만 해도 그해 거래건수가 네 건에 불과했는데, 이후 2개월 만에 11건이 거래된 것이다. 이는 전무후무한 거래 기록이다. 은마아파트의 협약서 체결이 강남권 단지내상가 거래에 얼마나 큰 영향을 주었는지 짐작해 볼 수 있을 것이다.

산정비율 조정은 단지내상가와의 협상을 위한 당근책으로 더욱 활용도가 높아질 것으로 보인다. 하지만 모든 단지내상가가 비슷한 수준의 혜택을 보지는 못할 거라고 생각한다. 아파트 소유자들의 이익이 줄어든다고 생각될 수 있는 만큼, 주민들을 설득할 만한 명분이 필요하기 때문이다.

은마아파트의 경우 단지내상가의 소유주 수가 너무 많았을 뿐 아니라 소유주의 정확한 숫자조차 확인하기 어렵다. 토지등기부에 공유지분으로 등기가 이뤄진 경우가 많기 때문이다. 호실 수 기준으로는 단지내상가 소유주의 수가 최대 512명 정도로 예상되는데, 그중에 중복 소유주가 많다면 400명대로 내려갈 수도 있다.

은마아파트의 세대수는 4,424세대이다. 이 중에서 아파트를 두 채 이상 중복 소유한 사람이 없다고 가정하면, 단지내상가의 소유주 수가 492명을 넘어설 때 전체 소유주 수(4,916명)의 10%를 초과하게 된다. 이럴 경우 단지내상가 협의회의 힘은 막강해진다.

상가의 소유주 수가 전체의 10% 이하일 경우에는 「도시정비법」의 특례 조항을 적용받을 수 있기 때문에, 마지막까지 협의가 되지 않으면 토지분할청구소송을 통해서 단지내상가를 재건축 대상에서 제척, 즉 빼버릴 수 있다. 하지만 상가 소유주가 전체의 10%를 넘으면 해당 특례를 적용받을 수 없으므로 소송 기간은 늘어나게 되고 사업성은 악화되는 것이다. 외국에 거주 중인 소유주들이 많다면 소장 송달에만 1년 이상이 걸릴 것이고, 누군가는 고의적으로 소장을 받지 않으려 할 것이다. 소송 기간에는 조합설립인가를 받을 수 없으므로 사업에 큰 차질이 생긴다.

상가 소유주의 수가 전체의 10% 이하라고 해도 토지 분할을 통해 단지내상가를 제척하겠다는 결정은 쉽지 않다. 20년이 걸려 승인받은 정비계획을 다시 승인받아야 할 뿐 아니라, 단지내상가의 위치가 너무 좋다. 상가가 대치역을 감싸고 있기 때문에 새로 지어질 단지와 대치역과의 연계성을 생각한다면 쉽게 선택할 수 없을 것이다. 이런 여러 가지 사정을 고려한다면 산정비율을 10%로 낮춰주고서라도 원만한 협의를 이루는 것이 재건축조합 입장에서도 유리하다. 그래서 은마아파트의 단지내상가는 산정비율을 10%로 조정받을 수 있었던 것이다.

강남구에서 조합설립을 준비하고 있으며 산정비율을 10% 혹은 그 이하로 조정받은 A아파트와 B아파트 또한 마찬가지로 충분한 명분이 있다. A아파트의 경우 단지내상가 소유주의 수가 전체의 10%를 크게 초과한다. 게다가 정비계획 상 연결녹지의 배치 때문에 단지내상가의 위치가 변경되어야 한다. 단지내상가를 제척하는 경우에는 정비계획의 변경승인을 다시 받아야 하는 상황인 것이다.

B아파트의 경우 단지내상가의 위치가 아파트 중앙이다. 그래서 단지내상가를 제척할 경우 아파트가 감수해야 할 피해가 막심하다. 상가에서 대로까지의 인접도로를 내줘야 하므로 그만큼 대지의 활용도가 떨어지고, 건축선이 뒤로 밀려나는 등 손해를 보게 된다. 그보다 더 중요한 문제는 아파트 중앙에 낡은 상가건물이 방치된다는 사실이다. 신축 아파트의 조경과 공원화가 점점 중요해지고 있는 시대인데, 아파트 한가운데에 낡은 상가가 남게 되고 그 상가에 방문하려는 차들이 아파트 단지 안을 돌아다닐 것이다.

이렇게 명분이 있어야 산정비율의 조정 가능성이 높아진다는 것이 필자의 의견이다. 꼭 강남이 아니더라도 산정비율 조정은 가능하다고 본다. 분당이든 일산이든 단지내상가가 충분한 명분을 가지고 있다면 상가 투자자들에게 유리한 협상안을 끌어낼 수 있을 것이다.

단지내상가 분할의 성행

단지내상가의 분할이란 한 개 호실의 건축물대장을 여러 개 호실로 분할하고 각 호실별로 구분등기를 하여 소유주의 숫자를 늘리는 행위이다. 일명 '상가 쪼개기'라고 부른다.

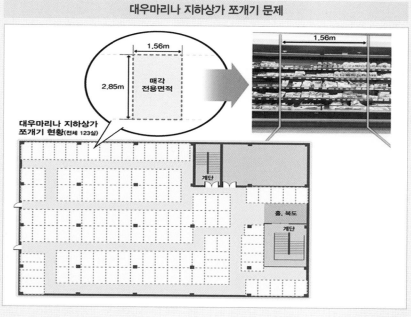

(출처 : 부산일보)

대부분의 재건축 투자자에게 단지내상가 분할이라는 것은 생소한 행위일 것이다. 일부는 2022년 둔촌주공아파트 재건축 현장에서 이슈가 생기며 알게 되었을 것이고, 2023년에는 부산 해운대구의 대우마리나1·2차 아파트의 사례로 구체적인 내용이 뉴스에 소개되면서 많이 알려졌다. 특히 부산의 경우는 뉴스에 도면까지 공개되며 많은 사람의 관심을 끌었다. 마트로 쓰이던 지하의 1개 호실을 무려 123개로 분할한 후 입주권이 나온다고 광고해서 매물을 팔았던 것이다. 필자의 분석에 따르면 2023년 4월 24일 기준으로 123개 중에 무려 51개가 거래되어, 투자자는 80억 원에 가까운 차익을 냈다.

　　소유주의 숫자가 늘어난다는 것은 조합원 수 또한 늘어날 수 있다는 의미이다. 조합원이 늘어나면 조합원분양 물량도 늘어나게 되므로 그만큼 일반분양은 줄어든다. 따라서 조합원 수의 증가는 재건축 사업성과 직결되는 문제이다.

　　이 부분에서 아파트 소유주들은 단지내상가 분할에 대해 막연한 오해와 편견을 갖게 된다. 상가 분할로 인해 아파트 소유주들의 피해가 막심하다는 것이다.

　　하지만 실제로 아파트 소유주들에게 피해가 발생하기 위한 조건은 매우 한정적이다. 일단, 상가 분할이 심각해서 단지내상가의 대지지분으로 지은 아파트만으로는 상가조합원에게 나눠줄 물량이 부족한 경우다. 이 경우에는 어쩔 수 없이 일반분양 물량을 줄여서 상가조합원들에게 나눠줘야 하기 때문에 사업성이 악화된다.

그러나 아파트조합과 상가조합이 독립정산제를 운영한다면 이것은 별로 문제가 되지 않는다. 아파트조합원들이 입은 피해 금액을 상가조합원 측에서 보전받으면 되기 때문에 독립정산제만 철저하게 시행하면 문제가 없다.

상가 분할의 악영향은 상가조합원에게 분양되는 아파트가 조합원분양가인지 일반분양가인지에 따라 달라질 수 있다. 상가조합원이 아파트를 조합원분양가로 받는 경우에는 피해가 발생할 수 있다. 아파트를 조합원분양가로 저렴하게 받을 수 있는 경우 상가조합원 입장에서는 아파트를 신청하는 게 무조건 이익이다. 그렇다면 모두가 아파트를 신청할 것이고, 그만큼 조합원분양이 늘어남에 따라 일반분양을 할 수 있는 물량이 감소하여 사업성이 악화된다.

하지만 상가조합원이 일반분양가로 아파트를 받는 경우라면 아파트조합원의 손해가 별로 없다. 이자 비용이 증가하는 점에서는 손해가 발생할 수 있겠으나 그다지 크지 않은 수준일 것이다. 아파트를 원하는 상가조합원들 역시 조합원분양가와 일반분양가의 차액만큼 손해를 보게 되겠지만, 대신 입주권 협상에서 명분을 얻어 산정비율을 낮게 조정받을 가능성이 높아지므로 반드시 손해라고 보기는 어렵다.

진짜 피해를 보는 이들은 누구일까? 바로 기존의 상가 소유주들이다. 분할이 심하지 않을 때에는 큰 영향이 없다. 하지만 분할이 심각한 수준이고, 단지내상가 소유주들이 아파트를 조합원분양가로 받아가는 경우라면 기존 상가조합원들이 피해를 보게 된다. 특히 감정평가액이 크면서 조합원분양은 신청하지 않은 상가조합원의 피해가 가장 심하다.

기존에는 정보의 부족으로 인해 오히려 반대의 경우가 많았다. 단지내상가의 대지지분으로 지어진 아파트의 분양수익을 아파트 소유주들이 가져가거나 같이 공유하는 경우가 많았던 것이다. 하지만 이제는 정보가 넘치는 세상이다 보니 더이상 상가 소유주들도 몰라서 손해를 보는 일은 없어졌다. 오히려 앞에서 살펴봤듯이 일부에서는 상가 소유주들에게 유리한 조건으로 사업이 진행되는 사례도 생기고, 상가 소유주들의 권리 주장으로 인해 재건축이 지연되는 경우도 종종 발생한다.

문제는 이런 일부 사례로 인해 마치 상가 소유주들이 아파트 소유주들을 등쳐먹는 나쁜 사람처럼 인식되기 시작했다는 것이다. 여기에 상가 쪼개기에 대한 뉴스까지 나오니 단지내상가 소유주들은 이제 '쪼개기 투기꾼'이라는 누명까지 쓰게 된다. 일부 사례로 성급한 일반화의 오류를 범해서는 안 된다. 서로 협상을 했을 뿐이고, 상가 소유주가 소수였을 뿐이다. 역사는 다수의 관점으로 기록되곤 한다. 정보의 불균형이 해소된다는 가정 하에, 협상이라는 것은 어느 한쪽에게만 유리하게 진행되기 어렵다. 협상이란 각자의 명분과 상황에 맞게 이루어지는 것이다. 예를 들어 단지내상가 소유주가 아파트를 공급받을 수 있도록 산정비율을 조정받는 것도 상황에 맞춰 이루어진 협상의 결과일 뿐인데도, 일각에서는 투기꾼의 소행으로 치부되고 있는 것이다.

이를 해결하기 위한 방법으로 필자가 제안하는 것은 분양가를 산정할 때 권리가액 기여도를 감안하는 방식이다. 상가 소유주가 상가 분양을 신청할 경우에는 무조건 조합원분양가를 적용하되, 아파트 분양을 신청하는 경우에는 권리가액 기여도를 감안하여 분양가를 차등 적용하는 것이다. 권리가액 만큼의 평형에 대해서만 조합원분양가를 적용하고 나머지 초과 평형에 대해서는 일반분양가를 적용하는 것이다. 이렇게 하면 단지내상가 소유주의 대지지분이 작은 경우에는 대부분의 분양가를 일반분양가로 지불하게 되고, 대지지분이 큰 경우에는 대부분의 분양가를 조합원분양가로 지불하게 될 것이다.

다행인 것은 2023년 8월부터 지자체의 개발행위 허가제한이라는 특단의 조치가 진행되기 시작했다는 것이다. 이제 겨우 안전진단을 통과한 목동이나 송파의 일부 단지뿐만 아니라 재건축이 전혀 진행된 바 없는 분당까지도 상가의 분할 행위를 원천적으로 차단하고 있다.

이렇게 2023년을 돌아보면, 「노후계획도시 특별법」의 제정과 은마아파트의 상가 협약서 체결이라는 두 개의 큰 이벤트가 있었고, 단지내상가 분할이라는 것이 널리 알려지는 한 해였다. 이는 2023년 단지내상가 재건축 투자에 큰 영향을 주었고, 그 영향은 2024년에도 이어질 것이다.

재건축

: 상가의 모습을 한 입주권 투자

단지내상가 투자는 이름에 상가가 붙어있긴 하지만, 사실상 입주권 투자이기도 하다. 소액으로 작은 상가를 사서 주요 입지에 위치한 신축 아파트를 받는 방법이다. 이러한 단지내상가 투자는 두 가지로 구분해서 볼 수 있다.

첫째는 입주권을 받을 수 있는 조건이 갖춰진 단지내상가를 조합설립 인가 이전에 프리미엄을 주고 사는 것이다. 불확실성이 제거된 상황이라 확실하지만 그 대가로 프리미엄을 줘야 하기 때문에 가격이 비싸다. 지하 상가의 땅 한 평을 아파트의 두 배 가격으로 사야할 수도 있다. 그럼에도 불구하고 비교적 소액으로 강남 아파트 입주권을 확보할 수 있고, 강남 아파트의 미래 가치를 크게 본다면 충분히 가능한 투자가 된다.

둘째는 입주권을 받을 수 있다는 가능성을 보고 투자하는 것이다. 저렴한 가격으로 입주권이 나올 수 있는 매물을 사려면 확률 싸움을 해야 한다. 재건축은 조합설립인가 이전에 재건축추진위원회와 상가협의회가 협상을 통해 협약서를 만들고, 그 협약서에 최종 날인을 하고, 그 협약서에 내용이 정관에 들어가기 전까지는 아무것도 정해지지 않는다. 아직 정비구역 지정도 받지 않은 아파트의 단지내상가를, 다양한 검토를 통해서 입주권이 나올 확률을 판단하고 비교적 저렴한 가격에 매수하는 것이다.

분석을 통해 높은 확률을 추구하라

필자의 경우 대지지분 평당 1억 원 수준의 가격으로 강남권에 있는 아파트의 단지내상가를 샀다. 평당 1억 원이라면 강남치고는 상대적으로 저렴한 가격이다. 이것이 가능했던 이유는 아직 재건축 초기 단계라서 아무것도 정해진 것이 없고 불확실성이 크기 때문이다.

그렇지만 무모하게 매입한 게 아니라 철저한 분석을 통해 입주권이 나올 가능성을 판단해 볼 수 있었다. 해당 상가의 경우 얼핏 보기에는 대로변에 위치해 있는 것처럼 보이지만, 사실은 아파트 중앙에 있는 것과 마찬가지로 제척이 어려운 위치에 있었다. 그리고 이 상가를 제척할 경우 지구단위계획 변경이 필요한 상황이다.

또한 이 지역은 소위 부촌으로 평가받고 있어 재건축 이후 아파트의 가격 자체가 매우 높게 예상된다. 만약 최종적으로 아파트 입주권이 나오는 것으로 결정될 경우 대지지분 평당 3억 원 이상을 호가할 것이라고 생각한다. 마지막으로 상가의 수가 200개가 넘는 만큼 토지분할소송이 진행될 가능성도 낮다. 이런 다양한 검토를 통해 입주권이 충분히 나올 수 있다고 판단하고 투자 여부를 결정한 것이다.

입주권 투자는 개인의 선호도와 취향에 따라 갈릴 수 있다. 돈을 더 주더라도 모든 것이 정해진 시기에 프리미엄을 주고 확실한 매물을 사는 것을 선호할 수도 있다. 하지만 이런 경우 선택권이 좁다. 모든 것이 정해진 아파트가 많지 않기 때문이다. 그리고 조합이 설립되면 강남을 포함한 투기과열지구에서는 더 이상 거래가 불가능하다. 조합설립 이후 매매하는 물건에 대해서는 조합원권이 나오지 않기 때문이다.

입주권과 시세차익을 동시에 원한다면 개별 단지내상가의 특성을 분석하여 입주권이 나올 확률이 높은 재건축 초기의 단지내상가에 투자할 수도 있다. 이 경우 확률 싸움인데, 아무 근거 없이 베팅하는 것이 아니라 나름의 판단에 근거한 이유 있는 베팅인 것이다. 무엇을 보면 그런 판단을 내릴 수 있는지에 대해서는 네이버 프리미엄 콘텐츠 '집이두채의 재건축으로 땅 모으는 법'에 연재하고 있는데, 이 책도 그 내용을 바탕으로 집필하고 있다. 또한 이 책의 집필진들과 함께 운영하고 있는 또 다른 프리미엄 콘텐츠 '투자고수의 비밀노트'에서는 재건축 초기임에도 불구하고 입주권이 나올 확률이 매우 높은 매물을 소개한 바도 있다.

부르는 게 값, 그래도 가치가 있다면

입주권이 확정된 강남구 A단지의 단지내상가는 유독 비싸게 거래되고 있다. 주로 매매가 4~6억 원대로 거래되고 있는데, 실제 권리가액과의 차액, 즉 프리미엄을 추정해 보자면 매매가의 50% 이상이 프리미엄인 경우도 있다. 최소 2억 원 이상의 프리미엄이 붙어서 거래되고 있는 것이다. 가격 상승도 정말 놀라운 수준이다. 불과 수년 전만 해도 1억 원대였던 단지내상가들이 4~6억 원에 거래되고 있다.

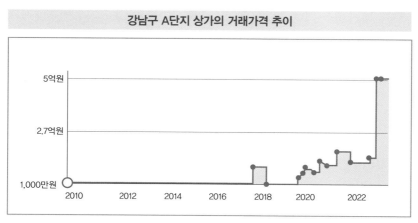

(출처 : 국토교통부 실거래가 공개시스템)

소액 매물일수록 높은 프리미엄이 붙는 것은 재개발 투자에서도 쉽게 볼 수 있는 일이다. 하지만 단지내상가는 재개발과 다른 측면이 있다. 일단, 아파트를 분양받을 때 조합원분양가가 아닌 일반분양가로 받게 될 수도 있다. 그래서 마치 분양가에도 프리미엄이 붙어 있다는 느낌을 받게 된다.

게다가 재개발은 일반적으로 분양가 자체가 낮은 편이지만, 강남 아파트의 분양가는 대한민국 최상위 수준이다. 프리미엄에 차후 내야 할 분담금까지 합하면 최소 10억 원 이상은 부담해야 하는 것이다. 그래서 아무리 입주권 투자라 할지라도 단지내상가는 가치평가를 통해 기준을 명확히 잡고 투자해야 한다.

단지내상가 가치평가의 핵심은 생각보다 간단하다. 상가 대지지분의 가치를 아파트 대지지분과 비교하는 것이다. 같은 단지 아파트의 땅, 즉 대지지분의 값을 기준으로 삼을 수 있다. 아파트의 대지지분 평당 매매가가 1억 원인데, 단지내상가 2층 매물의 대지지분 평당 매매가가 3,300만 원인 경우가 있다. 그런데 만약 해당 단지가 재건축을 추진하고 있다면 뒤도 돌아보지 않고 계약금부터 보내야 한다. 해당 상가는 아파트만큼, 아니 아파트보다 비싸질 것이기 때문이다.

단지내상가의 땅은 아파트보다 가치가 더 크다. 재건축 아파트는 사업시행계획 인가를 받은 이후 감정평가를 받게 된다. 그 사례들이 단지내상가의 가치가 아파트보다 더 크다는 것을 증명해주고 있다.

최근 사례들을 보면 단지내상가 1층의 경우 대지지분 평당 감정평가액이 아파트의 대지지분 평당 감정평가액 평균의 세 배까지 높게 나온 경우도 있다. 2층 상가는 1층의 감정평가액을 기준으로 약 50~55%, 지하1층은 약 30~40% 수준이 나온다. 계산해보면 단지내상가 지하1층의 대지지분이 아파트보다 가치가 높을 수도 있는 것이다.

감정평가 결과는 TPO(Time, Place, Occasion)에 따라 제각각 다르게 나온다. 은마아파트의 정비계획에서 확인되는 은마 단지내상가의 층별 감정평가액 효용지수를 보면 1층이 100%일 때 지하1층은 60%, 2층은 55%, 3층은 40%이다. 은마의 경우 지하상가라도 장사가 잘 되고 비싸게 거래되기 때문에 지하1층이 2층과 3층보다 감정평가를 더 높게 받은 것이다.

흔히 같은 단지의 아파트와 상가를 절대적 가격으로 비교하는 실수를 저지르곤 하는데, 정확한 비교를 위해서는 대지지분 평당 거래가를 비교해야 한다. 아파트와 단지내상가의 용적률이 다르기 때문이다. 분당을

은마아파트단지내상가의 감정평가액

층	거래대상 호수	거래 금액 총액 (A)	거래 사례 전유면적 합계 (B)	평균 거래단가 (A÷B)	층별 효용액
지하	10개	7,235,000,000원	241.675㎡	29,936,899원	0.6335
1층	5개	7,400,000,000원	156.600㎡	47,254,151원	1
2층	1개	2,000,000,000원	83.070㎡	24,076,080원	0.5095

(출처 : 2023년 2월 16일 서울시보 제3853호)

예로 들어 설명하자면, 분당 재건축 아파트들의 평균 용적률이 184%라면 같은 아파트 단지내상가의 용적률은 100%를 넘지 않는다. 그래서 전용면적이 아니라 대지지분을 기준으로 봤을 때 단지내상가와 아파트의 평당 거래가 격차는 더 크게 벌어져 있다. 필자의 경험치를 기준으로 추정해본다면, 분당 재건축단지를 기준으로 했을 때 현재 아파트의 대지지분 평당 거래가격은 단지내상가의 대지지분 평당 거래가격보다 약 2.5배 높은 수준이다.

2024년에는 이 격차가 크게 줄어들 뿐 아니라, 오히려 역전될 거라고 예상하고 있다. 강남권을 보면 그 답이 나온다. 재건축추진위와 상가협의회의 협상이 성공적으로 끝나고 상가 소유주들도 아파트를 받을 수 있도록 협의되어 조합설립이 임박한 강남권 단지들의 대지지분 평당 거래가격을 보면, 상가의 가격이 아파트의 가격보다 크게 비싸다.

해당 상가도 처음에는 아파트에 비해 가격이 턱없이 낮았다. 실거래가 그래프를 보면 2009년 4,500만 원에 거래되었던 상가가 2023년에 5억 원으로 11배 이상 오른 것을 볼 수 있다. 같은 기간에 같은 단지 아파트는 세 배 정도 오른 수준에 그쳤다. 초기 단계에 있는 재건축 아파트에서 단지내상가 투자가 얼마나 유망한지 확인할 수 있다.

이렇게 단지내상가 투자는 같은 단지의 아파트와 비교해서 가격, 층별 감정평가액 등의 차이를 분석하여 판단하는 일종의 땅 투자인 것이다. 땅 투자로 생각하여 접근한다면 어렵지 않게, 최대한 단순하게 생각할 필요가 있다. 해당 아파트가 재건축을 진행한다면, 혹은 재건축 사업성이 충분하다면 그저 땅 한 평을 얼마에 사서 얼마에 팔 수 있을지만 고민하면 된다.

단지내상가가 토지분할로 제척될 일은 없을지, 고도제한이 문제가 되지는 않을지, 아파트의 평형 구성이 소형부터 초대형까지 너무 복잡한 것은 아닌지, 상가의 호실수가 너무 많아서 재건축이 지연되지는 않을지 등 너무 고민이 많을 필요 없다. 그저 땅 한 평을 얼마에 사서 얼마에 팔 수 있을지만 고민하면 된다.

1기 신도시

: 진행이 빠를 수밖에 없다

2024년에는 1기 신도시 단지내상가의 가격이 크게 오를 것이다. 분당, 일산, 산본, 중동, 평촌 등 다섯 개의 1기 신도시와 함께 대전 서구 둔산동, 부산 해운대구 등 지방의 광역시도 주목할 만하다. 발 빠른 투자자들은 이미 진입하였고, 2023년에는 신규 투자자들이 진입하여 2024년부터의 상승을 기다리고 있다.

동일 단지 아파트에 비해 저렴한 가격

왜 1기 신도시의 단지내상가가 크게 오를 수밖에 없는지 그 이유를 설명하고자 한다.

첫째, 너무나 저렴한 가격이다. 1기 신도시의 대장 격이라 할 수 있는 분당 아파트는 과거에 얼마에 분양했을까? 분당 서현동 시범단지를 기준으로 보면 공급면적 33평(전용 25.7평)이 약 5,610만 원이었고, 공급면적 55평(전용 45.1평)이 약 1억230만 원이었다.

그런데 필자가 소유하고 있는 분양면적 11.3평(전용 8.2평)짜리 지하상가의 분양가는 무려 1억810만 원이었다. 지하의 작은 상가의 가격이 55평형 아파트보다 비쌌다.

전용면적 기준으로는 훨씬 더 비쌌다. 필자의 상가는 전용면적 평당 1,318만 원이었고, 공급면적 55평(전용45.1평) 아파트는 전용면적 평당 227만 원이었으니 무려 5.8배 차이가 났던 것이다.

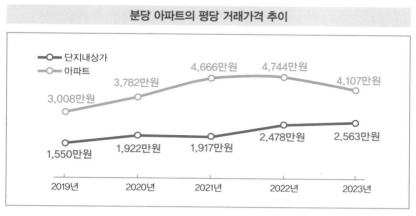

분당 아파트의 평당 거래가격 추이

- ● 단지내상가
- ○ 아파트

3,008만원　3,782만원　4,666만원　4,744만원　4,107만원

1,550만원　1,922만원　1,917만원　2,478만원　2,563만원

2019년　2020년　2021년　2022년　2023년

(출처 : 국토교통부 실거래가 공개시스템 자료 가공)

그런데 지금은 어떨까? 역전이 크게 일어났다. 아파트보다 5.8배 높았던 단지내상가가 이제는 아파트보다 훨씬 저렴하다. 아파트는 30년 동안 꾸준히 가격이 올랐지만 상가는 분양가 수준을 크게 벗어나지 못했다. 국토부 실거래가 자료를 바탕으로 2019년부터 2023년 5월까지 분당 아파트와 단지내상가의 전용면적 평당 거래가격을 비교해 보았다.

앞서 언급한 상가는 30년 전에 전용면적 평당 1,318만 원에 분양받았는데, 30년이 지난 2023년에는 2,563만 원에 거래되었다. 아파트와 비교해 보면 그 상승률 차이가 심각하다. 아파트의 거래가격은 전용면적 평당 4,107만 원에 거래되는데 이는 30년 전 분양가인 227만 원 대비 18.1배 오른 가격이다. 단지내상가는 겨우 1.9배 올랐다. 정부의 가격 통제를 받는 신라면도 30년 전 250원이던 것이 950원으로 3.8배나 올랐는데, 그보다도 적게 오른 것이다.

이처럼 지금은 너무나 저렴하지만 단지내상가는 결국 다시 아파트보다 비싸질 수밖에 없다. 가장 큰 이유는 개발 가치 때문이다. 대지 900평을 가진 용적률 100%의 단지내상가를 재건축한다고 가정해 보자. 이 지역의 용적률 상한이 300%라고 하면 대지 300평만 가지고도 기존 상가와 같은 용적률의 건물을 지을 수 있다. 그럼 600평의 대지가 남고, 그 600평으로 50채가 넘는 34평형 아파트를 지을 수 있다. 이렇게 확실한 가치가 있는데 가격이 오르지 않을 수는 없는 것이다.

재건축에 대한 사회적 요구

둘째, 1기 신도시도 드디어 재건축을 하기 때문이다. 1기 신도시에 해당하는 분당, 일산, 산본, 중동, 평촌에는 1991년부터 1996년까지 단기에 무려 29만 세대가 공급이 집중되었다. 그리고 30여 년이 지난 지금, 해당 아파트들의 재건축 연한이 한꺼번에 돌아오고 있다.

1기 신도시의 주요 지표

	분당	일산	산본	중동	평촌	평균
면적 (ha)	1,963.9	1,573.6	420.3	545.2	510.6	1,003
인구 (명)	390,320	276,000	167,896	165,740	165,188	233,629
세대수 (호)	95,580	69,000	41,974	41,435	42,047	58,407
인구밀도 (인/ha)	199	175	399	304	329	233
호수밀도 (호/ha)	50	44	100	76	82	70
세대당 인구수(명)	4.0	4.0	4.0	4.0	4.0	4.0
용적률 (%)	184	169	205	226	204	198
초교수 (개)	28	21	13	14	13	17
초교당 세대수 (호)	3,485	3,285.7	3,228.8	2,959.6	3,234.4	3,239
초교당 인구수 (명)	13,940	13,143	12,915	11,838	12,707	13,743
도로율 (%)	19.1	19.9	17.1	24.5	24.0	20.92
임대아파트 비율 (%)	15.5	19.9	34.0	39.8	37.0	29.24
공원녹지율 (%)	21	23.7	14.1	12.2	13.9	16.98
개발발표	1989.04.27	1989.04.27	1988.09.13	1989.04.27	1988.09.13	–
구역지정	1989.05.04	1989.06.20	1989.02.27	1989.04.22	1989.02.27	–
사업기간	1989.08.30.~1996.12.31	1990.03.31.~1995.12.31	1989.08.30.~1995.12.31	1990.02.08.~1996.01.31	1989.08.30.~1995.12.31	–
최초입주	1991.09	1992.08	1992.04	1993.02	1992.03	–

(출처 : 제1기 신도시의 도시재생과 관리방안 연구(경기개발연구원, 2011.09)

1기 신도시의 재건축은 선택이 아닌 정부 차원에서 나서야 하는 필수적인 사업이다. 정부가 나서지 않고 시장에만 맡긴다면 이들의 재건축은 어떻게 될까? 그중에서 10년 안에 재건축에 성공하는 아파트가 5%는 될까? 최악의 경우 재건축 입주 아파트 단지가 하나도 없을 수 있다. 그럼 어떤 문제가 발생할까? 36~41년차 아파트 29만 세대가 방치된다.

다시 20년이 지나서 그중 10%가 재건축되고 입주까지 마쳤다고 가정해 보겠다. 그래도 아직 재건축되지 못한 46~51년차 아파트 26만 세대가 도심 한 가운데에 슬럼화되어 방치된다. 그래서 정부와 지자체 그리고 국회까지 한마음이 되어 특별법을 제정하고 정책을 수립·집행하는 것이다.

1기 신도시들은 2024년 중에 기본계획 수립, 안전진단, 정비구역 지정이라는 재건축 초기의 3단계를 거치게 된다. 강남구 대치동의 은마아파트는 이 3단계를 통과하는 데에만 무려 40년 이상 걸렸지만, 1기 신도시 중 빠르게 진행되는 일부 아파트는 2024년 내에 통과하여 특별정비구역으로 지정되고, 그중에서 일부는 선도지구로 지정되는 것이다.

분당을 기준으로 좀더 세부적인 향후 일정을 설명해 보면, 2023년 말 공청회를 통해 특별정비예정구역의 초안이 공개되고 주민들의 의견을 받는다. 개별 단지들에 해당하는 내용이기에 그 파급 효과가 클 것으로 보인다. 그리고 2024년 상반기 중 분당 전역이 특별정비예정구역으로 지정되고, 성남시의 도시정비계획 타당성 검토 용역을 토대로 도시정비기본계획이 수립될 예정이다.

그런데 그 전에 「노후계획도시 특별법」의 제정이 필요하다. 이 법은 용적률 상향, 안전진단 완화 또는 면제, 절차 간소화 등을 통해 1기 신도시 재건축을 가능하게 하는 역할도 있지만, 특별정비예정구역과 도시정비기본계획의 가이드라인 역할도 하기 때문이다. 분당을 기준으로 「노후계획도시 특별법」에 의한 재건축의 초기 3단계를 좀 더 구체적으로 설명하자면, 2024년 상반기 안에 분당 전역이 특별정비예정구역으로 지정될 것으로 보인다. 그리고 성남시의 도시정비계획 타당성 검토 용역을 토대로 분당 재건축에 대한 내용을 담은 도시정비기본계획이 수립되고, 특별정비예정구역이 지정 고시된다. 드디어 재건축의 가장 첫 번째 단계인 기본계획 수립이 이루어지는 것이다.

다음으로 안전진단의 기준이 완화되는 아파트와 아예 면제를 받는 아파트가 나뉘게 될 것이다. 빠른 재건축을 위해서는 안전진단을 아예 면제받아야 한다. 물론 「노후계획도시 특별법」을 통해 추가적인 완화를 받는다면 안전진단 통과 가능성이 높아지기는 한다. 하지만 통과하는 데 상당 시일이 소요될 것이기에 초기 단계부터 뒤처지면서 빠른 재건축이 진행되기 어렵게 된다는 것이다. 그래서 빠른 재건축을 위해서는 안전진단을 면제받아야 한다.

안전진단 면제의 조건은 해당 단지의 재건축 사업이 공공기여를 통해 공공성을 확보하는 것이다. 분당 MP와의 미팅을 통해 확인한 내용으로 추정해 본다면, 결국 통합 재건축을 통한 세대수의 확보가 가장 중요하다.

예를 들어 3,000세대 이상을 통합 재건축하면 더 많은 공공성을 확보할 수 있다는 것이다. 대규모의 특별정비예정구역 대지를 확보함으로써 공공분양, 기반시설, 생활 SOC, 기여금 등 다양한 방식의 기부채납이 가능하게 된다.

그리고 1기 신도시의 빠른 재건축을 위해서는 안전진단을 면제해주는 것이 좋은 방법이기 때문에 명분도 충분하다. 순환식 개발은 첫 단추가 중요하다. 대규모 통합 재건축 단지가 선택될 가능성이 높은 이유이다.

안전진단을 면제받는다면 드디어 특별정비구역 지정이 가능하다. 다만 그냥 되는 것은 아니다. 주민 동의율을 확보해야 한다. 현재는 각 지자체의 조례를 통해 정비구역 지정을 위한 동의율을 정하고 있지만, 시행령의 기준을 크게 벗어나지 않는다고 가정하면 토지 등 소유주의 3분의 2 이상 동의가 필요하다. 이 동의율 요건이 완화될 수는 있지만 지금 기준으로는

통합 정비사업 예시(대규모 블록)

현 황 / 대 안

(출처 : 국토교통부 보도자료)

동의율 3분의 2를 어느 곳이 먼저 확보하느냐가 특별정비구역 지정의 관건이 될 것이다.

정리하자면 빠른 특별정비구역 지정을 위해선 안전진단 면제를 받아야 하고, 빠르게 3분의 2 이상의 동의율을 확보하여야 한다. 그리고 이 일정은 2024년까지 이루어질 수밖에 없다. 2023년 10월 국토교통부가 대통령 공약 이행을 위해 2024년까지 선도지구를 지정하겠다고 못 박았기 때문이다. 선도지구는 특별정비구역 지정 단지 중에서 나오는 것이기 때문에 2024년까지 특별정비구역 지정이 이루어질 수밖에 없으며, 1기 신도시의 일부 아파트가 재건축의 초기 3단계를 2024년 안에 거치게 될 수밖에 없어 보인다.

이렇게 1기 신도시는 가격이 너무나 저렴하고, 2024년 중에 재건축 초

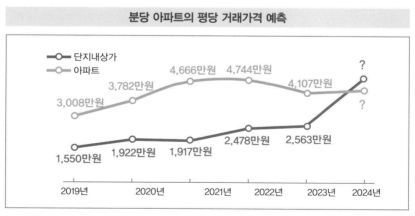

(출처 : 국토교통부 실거래가 공개시스템 자료 가공)

기 단계가 빠르게 진행될 예정이라서 가격도 크게 오를 수밖에 없다. 하지만 아직은 그렇게까지 많이 오르지 않았다. 지금도 늦지 않았다는 의미이다. 그러므로 현명한 부동산 투자자라면 반드시 1기 신도시 단지내상가를 주목해야 한다.

필자의 상상력을 더해 본다면 앞쪽과 같은 차트가 나올 수도 있다. 단지내상가의 전용면적 평당 거래가격이 아파트보다 다시 높아질 수 있다는 것이다. 잊지 말자. 과거에는 단지내상가가 5.8배 더 높았다. 2024년은 시작일 뿐인 것이다.

서울의 재건축 단지는 어떨까

1기 신도시의 단지내상가만 오른다는 주장은 아니다. 오를 곳들이 1기 신도시에 대거 집중되어 있다는 의미이다. 서울에도 초기 재건축에 해당하는 단지내상가들이 있다. 그들 역시 크게 오를 것이다. 다만 1기 신도시들은 「노후계획도시 특별법」이 적용되고, 이와 함께 지자체 차원에서 기본계획 및 재건축 지원을 투 트랙으로 준비하고 있기 때문에 2024년에 이미 예견된 일정들이 존재한다. 다시 말해서 1기 신도시들은 차등이 크지 않고 다 같이 오를 가능성이 높은 반면, 서울은 각개전투가 될 것이다.

서울에서도 재건축이 진행되려면 기본계획 수립, 안전진단 통과와 정비구역지정을 거쳐야 하는 것은 마찬가지다. 택지지구의 경우 지구단위계획이 확정 고시되어야 하고, 기준이 완화되었다 할지라도 자력으로 안전진단을 통과해야 한다. 그리고 주민 자체적으로 정비계획을 수립해서 제출해야 한다. 1기 신도시의 경우 빠른 단지들은 이 세 가지 재건축 초기 절차를 2024년 안에 끝내게 되지만, 서울은 신속통합기획(신통기획)이 있다고 해도 지원이 상대적으로 부족하고, 아무리 빠르게 진행되어도 세 가지 재건축 초기 단계를 1년 안에 끝내기가 어렵다.

그러므로 2024년의 단지내상가 투자는 1기 신도시에서 진행할 것을 강력하게 추천한다. 이미 경험 많은 투자자들은 1기 신도시 단지내상가에 꽤 많은 투자를 하고 있다. 강남, 송파, 목동에서 이미 단지내상가 투자로 큰 수익을 보았고 이제 다음 차례는 1기 신도시 단지내상가로 생각하고 있는 것이다.

선진입

: 재벌집 막내아들이 되어 보자

2022년 11월 보도된 통계청 자료에 따르면, 2021년 기준 대한민국의 일반 가구 2,145만 가구 중 약 56.2%인 1,206만 가구가 주택을 소유하게 되었다고 한다. 대한민국의 절반 이상이 주택을 구입하는 데에 관심을 가지고 있다고 봐도 될 것이다.

그렇다면 단지내상가 투자에는 얼마나 관심을 가질까? 과거 규정상 아파트단지에는 세대수당 최대 6㎡의 복리시설(주로 단지내상가)을 지을 수 있었다. 공급면적 기준으로 세대당 평균 연면적이 112㎡(34평)이라고 가정한다면, 아파트단지의 전체 연면적 중에서 단지내상가가 차지하는 비중은 최대 5.4%밖에 안 된다.

간단하게 5%라고 보자. 즉, 단지내상가의 절대적인 비중은 아파트의

5%에 불과하다. 게다가 전체의 5%도 아니다. 투자 대상이 될 만한 재건축 아파트의 5%만이 여기에 해당되는 것이다. 그만큼 단지내상가 투자는 소수만 참여할 수 있는 부동산 투자 분야라는 것을 말하는 것이다.

단지내상가 투자는 지금이 최적기

하지만 투자 대상은 지속 확대될 예정이다. 우선 29만 가구가 살고 있는 1기 신도시의 재건축 단지들이 있다. 그 뒤로도 계획되어 있는 여러 택지지구들이 투자의 대상으로 편입될 것이다.

관심도 확대될 것이다. 그동안은 강남 일부 단지에서만 국지적으로 투자 결과가 나타났고, 일부 민첩한 투자자들 사이에서만 제한적으로 투자가 진행되었다면, 2024년에는 1기 신도시에 선진입한 단지내상가 투자자들의 압도적인 투자 수익률이 공개될 것이다. 그동안은 아파트가 많이 올랐다면, 이제는 아파트보다 1기 신도시 단지내상가의 오름폭이 압도적으로 높을 것이다. 아파트의 수익률에 만족하지 못하고 다른 투자처를 찾는 사람들이 유입될 것이라는 의미이다.

이는 일시적인 현상이 아닐 것이다. 2020~2021년 취득세와 양도세 중과, 대출 규제, 자금조달계획 제출 등 주택 시장에 규제가 중첩되면서 저금리에 유동성이 풍부했던 투자자들의 자금이 갈 곳을 잃고 이곳저곳으로 넘쳐나던 시기가 있었다. 해당 시기에는 이른바 '썩빌(썩은 빌라)'로 불렸던 구축빌라를 비롯해서 아파텔, 지식산업센터, 도시형생활주택 등 다양한 부동산들이 크게 상승했다. 모두 주택 투자의 대안이 되는 것들이다.

그러나 일시적으로 크게 올랐던 가격은 현재 모두 다시 떨어지고 투자자들의 관심 밖으로 밀려났다. 넘쳐나는 유동성 덕분에 주택의 대안 투자로 잠시 유행을 탔던 것뿐이다. 그중에는 단지내상가 역시 포함되어 있었지만, 다른 것들과 달리 여전히 상승 중이고 지역별로는 향후 더 크게 상승할 가능성을 보여주는 곳들도 있다.

단지내상가 재건축 투자에 신규 투자자들이 지속적으로 유입된다면 이에 대한 편견과 오해도 일부 개선될 것이다. 직접 해보지 않으면 알 수 없는 것들이 있다. 누군가는 아파트를 사는 건 '투자'라고 하면서 단지내상가를 사는 건 '투기'라고 이야기한다. 요즘 말로 '내로남불' 하고 있는 것이다.

그 누군가가 단지내상가 투자를 직접 해봤으면 한다. 그래야 생각이 바뀔 것이다. 2024년에 1기 신도시 단지내상가의 가격이 크게 오르면 그런 경험을 하게 되는 이들이 늘어나게 될 것이다.

10년에 10억 버는 '텐텐 투자'

2024년에 1기 신도시 단지내상가가 크게 오른다면 어떤 일이 발생할까? 발 빠른 투자자들은 이런 생각을 먼저 가져야 한다.

아파트 투자에서는 강남이 오르면 아직 오르지 않은 그 다음 입지의 아파트를 노리라고 말한다. 평형별로도 마찬가지이다. 아파트 가격 상승장 초입인 2013년부터 2018년까지는 소형 아파트의 가격 상승률이 높았다. 그럼 계속 소형 아파트에만 투자해야 했을까? 그렇지 않다. 그 이후 아파트 가격이 최고점을 기록했던 2020년부터 2012년까지를 보면 오히려 중대형 아파트의 상승률이 높았다.

단지내상가 투자도 마찬가지이다. 2024년에 1기 신도시 단지내상가들이 크게 오른다면 다음은 어디를 봐야 할까? 바로 90년대 중후반과 2000년대 초중반에 입주한 아파트들이다. 1기 신도시의 대규모 재건축이 진행된 후 얼마 안 있어 재건축이 추진될 곳들이다. 발 빠른 투자자들은 이미 그런 지역의 단지내상가들을 아주 저렴한 가격에 사고 있다.

실제 사례들을 예시로 들면 더 이해가 쉬울 것이다. 투자자 A 씨는 2000년대 초반 입주한 구축 아파트의 단지내상가를 대지지분 평당 600만 원대에 샀고, 월세 수익률 4% 수준의 월세를 받고 있다. 추가적인 월세 인상도 기대해 볼 수 있는 상가이다. 10년 정도는 안정적으로 은행 예금 수준의 월세를 받게 된다.

10년이 지나면 어찌 될까? 재건축 기대감이 반영되기 시작한다. 이제는 월세가 아닌 땅의 가치를 반영하여 매매가가 오르기 시작한다. 얼마나 오를 수 있을까? 대지지분 평당 3,000만 원만 되어도 네 배 이상 오르는 것이고, 그러면 10억 원 이상의 차익이 발생한다. 안정적인 월세를 받으며, 10년을 기다리면 10억 원 이상의 차익이 보장되는 것이다.

다른 사례를 하나 더 보면, 투자자 B씨는 2000년대 중반 입주한 아파트의 단지내상가를 대지지분 평당 200만 원대에 샀고 임차인을 기다리고 있다. 시세대로만 받아도 월세 수익률은 16% 수준이다. 월세 수익률이 좋다보니 10년이면 매매가 수준의 월세를 챙기게 되고, 그 후에는 재건축 기대감이 반영되면서 매수한 가격의 20배 수준까지도 충분히 가격이 오를 수 있는 투자를 하였다.

일반적인 시장 수익률 이상의 월세를 받으며 10년을 기다리면 10억 원이상의 차익이 보장되는 투자이다. 필자는 강의를 할 때 이런 투자를 '단지내상가 텐텐(ten-ten) 투자'라고 부르곤 한다.

이런 지역들은 주로 어디에 분포해 있을까? 90년대 중후반에 입주한 아파트는 수원시 영통구, 시흥시 정왕동 등에 몰려 있고, 2000년대 중후반에 입주한 아파트는 용인시 수지구와 기흥구, 송도 2공구 등에 몰려 있다. 범위를 더 넓게 보면 2000년대 후반에 입주한 판교까지도 여기에 포함이 된다.

그렇다고 해당 지역의 아무 단지에나 투자를 해서는 안 된다. 용적률과 평균 대지지분을 봤을 때 재건축이 충분히 가능해야 하고, 아파트의 가격이 너무 저렴해서도 안 된다. 최근 건축비가 크게 올랐다. 원가와 비용이 상승하면 저렴한 아파트가 많은 지역은 재건축이 불가능하다. 주변의 아파트가 모두 저렴하면 새로 지은 아파트라도 분양가를 높이기가 어려우므로 수익성이 좋지 않기 때문이다.

무조건 대지지분만 크다고 투자를 해서는 안 되고, 입지와 재건축 사업성을 꼼꼼히 따져서 선집입을 해야 한다.

미래의 로또를 미리 사둔다

10년을 기다리라니 너무 하지 않느냐는 생각이 들 수 있다. 그런데 그런 투자를 하는 분들이 생각보다 많다.

2022년 6월에 분당의 아파트 단지내상가 다섯 곳을 샘플로 소유주들의 보유 기간을 자료화해서 분석을 해 본 적이 있다. 분석 결과 총 64개의 상가 호실 소유자 중에서 처음에 분양받은 후 30년 이상 보유하고 있는 사람은 전체의 23.4%(15명)나 되었다. 매매가격은 분양받은 것보다 얼마 오르지 않았지만, 상가의 특성상 안정적인 월세가 지속적으로 발생하기에 굳이 팔 이유가 없는 것이다.

그럼 나머지는 대부분 소유 기간이 짧을까? 그렇지도 않다. 10년 이상 보유한 소유주가 무려 전체의 64.1%(41명)나 되었다. 10년을 기다리는 투자는 어렵다는 분들도 있지만, 실제로 분석해보니 꽤 많은 투자자들이 그렇게 하고 있는 것이다. 반면 보유 기간 2년 이하의 소유주는 전체의

12.5%(8명)밖에 없었다.

아직 재건축 연한을 채우지 못했을 뿐, 시간이 지나면 재건축을 진행할 게 너무나 명확한 아파트 단지내상가를 아주 저렴하게 산다면, 게다가 기다리는 동안 월세까지 충분히 받을 수 있다면 이보다 확실한 투자가 있을까? 마치 10년 뒤의 로또 번호를 정확히 알고 있는 느낌이다.

드라마 「재벌집 막내아들」에는 순양그룹의 재무담당자 윤현우가 억울한 죽임을 당하고 과거로 돌아가서 총수 일가의 막내아들인 진도준으로 환생하게 된다. 이미 미래를 알고 있는 진도준은 할아버지인 순양그룹 회장 진양철이 퀴즈의 답을 맞힌 대가로 돈을 주겠다고 하자 돈은 필요 없다며 "제가 그 돈을 쓸 만큼 어른이 되면 화폐가치는 떨어지잖아요. 땅으로 주세요"라고 요구하여 분당의 땅 5만 평을 받게 된다. 그리고 후에 이 땅을 통해 240억 원을 벌게 된다.

미래를 알고 있는 진도준은 너무나 쉽게 투자를 했다. 만약 당신이 단지내상가 투자에 선진입을 하면 마치 재벌집 막내아들과 같은 투자를 할 수 있는 것이다. 원래 아파트보다 비싸야 하는 단지내상가의 땅인데 너무나 저렴하다는 걸 알게 되었다면, 독자 여러분도 진도준처럼 이미 미래를 알고 있는 회귀자가 되어 투자를 할 수 있다.

주목할 만한
단지내상가 투자처들

입주권이 확실한 부촌의 단지들

입주권을 노리는 투자를 하려면 대한민국 국민이라면 누구나 살고 싶어 하는 그런 아파트의 단지내상가를 보자. 압구정과 반포는 이미 늦은 감이 있다. 재건축조합이 설립된 경우 매물이 나오기 쉽지 않기 때문이다.

그렇다면 어디를 봐야 할까? 대치동을 보면 압구정만큼이나 부촌으로 알아주는 이른 바 '대치동 우선미(개포우성아파트, 선경아파트, 미도맨션)'가 있다. 시선을 조금 더 동쪽으로 옮겨 잠실을 살펴보면 아시아선수촌 아파트가 있다. 또한, 압구정에서도 미성아파트의 경우에는 아직 조합설립 전이기 때문에 매물이 가끔 나온다. 이런 지역들을 계속 지켜보다가 매물이 나오면 바로 낚아채야 한다.

그 밖에도 각자 선호하는 지역과 아파트단지가 있을 것이다. 정말 관심 있는 단지라면 매물이 나오기를 기다리지 말고 그 지역의 부동산중개인과 친해져서 매물이 나오면 가장 먼저 정보를 받아볼 수 있도록 관계를 만들어 보자.

입주권의 가능성이 높은 강남의 단지들

입주권 투자보다 투자금이 적다면 철저한 분석을 통해 입주권 가능성이 높은 단지를 찾아내야 한다. 앞에서 언급되지 않은 단지 중 필자가 프리미엄 콘텐츠에서 자주 언급하는 곳들을 나열해 본다. 일원동 상록수아파트, 개포 경우현(경남아파트, 우성3차아파트, 현대1차아파트), 송파 문정동 훼밀리타운아파트가 있다.

먼저 일원동 상록수아파트는 단지내상가 투자자들에게 너무나 유명한 단지이다. 매매가 2억 원대로도 투자가 가능하다. 지하상가가 오픈 형태여서 대출이 나오지 않는다는 단점은 있지만 입주권 가능성을 본다면 지하의 작은 상가들까지도 그 확률이 매우 높다. 아파트 단지 중앙에 위치해있고, 단지내상가 소유주 수가 전체의 10%를 넘고, 아파트의 재건축 사업성이 좋아 세대수가 충분히 증가하기 때문이다. 이런 경우가 흔하지는 않다.

다음으로 개포 경우현은 소개한 세 개 후보 중에서 입지가 가장 훌륭하다. 양재천변에 위치한 소위 부자 아파트이다. 중복소유 문제만 해결된다면 단지내상가 소유주 수가 전체의 10%를 넘길 가능성이 높고, 아파트의 재건축 사업성이 좋아서 세대수가 충분히 많이 증가한다. 통합 재건축을 진행하는 단지이기 때문에 상가가 아파트 단지 중앙에 위치한 것은 아니지만 4개 동이 대로변 곳곳에 위치하여 토지분할을 통한 제척이 쉽지 않다. 소액 투자로 입주권을 노려본다면 가능성이 높은 편이다.

이들 단지의 공통점은 상가의 호실 수가 많고 재건축 사업성이 좋다는 것이다. 상가의 호실 수가 많은 경우 재건축 추진위원회가 토지분할 소송을 진행하려면 큰 부담을 느끼게 된다. 실제 토지분할 소송을 진행한다면 빠른 재건축은 포기해야 하기 때문이다. 그리고 아파트의 재건축 사업성이 좋은 경우에는 아무래도 협상에서 여유로울 수밖에 없다. 또한 상가 소유주가 아파트를 받을 경우 큰 평형을 받을 수 있다. 강남권에서는 이마저도 엄청난 장점이 될 것이다.

1기 신도시 투자로 주목할 만한 지역들

1기 신도시 중에서는 아무래도 분당이 가장 좋다. 1기 신도시 중 아파트가 가장 비싼 지역인데 그만큼 인기가 좋다는 뜻이기 때문에 투자자 진입이 가장 활발한 지역이다. 분당 안에서도 서현동, 수내동, 정자동, 이매동이 좋다. 그중에서도 서현동 시범단지, 수내동 양지마을과 파크타운, 정자동 상록마을 우성, 이매동 역세권 등 시세를 이끄는 아파트의 단지내상가라면 더 좋을 것이다.

그럼 미금동, 분당동, 야탑동, 오리역 근처는 별로일까? 그렇지 않다. 서현동, 수내동, 정자동, 이매동이 오르면 이들 지역도 오른다. 분당처럼 큰 지역으로 묶이는 1기 신도시들은 시차를 두고 비슷하게 움직인다는 장점이 있다. 내가 가진 단지의 재건축이 느리더라도 선도지구가 빠르게 재건축을 진행한다면 그 지역 전반으로 관심이 퍼져나가는 경향이 있다.

일부 선진입 투자자들은 일산, 산본, 중동, 평촌을 아주 저렴하게 매수하는 전략을 선택하기도 한다. 그 결과는 분당을 비싸게 산 것보다 더 좋을 수 있다고 본다. 필자가 분당에 270평 이상의 대지지분을 확보했다면, 일산에도 그런 투자자들이 존재하는 것이다.

제7장

외식업 · 창업 트렌드

by 와이직

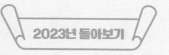

맛보다 공간이 중요하다

2023년, 언제 종식될지 알 수 없던 코로나19 팬데믹이 드디어 끝나고 사람들이 예전의 일상으로 돌아갔다. 그러나 예전처럼 편하고 쉽게 해외 여행을 떠나기에는 아직 부담이 있었고, 그런 수요들을 만족시키는 가게들이 2023년도에는 큰 유행이었다. 사실 이러한 트렌드는 2022년부터 시작되었지만 2023년에 가속화되었다.

인테리어의 하이퍼리얼리즘

쉽게 예를 들면 일본 음식을 파는 가게는 정말 일본에 온 듯한 느낌을 주고, 동남아 음식점은 그 나라 음식뿐 아니라 분위기와 공간을 함께 제공하는 곳이 인기였다. 이때 포인트는 어설프면 안된다는 것이다. 진짜 같은 느낌, 그러니까 하이퍼리얼리즘(Hyperrealism)이 중요하다.

TTT(Time To Travel)라는 업체는 이름 그대로 여행을 온 듯한 느낌을 주는 가게를 만든다는 철학을 가진 회사인데 이번 코로나 시즌에 엄청나게 성장을 했다. 이곳에서 만든 가게는 외관에 한글이 하나도 없다. 진짜 해외에 온 듯한 감성을 주는 공간과 음식으로 많은 소비자들의 사랑을 받는다.

샤로수길 키요이오뎅바

부산 전포 바리치

용리단길 꺼거

용리단길 효뜨

런던베이글뮤지엄은 이름처럼 베이글이라는 아이템에 유럽에 온 듯한 감성을 잡아서 성공했다. 그냥 맛있는 베이글만 파는 것으로는 이 정도 폭발력이 없었을 텐데 유럽 감성이 나는 공간까지 제공했기 때문에 더 폭발적인 사랑을 받았다고 생각한다.

런던베이글뮤지엄의 성공으로 인해 유럽 감성의 공간에 베이커리 카페를 기획한 곳들이 유행처럼 생겼다. 용리단길 테디뵈르하우스라는 곳 역

런던베이글뮤지엄

용리단길 테디뵈르하우스

송리단길 진저베어

시 프랑스에 온 듯한 공간에서 크로와상을 메인 메뉴로 파는 가게이다. 송리단길에 위치한 진저베어도 유럽에 온 듯한 감성 공간에 파이라는 메인 메뉴로 인기를 끈다.

물론 베이커리 카페는 미리 빵을 만들어두고 소비자들이 집어가는 그랩 앤 고(grab & go) 시스템이라 매출의 상방경직성(上方硬直性)이 적기 때문에 유리하기도 했겠지만, 유럽에 온 듯한 감성을 주는 공간도 제대로 먹혔다고 본다.

그럼 한식은 어떠한가? 복고(retro) 열풍이 불었던 한국에서는 이른바 '찐' 노포 느낌이 나는 하이퍼리얼리즘 공간이 인기였다. 새로 생긴 가게인데도 기존에 오랫동안 있던 노포처럼 보일 정도로 세밀한 공간설계와 인테리어가 먹혀들었다. 아무래도 요즘 세대에게는 오래된 것이 오히려 신기하게 다가오는 부분이 있어서 더 열광하는 듯하다.

이런 트렌드를 선도한 대표적인 매장으로는 남영동의 상록수라는 공

남영동 상록수

간이 있다. 상록수의 인기 이후 남영동의 양문, 부산의 두루미 등 '찐 노포' 감성의 공간들이 많이 생겨났다.

종합적으로 이야기하면 2023년의 소비자들은 단순히 음식맛만으로는 식당을 찾아가야 할 이유를 느끼지 못하고, 공간의 감성까지도 중요하게 생각한다. 그리고 그 공간은 정말 하이퍼리얼리즘한 공간이어야 한다.

건강까지 생각하는 '헬시 플레저'

코로나19 팬데믹의 또다른 영향인지 아니면 한국이 선진국화되어서인지, 이제는 맛만 있고 몸에 좋지 않은 것들을 별로 안 좋게 생각한다. 소비자는 이제 맛도 있고 건강까지 챙길 수 있는 음식을 선호하게 됐다.

아래 표는 샐러드 전문점 샐러디의 매장 수 변화를 보여주고 있다. 표

남영동 양문(좌)과 부산 두루미(우)

를 보면 해가 지날수록 매장이 늘어나고 있는 것을 알 수 있다. 이 글을 쓰고 있는 2023년 8월 현재는 매장 수가 320개를 돌파한 상황이다. 실제로 샐러드 시장은 점점 커지고 있다. 샌드위치와 샐러드를 취급하는 프랜차이즈인 써브웨이, 하와이식 비빔밥이라 할 수 있는 포케 전문점 슬로우캘리 등이 지속적으로 성장하고 있는 점도 이러한 맥락과 일치한다.

샐러드나 포케 등 채소가 많이 들어간 건강식 브랜드들이 급격하게 성장하는 모습을 보면 확실히 요즘은 예전에 아무 곳에나 갖다 붙이던 웰빙(well-being)의 시대보다 오히려 한발 더 나아간 모습을 볼 수가 있다. SPC나 동원 등 식품대기업들도 샐러드 브랜드를 운영 중이다.

음료 시장에서는 제로칼로리가 강세인 것을 볼 수 있었다. 코카콜라의

건강식 브랜드의 매장 수 변화

■ 슬로우캘리　■ 샐러디　■ 써브웨이

	2019	2020	2021	2022
슬로우캘리			33	78
샐러디	63	115	249	332
써브웨이	367	436	481	516

(출처 : 브랜드별 공식 홈페이지 자료를 가공)

매출 중에서 제로콜라의 비중은 2022년 기준으로 20%까지 높아졌다고 한다. 또 편의점에서도 제로칼로리 탄산음료의 판매 비중이 2022년 기준으로 32%까지 높아졌다는 걸 보면 앞으로는 모든 사람이 제로 음료만 먹는 시대가 오는 게 아닌가 싶을 정도다. 심지어 소주도 '제로 슈가' 열풍이 불었다. 롯데칠성에서 나온 새로가 히트를 치니 곧바로 하이트진로에서도 진로 제로 슈가를 판매하기 시작했다.

최근 들어 제로칼로리 음료에 들어가는 아스파탐의 유해성 논란 때문에 조금은 시들해진 경향이 있지만, 그럼에도 성장세는 계속되는 추세다. 시장조사 전문기관 유로모니터에 따르면 국내 제로칼로리 탄산음료의 시장 규모는 2016년 903억 원에서 2021년 2,000억 원대로, 5년 만에 두 배 이상 성장했다. 예전의 다이어트 콜라는 맛이 없어서 사람들의 관심이 적었지만 이제는 제로칼로리면서도 맛까지 잡으면서 즐겨 찾는 소비자들이 점점 많아지는 걸 볼 수가 있다.

음료뿐만 제과 분야에서도 건강을 강조한 제품의 판매가 잘 되고 있다. 롯데제과는 제과뿐 아니라 글로벌 종합식품시장에 진출하겠다며 사명을 롯데웰푸드로 변경했는데, 이때 내건 슬로건은 '헬스 앤 웰니스(Health & Wellness)'다. 이와 함께 건강을 중시하는 소비 트렌드에 맞춰 무설탕 디저트 브랜드 '제로'를 시장에 내놓았고 2023년 6월까지 판매량 2,000만 개를 돌파했다.

뺄수록 잘 팔린다 … 제로슈거 전성시대

(영남일보 2023-08-31) 음료 시장에서 두드러지던 '제로 슈가' 열풍이 식품업계 전반으로 확산되고 있다. 설탕을 대체하는 인공감미료인 '아스파탐'이 유해성 논란에 직면하기도 했지만, 저당 및 저칼로리 제품 등 건강한 음식의 인기는 더욱 뜨거워지는 추세다. (…) 글로벌 시장조사회사 유로모니터에 따르면, 국내 저당 시장 규모는 2016년 903억 원에 불과했다. 하지만 지난해에는 3,000억 원을 넘어선 것으로 추정된다. 올해는 더 많은 소비자가 저당 식품을 찾을 것으로 예측된다.

와인 지고 위스키와 하이볼 떴다

2022년까지 성장했던 국내 와인 시장이 2023년 들어 주춤했다. 한국주류시장 통계 포털에 따르면 와인 수입액은 2013년 1억1,652만 달러에서 2022년 5억6,554만 달러로 10년간 4.85배라는 가파른 성장을 했다.

그러나 전년 대비 성장률을 보면 2021년에는 69.6% 늘었던 와인 수입액이 2022년에는 3.8% 증가하는 데 그쳤다. 수입량을 보면 2023년 5월까지는 2만6,176톤이 수입되었는데, 이는 지난해 같은 기간의 2만9,532톤보다 11.4% 감소한 수치다.

수입액도 2억2,835만 달러로 전년 동기의 2억5,108만 달러와 비교했

부트2024:부자되는 트렌드

을 때 9.1%가 줄었다. 현실에서 눈으로 확인하는 것도 가능하다. 대기가 길기로 유명했던 성수동의 와인바들에 대기손님이 없어진 것을 볼 수가 있다. 강남 쪽도 마찬가지이다.

그러나 위스키 시장은 정반대다. 2023년 5월까지 위스키의 누적판매량은 역대 최대치를 기록했다. 위스키는 알코올 도수 40도가 넘는 고도수이기 때문에 개봉한 이후에도 장기간 보관이 용이하다. '홈술'과 '혼술'이 하나의 문화로 자리 잡은 상황에서 오랜 시간에 걸쳐 천천히 음미하며 마실 수 있다는 장점이 다른 주종과 비교해 경쟁력으로 자리잡고 있다. 그러다 보니 고급주류로 인식되어 온 위스키가 오랜 기간 먹을 수 있다는 점에서 최근엔 오히려 가성비 주류로 인식되고 있다.

뛰어난 보관성과 함께 '힙'해 보이는 하이볼 문화가 폭발적으로 퍼진 것도 위스키 시장의 성장에 크게 기여했다. 하이볼을 판매하는 식당이 많아

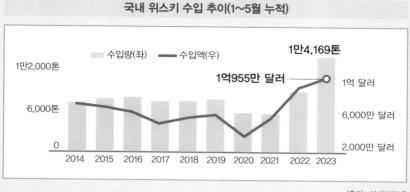

국내 위스키 수입 추이(1~5월 누적)

(출처 : 아시아경제)

지면서 위스키 소비량이 엄청나게 늘어났다. 하이볼은 위스키에 탄산을 섞은 음료다. 일반적인 탄산수, 진저에일, 토닉워터 등 무엇을 섞느냐에 따라 맛이 달라진다.

우리가 흔히 아는 하이볼의 원조는 일본의 산토리 위스키로 만든 것이다. 독하고 비싸고 쓴 위스키에 탄산수를 더하니 가볍고 싸고 청량해졌다. 일본의 젊은 세대들이 하이볼을 많이 먹기 시작하면서 한국으로도 넘어왔다. 우리나라와 일본은 문화적으로 연결될 수밖에 없는 가깝고도 먼 나라인 듯하다.

현재는 산토리 수요가 너무 많아서 물량 공급에 차질이 있을 정도다. 가게에서 산토리 위스키를 공급받으려면 다른 잘 안 팔리는 위스키를 끼워서 받아야 할 정도라고 한다. 일본 현지 분위기의 이자카야 매장은 산토리 하이볼이 없으면 소비자들이 인정하지 않는 분위기라서 비싸더라도 산토리 위스키를 꼭 쓰려는 경향이 있다.

사실 외식업을 하는 입장에서 하이볼의 유행은 반갑다. 왜냐면 소주나 맥주는 한 병의 가격이 1,000원만 상승해도 소비자가 민감하게 반응하지만 하이볼은 8,000원에서 1만 원까지 받아도 소비자들의 가격저항이 크지 않기 때문이다. 또한 한 사람당 한 잔씩 시키기 때문에 객단가 면에서도 유리하다.

또한 하이볼은 매장별 시그니처 메뉴를 만들어서 차별화할 수도 있다. 이자카야가 아니라 다른 메뉴를 파는 식당도 우리 매장만의 하이볼을 제조한다면 인기메뉴로 자리매김할 수 있어서 기성 소주나 맥주보다 훨씬 유리한 부분이 많다. 닭 특수부위로 유명한 식당 송계옥도 얼그레이 하이볼을 판매하면서 다른 식당과 차별화시키고 더 유명하게 만들었다.

얼그레이 하이볼(위)과 산청하이볼(아래)

또한 최근에는 우리나라 전통주에 탄산을 섞은 하이볼도 유행하고 있다. 교대이층집을 만든 세광그린푸드의 또다른 고깃집 브랜드인 산청숯불가든에는 우리나라 전통 약주인 솔송주에 탄산을 더한 산청하이볼을 시그니처 메뉴로 내놓았다.

와인은 이런 커스터마이징이 어려운데 위스키나 전통주를 이용하면 해당 매장만의 시그니처 주류를 만들 수 있다. 이러한 하이볼이 일반 식당에서 판매되면서 하이

(제공 : 송계옥 본사 / 산청하이볼도 산청숯불가든)

볼이 더 유행하는 계기도 된다. 이러한 이유로 2023년은 하이볼의 시대였고 앞으로도 이 트렌드는 꽤 오랫동안 계속되지 않을까 한다.

해외음식
: 중국 간식과 멕시칸 요리

중국 음식에 대해 이야기하려면 우리나라 인력시장에 대해 이야기하지 않을 수가 없다. 지금은 이른바 3D(Difficult, Dirty, Dangerous) 업종의 인력시장을 동남아와 몽골 등 다양한 나라 사람들이 채우고 있지만 불과 10년 전만 해도 외국인 노동자의 대부분은 중국인과 조선족이 대부분이었다.

그러다 보니 자연스럽게 중국인이 모여 사는 차이나타운이 서울 대림동이나 자양동 등에 생겨나게 된다. 지금도 대림동을 가보면 여기가 중국인가라는 생각이 들 정도다.

대림동과 자양동의 중국음식 문화 중에서 다른 지역으로 대중화된 대표적 음식이 양꼬치다. '양꼬치엔 칭따오'라는 말이 유행할 정도로 붐이 일어났다. 시작은 건대입구의 양꼬치 골목이었는데 그걸 이어받아서 한국화된 양꼬치 프랜차이즈도 많이 생겨났다.

양꼬치에서 마라탕으로, 다시 탕후루로

양꼬치 프랜차이즈는 2013년부터 본격적으로 생기기 시작했다. 연도별 양고기 수입량을 확인해보면 2013년부터 3년간 거의 두 배 가까운 성장을 했다. 이와 함께 중국 맥주인 칭따오의 매출도 증가하는 모습을 볼 수 있다.

양꼬치의 바턴을 이어받은 것은 2017년도부터 시작된 마라탕의 유행이다. 중국의 대표적인 외식 메뉴 중에 훠궈가 있는데, 중국 훠궈 브랜드 중 가장 유명한 하이디라오는 2023년 6월 기준 시가총액이 17조 원에 달한다. 마라탕은 훠궈와 비슷한 음식이다. 훠궈가 샤브샤브처럼 육수에 재료를 데쳐 먹는 스타일이라면 마라탕은 다 넣어서 이미 조리가 되어 나온다

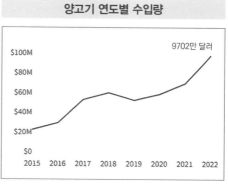

양고기 연도별 수입량

9702만 달러

$100M
$80M
$60M
$40M
$20M
$0
2015 2016 2017 2018 2019 2020 2021 2022

(출처 : tridge.com)

는 차이가 있다.

　2023년 현재까지도 마라탕의 인기는 지속되고 있다. 프랜차이즈의 기획 메뉴로도 자주 등장하는데, 찜닭 브랜드인 두찜에서는 마라로제찜닭을 출시했고, 롯데리아에서도 마라맛 햄버거를 출시했다. 프랜차이즈는 대중을 상대로 장사를 하기 때문에 대중이 많이 찾는 것을 바탕으로 기획하는데 아직도 마라를 이용한 메뉴 개발이 많이 이뤄지고 있는 것이다. 2017년에 시작된 유행이 2023년까지도 이어지는 걸 보면 이제 마라탕은 하나의 음식 카테고리로 자리를 잡은 듯하다.

　양꼬치, 마라탕에 이어서 요즘은 중국 간식이 인기다. 대표적인 것은 탕후루다. 탕후루는 중국 북경을 대표하는 전통 간식으로 긴 막대에 산사나무 열매나 다양한 과일을 끼우고 설탕 코팅을 입혀 달콤바삭하게 굳힌 것이다. 몇 년 전부터 국내에도 탕후루 브랜드들이 생겨났는데 2023년을 기점으로 폭발적으로 성장하기 시작했다. 네이버 검색어 트렌드만 봐도

탕후루의 폭발적 성장을 확인할 수가 있다.

　국내 1등 브랜드의 경우 2022년까지 오픈한 매장이 40개 정도였는데, 2023년 1월부터 5월까지 네 달 동안에만 120개 정도를 추가로 오픈했다. 이러한 추세라면 아마 탕후루도 양꼬치와 마라탕처럼 하나의 카테고리로 자리 잡을 수 있다고 생각한다. 알파세대로 불리는 초등학생들에게는 '마라탕 → 탕후루 → 코인노래방'으로 이어지는 코스가 하나의 놀이 문화로 자리 잡고 있는 중이다.

　탕후루 외의 또 다른 중국 간식으로는 곤약에 양념을 해서 무친 설곤약, 중국식 쫀드기인 라티아오 등이 있다. 이러한 중국 간식은 한동안 트렌드로 자리 잡을 것 같다.

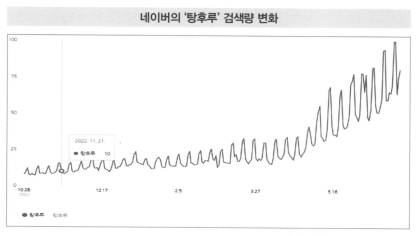

네이버의 '탕후루' 검색량 변화

(출처 : 네이버 트렌드에서 탕후루 검색)

멕시칸 음식, 이제 뜰 때도 됐지

미국에서 가장 대중적인 음식은 햄버거와 피자이지만, 그 다음으로 대중적인 카테고리는 아마도 멕시칸 푸드일 것이다. 멕시코 사람들의 주식은 옥수수다. 옥수수가루를 반죽해 넓적하게 구운 토르티야라는 빵을 밥처럼 먹는다. 토르티야에 고기, 야채, 치즈 등을 얹어 먹기도 하는데 반죽을 여미지 않으면 타코, 완전히 여미면 부리또라는 이름이 붙는다.

미국에서 멕시칸 푸드의 대중화는 타코가 이끌었다. 미국에서는 아이들 소풍 도시락으로 타코를 싸가기도 하고 직장인들이 햄버거나 피자를 점심으로 먹듯이 타코도 많이 먹는다. 우리나라로 따지면 김밥과 같은 메뉴다.

타코의 대중화를 이끈 브랜드는 타코벨이다. 창업자 글렌 벨(Glen Bell)의 이름을 합쳐 만든 이름이다. 글렌 벨  은 미국 해병대 조리병 출신으로 2차 세계대전 참전자이기도 하다. 1962년 해병대에서 전역한 뒤 LA 근교에 처음으로 매장을 열었으며 현재 미국 내 5,000개 이상의 매장, 그 외의 국가에서는 240여 개의 매장이 생겨났다. 현재는 글로벌 요식업 브랜드인 염 브랜드(Yum Brands)가 타코벨을 보유하고 있다. 염 브랜드는 KFC, 피자헛 등 유명한 레스토랑 프렌차이즈를 여러 개 보유한 회사다.

타코벨의 경쟁 업체는 '텍스-멕스'라 불리는 텍사스식 멕시코 음식 프

 랜차이즈 치폴레 멕시칸 그릴인데 사실상 현재는 타코벨보다도 인기가 좀 더 높은 편이다. 타코벨보다 음식의 퀄리티가 훨씬 좋기 때문이다. 미국 학생들이나 한국 유학생들에게도 인기가 많다. 치폴레 멕시칸 그릴의 또 다른 특징은 들어가는 재료를 직접 고를 수 있다는 점이다. 원하는대로 커스터마이징 해서 먹는 것은 MZ세대들에게 안성맞춤인 트렌드다. 현재 전 세계에 3,000여 개의 매장이 있지만 중기적인 목표 매장 수는 7,000개로 계속해서 성장 중인 기업이다.

미국에서 이 정도로 대중화된 음식이라면 보통 한국에도 들어오기 마련이다. 하지만 타코벨의 경우는 1991년 한국에 진출했으나 큰 재미를 보지 못했다. 몇 년 후 철수했다가 다시 2010년도에 들어왔지만 역시나 이번에도 성공을 거두지는 못했다. 현재는 인천공항 내 3개 지점을 포함하여 국내에 11개 지점밖에 남아 있지 않다.

타코벨뿐만 아니라 미국에서 온 멕시칸 음식 브랜드인 온더보더도 2007년 한국에 들어왔지만, 특수상권인 백화점과 몰에만 10여 개 매장이 있을 뿐 크게 확장하지는 못했다.

개인 브랜드 중에서는 이태원에서 시작한 바토스가 가장 선구자인데 이 역시 현재는 매장 수가 많지 않고 네 곳의 특수상권 위주로만 확장한 것을 볼 수가 있다. 2012년 강남역에서 시작한 훌리오 역시 종각 등으로 매장을 확장하였으나 현재는 축소되어 수원점과 야탑점의 두 곳만 남아 있다. 또한 2011년 가로수길에서 시작해 홍대와 압구정까지 확장을 했던 그릴5타코라는 업체도 현재는 사라졌다.

멕시칸 푸드가 이렇게 고전을 면치 못하는 이유는 무엇일까? 운영을 못 해서라기보다는 시장에 너무 빠르게 진입해서라고 생각한다. 우리나라에서는 아직 햄버거조차도 저가 햄버거가 아닌 이상 수요가 한정적이고 제법 고가인 수제버거는 타깃이 20~30대로 명확하다. 그러나 다운타우너, 쉐이크쉑, 슈퍼두퍼, 파이브가이즈 같은 브랜드가 생겨나면서 고가 수제버거 시장도 점차 대중화되어 가고 있는 추세이다.

2010년대 초반에 멕시칸 푸드를 선도했던 브랜드들 역시 너무 빠르게 시장에 나왔다. 힘들게 저변을 넓혔지만 크게 성공을 하지는 못했고, 멕시칸 푸드라는 것을 알리는 데만 힘쓴 꼴이 되었다. 2010년도 중후반에 나온 브랜드들은 그나마 조금씩 성장을 하고 있는 중이다.

2017년에는 '한국의 치폴레'라고 불리는 쿠차라가 생겨나서 현재까지 열 곳의 직영매장을 운영 중이다. 쿠차라는 곰표밀가루를 만드는 대한제분에서 운영한다. 치폴레와 비슷한 방식으로 운영을 하기 때문에 미국에서 치폴레를 맛보고 그리워하는 사람들이 자주 방문한다. 또 2017년에 시작한 갓잇이라는 멕시칸 푸드 전문점도 직영점으로 열 개 매장을 운영하고 있다.

이렇듯 2010년도 후반에 생긴 브랜드들은 조금씩 자리를 잡아가고 있지만, 그렇다고 아직 완전히 대중화되었다고 보기는 힘들다. 이들은 약한 대중성을 보완하고자 핫플레이스나 특수상권에만 매장을 열고 있는데, 이것이 그나마 나은 이유는 이런 상권에 오는 수요층은 평범한 음식보다 평소에 먹지 않는 음식을 선호하기 때문이다.

그런데도 이런 상황에서 다시 타코에 주목하는 이유가 있다. 바로 미국 현지에서 일어난 비리아 타코 열풍 때문이다. 멕시칸 푸드 브랜드가 조금씩 확장되고 있는 와중에 틱톡에서 비리아 타코의 영상이 이슈가 되면서 단숨에 센세이션을 일으켰다.

'비리아'는 멕시코 할리스코 지방의 염소고기 스튜인데, 영상 속 비리아 타코는 스튜 속 고기를 토르티야에 넣고 고기를 건진 국물에 타코를 찍어 먹는 방식이었다. 이것이 미국에서 이슈가 되어 버린다. 급기야는

비리아타코

2021년 구글 트렌드 음식 1위에 비리야 타코가 선정되었다. 2위는 인도네시아 볶음밥인 나시고렝, 3위는 페타치즈로 만드는 페타파스타였다.

우리나라에서는 다운타우너와 노티드를 만든 GFFG와 맥주회사인 더부스가 합작해서 더타코부스라는 브랜드를 만들고, 비리아 타코를 주요 메뉴로 해서 2022년에 오픈한다. 그리고 연달아 을지로에 올디스타코라는 가게가 오픈하며 우리나라 타코 트렌드에 한 번 더 센세이션을 일으킨다. 멕시코 사람 느낌의 콧수염을 기른 사장님과 레트로한 미국 감성의 내외관, 미국의 도리토스 과자를 활용한 메뉴, 조리 과정을 보여주는 오픈 주방 등으로 단숨에 전국에서 가장 유명한 타코집이 된다. 이 가게도 물론 비리아 타코를 판매한다.

더타코부스(좌)와 올디스타코(우)

한국에서 동양음식이 자리잡는 데에는 생각보다 시간이 오래 걸리지 않는 반면, 서양음식이 자리 잡는 데에는 상당한 시간이 걸린다. 하지만 아마 세대가 바뀔수록 햄버거와 멕시칸 푸드 등 서양음식 시장은 점점 더 커지지 않을까 한다. 햄버거의 경우에도 맥도날드, 버거킹, KFC 같은 글로벌 프랜차이즈만 운영되던 시기가 있었지만 현재는 맘스터치, 프랭크 버거 같은 국내 프랜차이즈 브랜드와 함께 개인 브랜드도 엄청나게 많아진 것처럼 말이다.

미국에서 메가트렌드로 자리잡은 비리아 타코라는 아이템이 우리나라에 상륙한 만큼, 오랫동안 비주류 카테고리로 인식되어온 멕시칸 푸드의 대중화에도 어느 정도 불이 붙을 것으로 예상된다.

경기불황

: 식당도 가성비 시대

코로나19 팬데믹의 시기, 유동성 살포로 인한 급격한 자산 상승이 최근 몇 년간 이뤄졌다. 아직 이익을 실현하지 않은 시점에서는 마치 사이버 머니와 같은 것이지만, 그럼에도 마치 경제적 자유를 이룬 것 같은 기분에 많은 사람들이 퇴사도 하고 명품도 사고 오마카세도 먹었다.

그 반사이익으로 고가 음식 시장이 엄청나게 성장한다. 스시와 일식에만 국한되었던 오마카세가 소고기, 양고기, 돼지고기, 바비큐 등등 다양한 업종에서 생겨났다. 패스트푸드였던 햄버거도 고든램지 버거와 같이 3만 원에 달하는 초고가 버거가 한국에 들어와 인기를 끌기 시작한다.

그러나 2023년에는 다시 '비정상의 정상화'가 이뤄진다. 급격한 금리인상으로 인해 자산시장이 무너지면서 세상이 다시 달라진 것이다.

무한리필 식당을 주목하라

경기침체가 발생하면 사람들이 가장 먼저 소비를 줄이는 부문이 바로 외식비이다. 그 영향 때문에 2024년에는 고가 하이엔드 음식점들이 지고 저가 또는 무한리필 식당이 다시 한 번 인기를 끌 것이라고 예상된다. 이런 것을 보면 자산시장과 마찬가지로 외식시장 트렌드 역시 돌고 도는 듯하다.

2008년도 서브프라임모기지 사태가 터진 이후의 기사를 보면 뷔페식당, 무한리필 식당이 인기인 것을 볼 수가 있다.

뷔페형 음식점, 시장으로의 복귀

(이투데이 2008. 02. 18) 최근 창업시장에서는 하락세를 면치 못했던 뷔페형 음식점이 현대식 옷을 갈아입고 시장에 재등장했다. 18일 업계에 따르면 경제 불황이 이어지며 상대적으로 저렴한 가격에 마음껏 다양한 메뉴를 먹을 수 있는 뷔페가 다시 주목받기 시작한 것.

특히 최근 등장한 뷔페는 잡식성 뷔페가 아니라 한 가지 아이템을 중심으로 한 전문형 뷔페로, 테마를 내세운 뷔페가 인기를 끌고 있다. 고기뿐만 아니라 초밥이나 샤브샤브, 베이커리, 하우스맥주와 같은 메뉴를 입맛에 따라 골라 먹을 수 있도록 다양하게 제공하는 것이 특징이다. (…)

역사는 반복된다. 예전에 유행했던 뷔페식 식당과 무한리필 또는 저렴한 고깃집의 역사를 살펴보면 미래를 어느 정도 예측할 수 있을 것 같다.

재테크 매거진 '이것이 돈이다!'

(서울경제 2009. 01. 13) 2009년 새해는 글로벌 경제 침체로 인한 불안감을 안고 출발하게 됐다. 창업 시장 역시 이를 고스란히 반영. 안정적인 수익 창출이 가능한 아이템 위주로 창업 수요가 몰릴 전망이다. 또 연이은 먹을거리 파동으로 인해 식품 안전성을 높인 외식 업종이 인기를 얻을 것으로 보이며 '카페형 점포', '투자형 창업', '건강 및 레저 업종' 등도 꾸준히 성장할 것으로 예상된다.

◇ 가격 파괴 업종 몸값 높아진다 = 불황이 깊어질수록 저가 전략이 효과적이라는 사실은 이미 11년 전 외환위기 때에 경험한 바 있다. 제2의 IMF'라고 불리는 요즈음 저가 가격 파괴 아이템이 다시 한 번 인기를 끌 것으로 보인다. 다만 이전과 달리 품질이 뒷받침된 가격 파괴 전략이 아니고서는 성공할 수 없게 될 것이다. 단순히 제품의 가격을 낮추는 것이 아니라 유통 구조 개선, 인건비 등 비용 절감을 통해 가격 경쟁력을 확보하는 업체만이 살아남을 것으로 보인다. (…)

먼저 우리나라 샐러드 바의 역사를 한번 살펴보겠다. 샐러드바 형식을 뷔페식 레스토랑에 도입한 것은 1997년 시작한 CJ의 레스토랑 브랜드인 빕스였다. 지금은 매장이 거의 없어졌지만 샐러드바의 선풍적인 인기를 몰고 왔다.

2003년도에는 애슐리가 등장한다. 애슐리는 좀 더 다양한 종류의 음식을 좀 더 저렴한 가격에 제공하면서 주말이면 모든 애슐리 매장이 만석일 정도로 인기를 끌었다.

2013년에는 한식뷔페가 유행을 이끈다. CJ의 계절밥상, 이랜드의 자연별곡, 신세계 올반은 엄청난 센세이션을 일으켰다. 특수상권인 몰이나 백화점에는 대부분 이중 한 곳이 어김없이 앵커 테넌트(anchor tenant)로 입점할 정도였으니 말이다. 앵커 테넌트란 상가나 쇼핑몰에 고객을 끌어모으기 위해 전략적으로 입점시키는 핵심 점포를 뜻한다. 상권 전체의 유동인구를 좌우할 정도로 중요성이 크기 때문에 앵커 테넌트 상점을 입점시키기 위한 쇼핑몰 간의 경쟁도 치열하다. 다만 아쉽게도 그 인기는 4~5년 만에 급속도로 식었다.

시장의 유행은 반복되는 것

4인분을 시키면 4인분을 더 주는 수입산 소고기 판매점 그램그램도 2013년에 시장에 나왔다. 한식뷔페가 생긴 시점과 비슷한 것을 보면 그 시점에 불황형 아이템이 잘 먹힌 것으로 보인다. 그램그램도 가맹사업을 시작한 지 1년 만에 200호점을 돌파한다. 2016년도에 시작한 엉터리생고기 두 번째 이야기 무한리필도 길게 가진 못 했지만 꽤 빠른 성장을 보여준다.

과거 사례를 보면 이런 무한리필 식당, 뷔페식 식당, 저가 식당들이 몇 년 주기로 빠르게 성장했다가 사라지는 것을 볼 수가 있다. 2023년도는 그나마 부동산 시장과 주식시장이 반등하는 모습을 보이면서 2022년도와 대비해서는 괜찮아졌지만, 그래도 많은 사람들이 경제적으로 큰 타격을 받았을 것이다. 따라서 2024년도에는 이런 저가형 아이템, 무한리필 식당, 뷔페식 식당이 다시 한 번 선전할 가능성이 크다고 생각한다.

부트2024: 부자되는 트렌드

자동화
: 로봇 종업원 전성시대

외식 창업자 입장에서는 임대료 상승도 부담스럽지만, 그보다 더욱 부담되는 것은 인건비이다. 지난 정부 시절 최저임금이 급격하게 상승하며 일본을 훌쩍 추월한 데 이어, 유럽 정상권인 프랑스를 넘보는 수준에 이를 전망이다. 게다가 우리나라는 OECD 국가 중 몇 안 되는 주휴수당을 주는 국가다.

요즘 젊은 세대 사이에는 안티워크(anti-work)가 트렌드라고 한다. 코로나19 팬데믹을 겪으면서 일을 해서 돈을 벌어도 행복해질 수 있다는 믿음이 사라졌다는 것이다. 그 때문인지 현장에서는 인력을 구하기가 쉽지 않고, 아르바이트를 구하는 사람들도 외식업 같이 힘든 일은 기피하는 추세이다.

그 결과 매장에서는 비싸진 인건비와 인력난을 극복하기 위해 로봇과 기계로 인력을 대체해 나가고 있다. 선결제하는 매장들은 최근 몇 년간 대부분 키오스크를 도입한 것 같다. 또한 태블릿PC를 이용해서 테이블에서 바로 주문하는 방식은 일본에서 6~7년 전부터 일반화되었던 것인데 우리나라는 최근 들어서 가속화되는 추세이다.

韓 최저임금, 중위임금 대비 61% 달해…상승률도 G7의 7.4배

(한국경제 2023.06.18.) (…) 최저임금이 가파르게 치솟으며 압도적인 아시아 최고를 차지한 데 이어 영국, 독일, 베네룩스 3국 등과 함께 유럽 정상권인 프랑스를 넘보고 있다. 과도한 최저임금 인상으로 "더는 못 버틴다"는 '절규'가 영세 중소기업·자영업자 사이에서 쏟아지고 있다. (…)

"그냥 쉰다" 4050보다 많다…2030서 벌어진 이례적 현상

(중앙일보 2023.05.16.) (…) 16일 통계청 경제활동조사에 따르면 지난달 비경제활동인구 중 이 같은 '쉬었음' 인구는 20대가 38만6000명, 30대가 27만4000명이다. 두 세대를 합치면 66만명에 달한다. 40대와 50대의 쉬었음 인구는 총 61만3000명인데 이보다 많은 수준이다. 관련 통계를 집계하기 시작한 2003년 이후 4월 기준 20·30대의 쉬었음 인구가 40·50대보다 많아진 건 지난달이 처음이다. (…)

무인점포의 인기와 한계

최근에 많이 생긴 무인 편의점, 무인 아이스크림점, 무인 카페도 이런 최근 트렌드와 궤를 같이한다. 여기에 자산시장이 안 좋아지자 부수입이 필요해진 직장인들이 뛰어들면서 무인 매장의 인기가 치솟았다.

미국의 빅테크 기업인 아마존은 2018년에 아마존고라는 이름으로 무인 편의점 사업에 진출한 적이 있다. QR코드를 이용해서 편의점에 입장하고, 사려는 물건을 들고 매장 밖으로 나가면 수십 대의 AI 카메라가 감지해서 자동으로 계산을 해주는 시스템으로 혁신을 가져왔다.

그러나 이러한 혁신적 기술에도 불구하고 아마존고는 폐점을 하게 된다. 그 이유는 기술의 신기함 외에 특별한 것이 없었기 때문이다. 무인 편의점이라도 어쨌든 편의점으로서의 기능을 잘 해야 소비자들이 많이 이용할 텐데 정작 그 부분에서 미흡했다는 평가를 받고 있다.

샌프란시스코에서는 크리에이터라는 이름의 세계 최초 로봇 햄버거 가게가 2018년 6월에 탄생한다. 그러나 막대한 비용을 들여서 오픈한 크리에이터도 현재 상황이 좋지 않다는 이야기를 업계 관계자에게 전해 들었다. 그 이유는 아마존고와 같다. 그저 로봇이 햄버거를 만든다는 신기함 외에 특별한 점이 없는 것이다.

결국 음식점에서 중요한 것은 맛있는 음식과 깨끗한 매장, 친절한 직원, 그리고 무언가 특별한 가치를 제공하는 것이다. 기술에만 치우친 개발자 마인드로 접근했던 무인 매장들은 모두 실패했다. 어떤 업(業)을 할 때는 그 본질이 무엇인지 파악해서 집중하고, 기술은 그것을 뒷받침하는 쪽으로 접근해야 성공이 가능하다.

로봇으로 치킨을 튀기는 가게라고 가정해보자. 소비자가 원하는 것은 결국 맛있는 치킨이다. 따라서 '치킨을 튀기는 로봇'을 강조할 게 아니라, '맛있는 치킨집인데 알고 보니 로봇이 튀겼다'가 되어야 한다.

그래도 대세는 바뀌지 않는다

그러나 사업의 본질을 뒷받침하는 용도로서의 기술은 필요하고, 앞으로 이 시장은 점점 커질 것으로 확신한다.

미국의 스위트그린이라는 샐러드 가게는 MIT 학생들이 설립한 푸드테크 로봇기업인 스파이스라는 업체를 인수함으로써 샐러드 만드는 시스템을 자동화했다. 스파이스라는 회사는 음식을 준비하는 일곱 개의 회전냄비를 갖춘 기계주방을 설계했다. 고객들이 키오스크를 통해 식사를 선택하면 콩나물, 케일, 콩, 곡물 및 기타 재료들이 회전냄비 안에서 섞인 후 드럼처럼 생긴 기계 중 하나에 떨어진다. 필요하면 자기 유도를 사용해 음식을 가열하기도 한다. 이렇게 인간 주방장 없이 기계가 만든 음식이 고객들에게 제공된다. 스위트그린은 스파이스를 인수하여 이러한 기술을 120개 매장에 접목하려는 계획을 가지고 있다.

맥도날드도 완전 자동화 매장을 꿈꾸고 있다. 2022년 텍사스주에 시범적으로 개장한 매장은 완전 자동화 매장으로, 주문부터 음식 조리에 이르기까지 전 과정을 기계가 알아서 하는 방식으로 운영된다. 맥도날드는 3억 달러 이상을 투자해서 AI를 활용한 대화형 음성기술 스타트업 어프렌트를 2019년에 인수하기도 했다. 이 기술을 이용해서 드라이브 스루 매장에서 음성으로 주문을 하면 바로 컴퓨터에 인식되는 기술을 접목하는 것이다. 이것이 제대로 자리잡으면 드라이브 스루 매장의 인력을 기계가 대체할 수 있게 된다.

우리나라 로봇회사들도 요식업 분야와의 협업을 계속해나가고 있다. 교촌치킨은 뉴로메카라는 회사와 협동로봇을 만들어서 자동화에 나섰고, 바른치킨은 레인보우로보틱스와 함께 만든 바른봇으로 자동화를 추진하

스위트그린, 푸드테크 스타트업 '스파이스' 인수

(로봇신문 2021.08.27.) (…) 보스턴에 위치한 스파이스는 지난 2015년 당시 MIT 기계공학 전공 학부생들이 설립해 화제를 모았다. 이들은 지난 2018년 미슐랭 스타 요리사와 함께 푸드테크 로봇이 배치된 이색 레스토랑 '스파이스'를 보스턴에 열었다.

이 레스토랑은 음식을 준비하는 7개의 자율 회전 냄비가 있는 기계주방을 갖췄다. 고객들은 터치스크린 키오스크를 통해 식사를 선택하기만 하면 콩나물, 케일, 콩, 곡물 및 기타 구성 요소들이 회전 냄비 안에서 섞여 드럼처럼 생긴 기계 중 하나에 떨어진다. 기계 냄비는 자기 유도를 사용해 음식을 가열해 고객들에게 제공한다.

이번에 스파이스를 인수한 스위트그린은 스파이스 인수와 함께 조리과정의 자동화에 힘을 쏟겠다고 밝혔다. 현재 미국 전역에 120여개 지점을 운영하고 있는 스위트그린은 스파이스 기술을 자사 식당 운영에 접목한다는 계획이다. (…)

고 있다.

로봇 주방 스타트업인 웨이브는 프리시리즈A에 대한 50억 원 규모의 투자도 유치했다. 이 회사는 노티드에 도넛 튀김 로봇을 공급했다. 햄버거 자동 조리 기계를 만드는 에니아이는 세계 최대 외식박람회인 NRA쇼에서 혁신상을 받으며 햄버거의 본고장인 미국에서 인정을 받았다. 이를 통해 미국 브랜드에 납품 계획도 많이 잡혀 있는 것으로 알고 있다.

현재는 자금력이 있고 규모가 큰 브랜드 중심으로 로봇이 도입되고 있지만, 아마 빠른 시일 내에 소규모 개인 자영업자들도 로봇을 활용하게 될 것으로 예상한다. 현재도 자영업자들이 사용할 수 있는 로봇들이 많이 출시되어 있다.

예를 들어 중화요리 전문점은 무겁고 큰 중국식 프라이팬인 웍을 사용하는데, 불맛을 내기 위해서는 주방장의 숙련된 웍질이 중요하다. 이러한 웍질을 자동으로 해주는 로봇이 상용화되어 이미 주방장의 역할을 대체하는 중이다. 또한 돌아가는 통에 볶음밥 재료를 넣으면 알아서 골고루 볶아주는 기계도 이미 많이 보급되어 있다. 테이블 사이를 돌아다니는 서빙 로봇은 이미 많은 곳에서 사용중이고 점점 더 늘어나는 추세다.

로봇 대여 비용은 보통 월 100만 원대 형성되어 있고, 구독 시스템으로 운영되고 있다. 사람 한 명을 250만~300만 원에 고용하는 것보다 훨씬 효율성이 좋다 보니 안 쓸 이유가 없는 상황이다. 우리가 생각하는 것 보다 로봇화와 자동화는 빠르게 눈 앞에 펼쳐지고 있다.

숏폼 마케팅
: 더 튀게, 더 빠르게

바햐흐로 숏폼의 시대이다. 숏폼(short-form)은 15초에서 10분 이내의 짧은 영상으로 제작한 콘텐츠를 말하는데 대부분 1분 이내 영상이 주류를 이룬다. 유튜브 플랫폼에서는 쇼츠라고 부르고, 인스타그램 플랫폼에서는 릴스라고 부른다.

불과 10년 전까지만 하더라도 국내에서 사람들이 사용하는 플랫폼은 대부분 네이버였다. 그러다 보니 네이버 블로그 마케팅만으로도 유의미한 홍보 효과를 볼 수 있었다. 그러나 네이버의 시장 점유율은 점점 떨어지고 있으며 콘텐츠 창작자 입장에서도 네이버 플랫폼 검색을 통해서만 유입되는 폐쇄적 구조만으로는 콘텐츠의 확장성이 많이 떨어지고 있다.

반면에 유튜브나 인스타그램은 알고리즘을 통해 사용자에게 추천을 해주는 시스템이다 보니 잘 만들었거나 자극적인 콘텐츠는 아주 빠르게 확산이 된다. 외식 시장에서도 자극적인 음식 영상이나 멋진 공간이 담긴 영상들은 빠르게 확산되고, 그만큼 매장 홍보도 빠르게 되다 보니 숏폼의 영향력이 계속해서 강해지고 있다.

숏폼에서 소비자들의 이목을 이끌려면 보기에 예쁘거나 특이한 음식 또는 소비자의 관심을 끌 만한 매력의 매장 공간을 보여줘야 한다. 과거에는 외식업의 기본 요소라고 하면 '맛, 친절, 위생'이 전부였지만 이제는 거기에 덧붙여서 음식과 공간의 '비주얼'이 중요해졌다.

힙한 식당의 수명이 짧아지고 있다

그러나 아무리 잘 기획한 공간과 멋진 비주얼의 음식이라도 요즘 용어로 '힙'한 가게로 오래 살아남는 것은 쉽지 않다. 캐릭터를 앞세워 한창 줄을 세우고 유행을 일으켰던 도넛가게도 이제는 줄이 없고, 온라인에서는 심지어 할인판매까지 하고 있다. 미국 3대 버거로 유명한 S버거도 처음 들어왔을 땐 센세이션했지만 지금은 주춤한 상황이다. 아보카도를 넣은 D사의 수제버거도 한때 엄청난 인기를 끌었지만 이미 글을 쓰고 있는 현재 시점에도 성수점, 제주점 등 직영점 몇 군데를 철수하였다.

숏폼에 익숙해져 있고 새로운 것을 좋아하는 요즘 수요층을 잘 분석해보면 그 이유를 알 수 있다. 숏폼을 소비하는 주 수요층인 MZ세대는 한 번 간 가게는 다시 가지 않는다. 새로운 곳에서 사진을 찍어 기록을 남긴 후 또 다른 새로운 곳을 찾아 떠나기 때문이다. 그래서 지금 당장 힙한 가게라도 몇 년 뒤까지 힙한 가게로 남아있을 확률은 점점 줄어든다. 시간이 지나면 식상해지기 때문이다.

예전에는 하나의 브랜드를 기획해서 힙한 가게로 만드는 데에 성공하면 최소 4~5년은 지속된 것 같은데 요즘은 그 주기가 점점 짧아지고 있음이 느껴진다. 온라인 숏폼을 통해 새로운 곳들이 쏟아져 나오고, 바이럴 마케팅도 치열해지다 보니 나타난 현상이다.

그래서 요즘은 이른바 핫플레이스에서 힙한 공간을 기획한다면 길게 보고 사업을 하는 것보다는 초반 2~3년 안에 숏폼 마케팅으로 승부를 띄우고, 매출을 일으켜 투자금을 회수하고, 권리금을 받으며 가게를 넘기고 빠져나오는 것이 좋지 않을까 하는 생각이 든다.

프랜차이즈에 유리한 숏폼 열풍

이런 분위기는 오히려 프랜차이즈 브랜드나 편의점 등에 유리한 상황이라고 생각된다. 왜냐면 저가 프랜차이즈 커피 브랜드나 편의점은 매장의 개수가 매우 많은데, 본사에서 신메뉴를 내놓으면 숏폼을 통해 엄청나게 빠른 속도로 입소문이 나기 때문이다. 반면 개인 가게들은 신메뉴를 내놔도 잘 팔리지 않으면 재고부담이 늘어나는 리스크가 있고, 팔릴 수 있는 지역 범위가 좁은 하나의 매장이기 때문에 편의점이나 프랜차이즈 브랜드와 달리 매출 증가 효과를 즉각적으로 느끼기가 어렵다.

예전에는 TV광고 등 대형매체를 통해야 했기 때문에 홍보비용이 많이 들었지만 현재는 숏폼으로 빠르게 입소문을 낼 수 있다 보니 신메뉴를 알리기도 매우 용이한 상황이 되었다. 그래서 편의점과 프랜차이즈 브랜드들은 규모의 경제와 지속적인 신메뉴 기획으로 빠르게 바뀌는 요즘 MZ세대들을 사로잡는 데에 집중하고 있다.

최근 편의점과 프랜차이즈 브랜드들이 오프라인에서 핫한 브랜드들과 콜라보를 진행하는 경우가 많아진 이유도 여기에 있지 않을까 싶다. 예를 들어 GS리테일은 UFC 파이터인 정찬성의 별명인 '코리안 좀비' 캐릭터를 활용해서 에너지음료 2종을 출시했다. 또한 GS는 우유도넛으로 유명한 노티드와 협업하여 아이스크림을 만들기도 하고, 노티드 우유를 출시하기도 했다. 인플루언서가 운영 중인 카멜커피도 GS와의 콜라보를 통해 커피음료를 출시하고 우산까지 만들어냈다. 카멜커피는 뚜레쥬르와도 콜라보를 진행해서 쉐이크와 빵을 출시했다.

아마 콜라보를 기획하는 프랜차이즈 입장에서도 이러한 상품이 오래 갈 것이라고 생각하지는 않을 것이다. 이슈 몰이를 통해서 단타성으로 성과를 올리고, 계속해서 새로운 곳들과의 콜라보를 통해 상품을 기획하는 것을 볼 수 있다. 마치 백화점 내의 팝업 스토어 같은 느낌이다.

외식사업을 준비하시는 분들에게 말씀드리고 싶은 것은 요즘 MZ세대의 트렌드에만 발을 맞추려다 보면 시장에서 오래 살아남기 힘들 수도 있다는 점이다. 그럼에도 트렌드에 발맞춘 기획을 하고자 한다면 마케팅은 필수인 시대다. 외식사업도 점점 더 온라인 기획 및 광고비 싸움으로 흘러가는 느낌이 든다.

MZ세대를 타깃으로 가게를 오픈하고 싶다면 효과적인 마케팅에 대해서 공부를 충분히 한 상태로 오픈하길 바란다. 네이버 플레이스나 인스타그램 릴스를 능수능란하게 활용해서 마케팅할 줄 알아야 한다. 그게 아니라면 유행을 타지 않는 아이템을 선정하고 좀 더 확산된 노리는 것이 오히려 나을 수 있다.

동남아 진출

: 세계로 나아가는 K푸드

계속 이야기한 것처럼 우리나라는 경기불황과 높은 인건비 때문에 외식사업 운영이 상당히 힘들어진 상황이다. 게다가 현재도 우리나라는 인구 10만 명당 식당 수가 다른 나라와 대비했을 때 엄청나게 많다.

인구수는 계속해서 줄어들고, 일할 수 있는 나이대의 사람들도 점점 줄어들며 고령화가 가속화되는 중이다. 우리나라의 인구 피라미드 형태는 심각한 역삼각형 형태로 진행중이다. 정리하자면, 우리나라는 식당 공급이 많은 반면 수요는 줄어들고 있는 상황이다.

국가별 식당 수	
나라	10만 명당 식당 수
한국	1,300개
인도네시아	77개
베트남	322개
태국	445개
싱가폴	200개
홍콩	200개
일본	515개
미국	210개

한류의 엄청난 영향력

이러한 위기를 극복하려는 노력인지, 최근 한국의 외식기업이 동남아를 비롯한 해외시장으로 진출하는 것을 많이 볼 수 있다. 2019년도에 베트남에 갔을 당시 배달 앱을 켰을 때 한식 프랜차이즈 브랜드가 많아서 깜짝 놀랐던 기억이 있다.

왜 이렇게 기업들이 동남아 진출에 열심인지를 생각해보면, 일단 동남아는 인구가 성장하는 나라이다. 인구수가 경제 규모에 미치는 영향력은 절대적이다. 인도네시아, 필리핀, 베트남 등 대부분의 동남아 국가들은 인구가 계속해서 성장하고 있다. 이들의 평균연령은 31.2세로 한국의 43.4세보다 훨씬 낮다.

골드만삭스의 투자리서치를 보면 인도네시아의 2022년 현재 경제 규모는 세계 15위권에도 들지 못하지만 2050년에는 세계 4위로 올라설 수

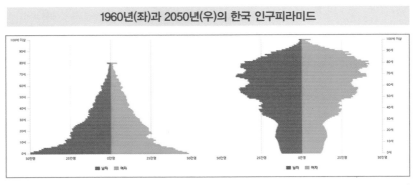

1960년(좌)과 2050년(우)의 한국 인구피라미드

(출처 : 통계지리정보서비스)

있다는 예측이 있다. 동남아뿐만이 아니다. 2050년 예상 경제 규모의 12위, 13위, 14위는 각각 이집트, 사우디아라비아, 나이지리아로 예상되었다. 이들은 모두 인구성장률이 높은 국가들로, 모두 2022년에는 톱15에 들지 못했으나 약 30년 뒤에는 경제 규모를 불리며 신규 진입할 것으로 예상된다.

동남아 국가들의 평균연령이 전반적으로 젊다 보니 인터넷 사용자 수가 빠르게 늘어나는 중이고, 스마트폰 사용률도 이미 100%가 넘는다. 덕분에 한국 문화에 대한 인지도가 빠르게 높아지면서 유행도 빠르게 퍼져나가고 있다. K팝을 비롯한 K콘텐츠, 즉 한류가 여기저기 뻗어 나가고 있는 상황이다. BTS, 블랙핑크, (여자)아이들 등의 한국 가수들은 이미 동남아에서 엄청난 인기를 끌고 있다.

동아시아의 OTT 인기차트를 보면 상위 10개 중 7~8개는 항상 한국 드라마가 차지하고

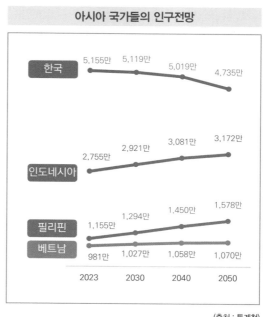

아시아 국가들의 인구전망

한국: 5,155만 5,119만 5,019만 4,735만
인도네시아: 2,755만 2,921만 3,081만 3,172만
필리핀: 1,155만 1,294만 1,450만 1,578만
베트남: 981만 1,027만 1,058만 1,070만

2023 2030 2040 2050

(출처 : 통계청)

있을 정도로 한류가 인기다. 한국 문화에 친숙해지면서 한국 음식도 함께 인기를 끈다.

불닭볶음면을 비롯한 한국 편의점 음식을 먹는 짧은 영상이 엄청난 인기를 끌고, K푸드에 대한 선호도 역시 높아지고 있는 상황이다.

동남아 시장이 매력적인 또다른 이유

또한 동남아 시장은 영업이익률 측면에서도 엄청나게 유리한 곳이다. K푸드의 판매가격은 한국과 비슷하지만 인건비가 대략 월급 40만 원 정도로 한국의 1/8 수준에 불과하기 때문이다. 구인난과 고인건비로 사업하기 힘든 한국에 비해 동남아는 이 부분에서 크게 강점이 있다.

브랜드가 자리잡는 데에 성공하기만 한다면 프랜차이즈 사업을 하기에도 동남아가 더 유리한 상황이다. 프랜차이즈가 확산되려면 가맹점주의 이익이 얼마나 잘 나오느냐가 핵심인데, 동남아에서는 인건비율이 현저하게 낮기 때문에 이익이 크기 때문이다. 인건비는 낮은데도 판매 단가는 우리나라와 별 차이가 없다. 매출 대비 영업이익률이 한국과 비교했을 때 엄청나게 높은 것이다.

한국에서는 외식업의 영업이익률이 잘 나와야 20~25% 정도지만 동남아는 50%도 가능하다. 마치 우리나라 대기업 제조업들이 인건비가 저렴한 동남아에 공장을 짓는 것과 같은 이치이다. 가맹점주 입장에서 수익이 크면 확산속도가 빠를 수밖에 없고, 본사 입장에서도 한국에서 버는 수익보다 동남아에서 매장 하나를 개설할 때 훨씬 더 큰 수익이 남으니 도전하지 않을 이유가 없다.

또한 엑시트(exit) 측면에서도 유리하다. 국내에서 외식업 기업의 가치는 감가상각전 영업이익(EBITDA)의 약 세 배 정도로 측정되는 게 일반적이다. 그러나 해외 진출에 성공한다면 한국에서의 기업가치는 열 배 정도로 높아진다. 좁은 국내시장을 벗어나 해외에서 성공한다면 글로벌기업으로 인정받을 수 있기 때문에 기업가치가 올라가는 것이다.

동남아에 식당을 열고 싶다면

동남아에서 식당을 열기 위해서는 세 가지 방법이 있다. 직접 진출하는 방식, 마스터 프랜차이즈를 주는 방식, 조인트 벤처를 설립하는 방식이다.

① 직접 진출하는 방식

동남아는 국가별로 외국인이 프렌차이즈에 진출할 수 있는 방법이 다르다. 먼저 인도네시아의 경우는 외국인 투자법인을 설립하려면 2인 이상 주주로 구성되어 있어야 하며, 최소 투자금이 100억 루피아(한화 약 9억 원)

이상이 필요하다.

필리핀은 소매업자유화법 개정안(RA 11595)에 따라 외국인 지분이 100%인 법인으로 소매업(외식업 포함)을 하기 위해서는 2,500만 페소(한화 약 6억 원)의 납입자본금이 있어야 하고 상호주의 증빙서류(reciprocity requirements)를 갖춰야 한다.

베트남은 2015년 1월 11일 이후 WTO 양허에 따라 외국인 지분 100%의 외식업 관련 단독법인 설립이 가능해졌다. 정관 자본금이 30억 동(한화 약 1억 7,000만 원) 이상은 있어야 2년 짜리 거주증인 DT3를 신청할 수 있으므로, 안전하게 사업을 하려면 그 이상을 가지고 시작하는 게 좋다고 한다.

태국에서는 신규법인 등록 시 외국인 지분 49%, 태국인 지분 51%의 합작법인 설립 형태가 가능한데 자본금은 200만 바트(한화 약 7,800만 원)가 필요하다고 법적으로 지정되어 있다.

이처럼 나라별로 필요한 자본금과 방식이 모두 다르기 때문에 사전에 잘 알아보고 진행하는 것이 필요하다. 만약 직접 진출이 부담스러운 사람들은 이제부터 소개할 다른 방식으로 진행할 수도 있다.

② 마스터 프랜차이즈

마스터 프랜차이즈란 쉽게 말해서 판권을 판매하는 것이다. 우리 브랜드로 사업을 운영할 수 있는 판권을 다른 나라의 외식법인에 판매하는 것을 말한다. 보통은 계약금을 받고, 브랜드를 사용하는 것에 대한 로열티를 주기적으로 받는 방식으로 진행한다. 예를 들어 우리나라 기업인 SPC는 미국 쉐이크쉑 브랜드의 아시아 마스터 프랜차이즈 판권을 구매해서 운영하고 있다.

이렇게 할 경우에는 직접 진출하는 것과 비교할 때 운영에 필요한 리소스가 적어서 그만큼 부담도 적어진다. 하지만 아무리 현지에서 사업이 잘되더라도 얻을 수 있는 수익이 매출 대비 로열티 정도밖에 없다는 점은 단점이다.

③ 조인트 벤처 설립

조인트 벤처는 해외에 외식업을 운영하고 있는 법인과 합작법인을 만드는 방식이다. 아무래도 현지 사정을 잘 모르니 직접 진출하기에는 부담스럽고, 그렇다고 마스터 프랜차이즈로 진행하고 싶지는 않은 경우 선택할 수 있는 방법이다.

현지화를 겁내지 마라

동남에에 먼저 진출한 한국 외식기업이나 코트라(KOTRA)의 무역관 자료를 확인해보면, 동남아에서 사업으로 성공하기 위해 중요한 것은 현지화를 잘 하는 것과 현지 파트너를 잘 구하는 것이다.

성공한 분들의 사례를 들어보면 한국의 맛을 그대로 전파하기 위해 절대로 맛을 바꾸면 안 된다고 선언한 분들은 거의 실패를 맛보았고, 현지 사정에 밝은 파트너들이 이렇게 변경해서 시도해보면 어떠냐고 제안하는 것을 잘 받아들인 회사들은 성공했다고 한다. 더 쉽게 예를 들면 한국의 매운맛을 있는 그대로 사용하는 것과 현지인의 의견에 따라 현지화한 것의 차이가 성패를 갈랐다고 한다.

그래서 현지에 나갈 때는 현지 사정에 밝은 파트너를 구해야 한다. 한국인으로서의 짧은 경험만으로 현지 상황을 분석하는 것과 현지인이 현지 사정을 분석하는 것은 천지차이다. 우리나라 사람이 대한민국 상권과 현지 상황을 미국인보다 더 잘 아는 것과 같은 이치이다. 그만큼 해외 파트너(직원)의 역할이 중요하다. 해외사업은 현지 사정을 잘 아는 현지인이 해야한다.

고피자라는 브랜드의 임재원 대표님이 쓴 글을 보면 인도에서 사업할 때의 이야기가 나온다. 인도에서 직접 세 평짜리 매장 하나를 오픈하는 데에 총 10개월이 걸렸는데, 인도의 최대 커피 프랜차이즈인 카페 커피데이의 창립멤버 중 한 분을 채용했더니 매장공사를 45일 만에 완성했다고 한다. 그만큼 현지를 잘 아는 사람을 채용하는 것이 중요하다.

인구가 성장하고 있고 한류가 인기인 지금이 해외 진출 시기의 적기다. 현재는 동남아 진출이 대기업 위주로 이뤄지고 있지만 앞으로는 더 많은 한국 브랜드가 진출할 것으로 예상된다. 동남아의 높은 경제성장률은 전 세계 선진국의 불황도 이겨낼 것이라고 본다.

꾸준한 아이템에
트렌드 한 스푼

탕후루는 분명 메가트렌드가 될 것이다. 그러나 우리는 하나의 아이템이 빠르게 떴다가 지는 것을 이미 여러 번 봐왔다. 대만카스테라, 벌꿀아이스크림 같은 것들이 그렇다. 이런 리스크를 줄이기 위해서는 메가트렌드를 활용하되 리스크를 줄이는 방법을 활용할 필요가 있다.

창업할 아이템은 유행을 타지 않고 꾸준한 것이 좋다. 하지만 안 그래도 경쟁이 치열한 외식업 창업에서 지나치게 무난하다면 어떻게 성공할 것인가? 내가 추천하는 전략은 이렇게 꾸준한 아이템에 메가트렌드를 추가하는 것이다.

탕후루에이드와 하이볼

고깃집과 카페는 누가 봐도 유행을 타지 않는 종목이다. 그렇다면 고깃집에서 탕후루를 넣은 탕후루 하이볼을 팔거나, 후식으로 탕후루를 제공할 수 있다. 카페에서는 탕후루 에이드나 탕후루 빙수와 같은 메뉴를 내놓을 수도 있다. 이미 발 빠른 곳에서는 실제 이런 메뉴를 내놓은 곳도 있다.

불황형 아이템 역시 마찬가지다. 엄청나게 퍼졌다가 급속도로 사라진 무한리필 고깃집을 생각해보라. 그렇게 빠르게 사라지는 리스크를 줄이고 싶다면, 역시나 꾸준한 아이템에 트렌드를 얹는 방식을 추천한다.

외식업에서 꾸준한 아이템이라 함은 한국 사람이 자주 먹고 쉽게 접하는 아이템일 것이다. 인기가 꾸준한 돼지고깃집에 '저가'라는 트렌드를 더한 저가 돼지고기집을 주목해보자. 또한 간단하게 식사나 또는 술을 즐길 수 있는 옛날식 즉석우동 역시 꾸준한 아이템인데, 여기에 '저가'라는 트렌드를 더한 즉석우동 포차를 주목해보자. 이런 식으로 꾸준한 아이템, 자주 먹게 되는 아이템에 '저가'라는 트렌드를 입혀서 판매할 수 있는 구조를 만들어낸다면 2024년의 외식 시장에 충분히 좋아보인다. 메가 트렌드를 이렇게 적절히 활용한다면 아이템이 빠르게 떴다가 지는 리스크를 줄일 수 있다.

그렇지만 아무리 트렌드가 온다고 해도 멕시칸 푸드 같은 것들은 자주 먹는 아이템이라 하기 어렵다. 이럴 경우에는 트렌드가 올 것을 예상하고 미리 선점한다는 입장에서 창업을 할 수도 있다.

이때 중요한 것은 상권 선정이다. 꾸준한 아이템으로 창업한다면 배후수요가 풍부한 주거상권도 좋을 수 있지만, 완전히 트렌디한 아이템으로 창업할 때는 주거상권보다 MZ세대들이 많이 몰리는 핫플레이스 상권에서 오픈하기를 추천한다. 어느 정도 대중화는 됐지만 아직까지는 특별하게 느껴지는 아이템이기 때문에 친구들과 만날 때 어쩌다 한 번씩 특별한 기분으로 먹는 경우가 많기 때문이다.

제8장

세금 및 정책 트렌드

by 깨깨부

비정상화의 정상화를 위한 노력

전 정부에서는 임기 5년 동안 크고 작은 부동산 대책을 무려 28번이나 발표했다. 그 때문에 다주택자들은 세금과의 전쟁을 치러야 했고, 강화된 규제의 틈새를 이용한 전략들(공시가격 1억 원 이하 주택 투자, 아파텔 및 비주택 투자, 법인 설립 등)을 활용한 투자가 유행했다.

하지만 현 정부에서는 강화했던 규제들을 하나둘씩 완화하고 있고, 과거 정부들이 시행했던 완화 정책들도 추가 검토하고 있다. 취임 시기부터 2023년까지 현 정부의 부동산 정책을 한마디로 요약하자면 '비정상화의 정상화'라고 할 수 있겠다.

전 정부에서는 부동산 상승의 근본적인 원인을 다주택자 때문이라고 정의하고, 다주택자가 더 이상 취득과 보유를 하지 못하고 결국 매도할 수밖에 없도록 징벌적 수준으로 규제를 강화하였다. 하지만 정부의 의도와 다르게 다주택자들이 주택을 매도하지 못하자 시장에서는 주택 공급이 줄어들었다. 재건축·재개발 또한 규제를 강화하여 신규공급도 어려웠다.

이 와중에 대출 한도를 줄이거나 일정 기간 내 전입·처분 조건 등을 붙이는 등 과도한 대출 규제로 실수요자들이 신규주택으로 갈아타기도 어느 때보다 힘들어졌고, '임대차 3법(계약갱신청구권제, 전월세상한제, 전월세신고제)'의 부작용으로 전세가까지 폭등했다. 불난 집에 기름을 부은 격이 되어버린, 말 그대로 아비규환의 부동산 시장이었다.

윤석열 정부는 후보 시절부터 '비정상화의 정상화를 위한 규제 완화'를 공약으로 내세웠고, 취임하자마자 각종 크고 작은 규제 완화 정책들을 발표하면서 시장 상황에 따라 정부가 완급을 조절할 것이라는 메시지도 남겼다.

오른쪽 표는 윤석열 정부 취임부터 2023년 8월 현재까지 발표한 부동산 대책 중에서 중요한 내용 위주로 일목요연하게 정리해 본 것이다. 이렇게 완화된 규제 속에서 활용할 수 있는 절세 포인트와 이를 활용한 투자 전략에 무엇이 있을지는 뒤에서 자세히 다뤄보겠다.

현 정부에서 변화된 부동산 정책

구분	현 행	변 경
취득세	일시적 2주택 중과배제 기간 1년	일시적 2주택 중과배제 기간 3년 연장
	생애최초 취득세 조건 제한적 (소득, 구입 가격 등)	생애최초 취득세 최대 200만 원 감면 (소득, 구입 가격 등 조건 폐지)
재산세	1주택자 공정시장가액비율 한시적 45%	1주택자 공정시장가액비율 43%~45%
	주택분 중과세율 2주택자부터 적용 – 세율 0.6%~6.0%	주택분 중과세율 3주택자 및 과세표준 12억 원 초과자부터 적용 – 세율 0.5%~5.0%
	주택분 세부담 상한 – 2주택 이하 150% – 3주택 이상 (조정대상지역 2주택 포함) 300%	주택분 세부담 상한 조정 – 주택 수 상관없이 150%
종부세	기본공제금액 – 1세대 1주택자 11억 원 – 일반 6억 원	기본공제금액 상향 – 1세대 1주택자 12억 원 – 일반 9억 원
	(해당 없음)	1세대 1주택 고령자(60세) 또는 장기보유자(5년 이상) 납부 유예 신설 (연봉 7,000만 원 이하)
	(해당 없음)	1세대 1주택자 주택 수 특례 신설 – 일시적 2주택자(취득 후 3년 이내 종전주택 　양도) – 상속주택(5년간 주택 수 제외, 지분율 40% 　이하, 수도권 6억 원 이하/지방 3억 원 이하) – 지방 저가주택(공시가격 3억 이하, 수도권 제외) – 1주택과 다른 주택의 부수토지 함께 소유
소득세	월세세액 공제율 10% or 12%	월세세액 공제율 12% or 15%
	주택임차차입금 원리금 상환액 소득공제 공제한도 300만 원	주택임차차입금 원리금 상환액 소득공제 공제한도 400만 원 확대
	주택임대소득 과세 고가주택 기준 – 기준시가 9억 원 초과	주택임대소득 과세 고가주택 기준 인상 – 기준시가 12억 원 초과
양도세	조정대상지역 일시적 2주택 양도세 비과세 처분기한 1년	조정대상지역 일시적 2주택 양도세 비과세 처분기한 3년 완화
	일시적 2주택 신규주택 전입 필수	일시적 2주택 신규주택 전입요건 폐지

구분	현 행	변 경
양도세	다주택자 최종 1주택 시점부터 보유 거주기간 재기산제도 운영	다주택자 최종 1주택 시점부터 보유 거주기간 재기산제도 폐지
	다주택자 양도세 중과(+20%~+30%) 운영	다주택자 양도세 중과 유예(~24.5.9)
		상생임대주택 요건완화 및 혜택 확대 및 적용기한 연장
대출	LTV 규제 보유주택 · 규제지역 · 주택가격별 차등 적용	LTV 지역과 상관없이 통일(70%)
	다주택자 LTV 불가	다주택자 LTV 30%까지 허용
	보금자리론 운영	특례보금자리론 운영
	투기 · 투기과열지구 내 15억 원 초과 아파트 주담대 금지	투기 · 투기과열지구 내 15억 원 초과 아파트 주담대 허용 (무주택자 · 기존주택 처분조건 1주택자 대상)
	규제지역 내 주담대 실행을 위한 종전주택 처분기한 6개월	규제지역 내 주담대 실행을 위한 일시적 2주택자 종전주택 처분기한을 3년으로 연장
	규제지역 내 주담대 실행을 위한 신규주택 전입의무	폐지
	생활안정자금 목적 주담대 한도 1억	폐지
	주택도시보증공사(HUG) 보증 분양가 기준 12억 원 이하	폐지
	주택도시보증공사(HUG) 대출보증 인당 5억 원	폐지
재개발 · 재건축	구조안전성 가중치 50%	구조안전성 가중치 30% 조정
	주거환경 가중치 15%	주거환경 가중치 30% 조정
	조건부 재건축 판정 구간 30점~55점	조건부 재건축 판정 구간 45점~55점
	재건축 부담금 면제 대상 초과이익 3,000만 원 초과	재건축 부담금 면제 대상 초과이익 상향 1억 원 초과
	재건축 부담금 초과이익 기준 구간 범위 2,000만 원	재건축 부담금 초과이익 기준 구간 범위 7,000만 원 상향
	재건축 부담금 부과 개시시점 '추진위 구성'	재건축 부담금 부과 개시시점 '조합설립인가'
분양권	분양권 전매제한 기간 완화 – 수도권 최대 10년 – 비수도권 최대 4년	분양권 전매제한 기간 완화 – 수도권 최대 3년(공공택지 or 규제지역) – 비수도권 최대 1년

구분	현 행	변 경
분양권	분양가 상한제 실거주 의무 − 수도권 최대 5년 − 공공재개발 2년	분양가 상한제 실거주 의무 폐지
	서울 18개 구 309개 동 등 민간택지 분양가상한제 지역으로 지정	서울시 강남구, 서초구, 송파구, 용산구 제외 분양가상한제 지역 해제
청약	다주택자 양도세 중과(+20%∼+30%) 운영	폐지
	투기과열지구 등에서 기존주택 처분 조건으로 청약에 당첨된 1주택자는 입주가능일 이후 6개월 내 기존주택 처분	폐지
	추첨방식 가점제 위주 − 투기과열지구 85㎡ 이하 가점제 100% − 조정대상지역 85㎡ 이하 가점제 75%, 추첨제 25%	추첨방식 가점제 · 추첨제 혼합 − 투기과열지구 · 조정대상지역 60㎡ 이하 가점제 40%, 추첨제 60% 60㎡∼85㎡ 이하 가점제 30%, 추첨제 70%
	무순위청약 해당 지역 및 무주택자만 가능	지역 및 주택 수 상관없이 지원 가능
규제 지역	112곳의 투기지역 · 투기과열지구 · 조정대상지역	전면 해제 (서울 강남구 · 서초구 · 송파구 · 용산구 유지)

추가적 규제 완화
: 이전 시대로 돌아가려는 움직임

부동산뿐만 아니라 일상에서 뗄 수 없는 것이 바로 세금이다. 대중교통으로 출근을 하고, 식당에서 점심을 먹고, 퇴근 후에 호프집에서 맥주 한잔을 하는 등 모든 소비 활동에는 부가가치세 등의 세금이 붙는다.

회사에서 월급을 받거나, 부업으로 스마트 스토어를 운영하거나, 열심히 공부해서 주식과 부동산 등으로 수입을 얻게 되면 또 그에 해당하는 세금을 납부하게 된다. 이처럼 일상생활의 거의 모든 활동이 세금과 연관되어 있다.

특히 부동산의 경우는 주식이나 암호화폐 등의 다른 투자 대상보다 세금에 민감한 종목이다. 아무래도 인간 생활의 기본요소인 의식주 중 하나이다 보니 정부에서 많이 관여하기 때문이다. 부동산 시장의 안정을 위해 투기가 성행하지 못하도록 세금을 통해 규제하면서 동시에 이렇게 걷힌 세금으로 국가와 지방자치단체의 세수도 확보하고 있다. 이는 곧 정부 정책과도 많은 연관이 있다는 의미이다.

사실 우리는 세금이 중요하다는 것을 너무나 잘 알고 있다. 하지만 어렵다는 선입견 때문에 세금 공부를 포기하고, 부동산을 매수할 때도 '어떻게든 되겠지'라는 생각으로 이른바 무지성 매수를 하게 된다. 이렇게 하면 앞에서는 돈을 번 것 같은데 뒤에서 까먹게 되는 악순환이 발생하고, 투자는 내가 열심히 했는데 돈은 정부가 가져가는 결과만 생길 뿐이다.

흔히 '부동산은 ○○이다'에 들어갈 말이 무엇이냐고 물으면 많은 사람들이 '입지', '타이밍', '심리', '금리', '투자금' 등 다양한 답을 내놓는데 물론 전부 맞는 말이다. 하지만 그 외에도 '절세'라는 말을 꼭 추가했으면 한다. 부동산의 최종 승률은 정부 정책을 이해하고 이를 활용한 절세 전략에서 결정된다고 말하고 싶은데, 그 이유는 아래와 같다.

세금 공부를 해야 하는 3가지 이유

투자의 최종 성적과 직결된다

부동산 투자의 최종 성적은 보유기간 동안 얼마나 상승했는지가 아니라 매도가에서 부대비용(중개수수료, 수리비 등)과 세금을 제외하고 내 손에 실제로 얼마가 남는지로 결정된다. 매도가가 아무리 많이 상승했어도 그만큼 세금을 많이 납부한다면 덜 상승하고 세금을 덜 납부하는 것보다 못할 수도 있다. 예를 들어 매수가 대비 매도가가 3억 원이 상승하였는데 부대비용 및 세금으로 2억 원이 나감으로써 최종 순이익이 1억 원인 사람이 있고, 매수가 대비 매도가가 2억 원이 상승하였는데 부대비용 및 세금으로 5,000만 원이 나감으로써 최종 순이익이 1억5,000만 원인 사람이 있다. 둘 중에서 누가 투자를 더 잘한 것일까?

우리나라의 부동산 양도소득세는 시세차익이 높아질수록 세율도 높아지는 누진세율을 적용하고 있기 때문에 세금을 얼마나 고려했는지에 따라 실제로 내 손에 얼마의 돈이 들어오는지 차이가 발생하고, 이는 곧 투자의 최종 성적과 직결된다.

나에게 맞는 투자 전략을 알 수 있다

부동산은 살 때, 보유할 때, 팔 때마다 세금이 있다. 살 때는 취득세를 내야 하고, 보유할 때는 재산세와 종합부동산세 등의 보유세를 내야 하며, 팔 때는 양도소득세를 내야 한다. 같은 물건이라도 누가, 언제, 어떤 순서로 사고팔았는지에 따라 세금이 0원일 수도 있지만 반대로 수천만 원에서 수억 원이 될 수도 있다.

물론 부동산을 매수·매도하는 과정에서 수익을 얻었다면 세금을 납부하는 것은 국민의 당연한 의무다. 하지만 굳이 납부하지 않아도 되는 세금을 납부하는 것은 그만큼 투자의 효율을 떨어트리는 일이다. 택시비 만 원 아끼려고 택시보다 두세 배 시간이 더 소요되는 대중교통은 잘만 타면서 왜 수천만 원에서 수억 원을 아낄 수 있는 세금 공부는 왜 하지 않을까?

세금에 대한 지식이 있어야만 이 물건을 매수해도 되는지 아니면 안 되는지, 내 명의로 매수해야 하는지 아니면 배우자 명의로 매수해야 하는 지, 매수하더라도 어떤 순서로 매수해야 하는지 등을 알 수가 있다. 만약 이런 지식이나 계획 없이 매수하게 된다면 나중에 수습하느라 엄청난 대 가를 치르게 될 것이다. 비용과 시간 그리고 감정적인 측면에서 보면 엄 청난 손해다. 특히 실거주용 주택 한 채만 보유한 1주택자가 아니라 투자 의 규모와 범위가 늘어나는 다주택자일수록 세금을 등한시하면 세금의 무서움을 느끼는 날이 반드시 올 수밖에 없다. 그때가 되면 이미 엎질러 진 물과 같기에 다시 담을 수도 없다.

반대로 세금에 대한 중요성을 알고 이에 대한 지식이 있다면 널리 알 려진 일시적 1세대2주택 비과세 혜택뿐만 아니라 상대적으로 잘 알려지 지 않은 거주주택 비과세, 대체주택 비과세, 상생임대주택 등 나의 상황 에 맞는 다양한 전략을 활용할 수 있다.

한 가지 일러두고 싶은 것은, 세금 공부를 통해 절세를 하자는 것이지 탈세를 하자는 것이 아니라는 점이다. 전략적으로 부동산 포트폴리오를 구성함으로써 절세를 하고, 투자의 효율을 극대화하면서 성공적인 투자 를 할 수 있다. 한 번의 성공 경험은 다음에 또 다른 성공으로 이어질 확률이 높다는 점을 생각해볼 때 절세를 통한 투자의 성공 경험은 부동산 투자를 하는 데 있어 큰 자양분이 될 것이다.

아는 만큼 정보가 보이고 들린다

'세금을 모르면 세무사 찾아가서 물어보면 되지' 또는 '대리인을 쓰면 되지'라고 단순하게 생각할 수 있다. 하지만 현실적으로 아무런 지식이 없는 상태에서는 세무사에게 뭘 질문해야 할지 알 수도 없고, 질문해보았자 정확히 이해하기 힘들고 궁금증이 해결되지도 않는다. 세금은 대충 이해하면 오히려 독이 되는데, 예외적인 사항을 모르거나 잘못 알고 있는 경우 낭패를 볼 수 있다.

하물며 세무사가 내놓은 답변에 응용할 수 있는 추가 질문을 하는 것은 더더욱 언감생심일 뿐이다. 질문도 본인의 상황을 정확히 알고 있어야 가능하다. 세무사는 질문자가 알려주는 정보에 의존할 수밖에 없기 때문에 세무사에게 질문할 때는 본인의 상황을 정확히 설명해야 한다. 게다가 세무사 비용은 비싸기까지 하다.

누군가는 모든 결정을 세무 대리인에게 위임하면 된다고 생각할 수 있지만 수천만 원에서 수억 원이 왔다갔다 하는 재산 문제를 세무사한테 백 프로 위임하는 것이 맞을까. 세무사는 내가 결정을 더 잘하게 해주기 위한 보조적인 역할이지 나의 결정을 대신 해주는 사람이 절대 아니다. 결국 모든 것은 아니더라도 최소한의 세금 지식은 반드시 알고 있어야 한다.

세금에 목매자는 것도 아니고, 세무사시험에 합격할 정도로 수험생처럼 공부하자는 것도 아니다. 부동산을 매수하고 매도할 때 알아야 하는 최소한의 공부를 하자는 것이다. 어차피 투자자라면 부동산 매수와 매도를 평생에 한두 번만 할 것이 아니다. 그렇게 생각한다면 세금 지식은 부동산 투자를 함에 있어서 그 어느 것보다도 강력한 무기가 될 것이다. 공부하기에 늦은 것 같아 보여도 오늘이 가장 빠르다는 걸 잊지 말자. 오히려 남들이 어렵다고 멀리할 때, 포기하지 않고 가까이하면 그만큼 틈새전략이 보이고 기회가 찾아올 것이다.

틈새전략과 기회는 대부분 정부의 정책에서 비롯되기에 평상시에 관심 있게 지켜봐야 한다. 정부의 정책 변화는 곧 세제와 대출 등의 내용이 변경되는 것이고, 변경되는 내용에서 나에게 당장 적용할 수 있는 절세 포인트와 틈새전략이 무엇인지 알 수 있기 때문이다.

예를 들어, 윤석열 정부 출범 이후 현재까지 세제와 대출 등 많은 항목에서 크고 작은 규제가 완화되고 있다. 그 영향인지 2023년 상반기부터 일부 지역에서 반등이 나타나고 있지만 아직까지는 이것이 일시적인 반등인지 아닌지에 대한 의견이 분분하다. 만약 이후에 다시 시장이 하락하거나 침체되어 거래량이 줄어든다면 정부는 규제 완화 카드를 추가로 사용하여 부동산 시장을 안정화할 것이다. 하지만 일부 지역에서 나타나고 있는 반등의 흐름이 외곽지역까지 퍼져나간다면 부동산값이 다시 오른다는 뜻이므로 규제 완화의 명분이 다소 줄어들 것이다.

그렇기에 부동산 시장의 흐름과 함께 정부의 정책을 꾸준히 체크해야만 한다. 아직 확정되지는 않았지만 규제 완화를 할 것이라고 현 정부가 이미 예고한 정책들이 무엇이 있는지를 살펴보도록 하겠다.

취득세 중과 완화

2020년 전 정부가 발표한 7·10 대책에서는 부동산 가격 상승의 원인을 다주택자의 투기라고 보고, 보유주택 수에 따라 1~4%였던 취득세율을 단번에 8~12%까지 급격히 높였다.

하지만 지나치게 높아진 취득세 진입장벽 때문에 다주택자들이 더 이상 시장에 진입하지 못하자 오히려 거래량이 줄어들고 미분양도 해소되지 않는 등 여러 문제점이 발생하고 있다.

정부 또한 이것을 모르지 않기에 경기 위축과 주택거래 침체에 대응하고자 취득세 중과 완화 정책을 발표하였고, 심지어 국회 입법도 되지 않은 상태에서 "대책 발표일(2022년 12월 21일)부터 소급적용을 하겠다"고 밝히는 약간의 무리수까지 두었다. 취득세는 지방세에 속하기 때문에 지방세법을 개정해야 하는데 당초 계획인 2023년 2월 입법을 통해 지방세법을 개정하지는 못하였다. 입법이 되지 않으면 어떻게 할지에 대해서는 국회가 처리해야 할 쟁점 사항이지만, 소급적용을 하는 것이 시장의 혼란을 최소화하는 길임을 입법 논의 과정에서 설득하겠다는 자신감까지 내비칠 정도면 시기의 문제일 뿐 개정이 되기는 될 것으로 예상한다.

필자의 생각으로는 아마도 2024년 총선 시점과 비슷한 시기에 개정이 될 것 같고, 중과에서 벗어나는 대상은 2주택자까지가 아닐까 예상된다. 물론 지금도 실거주용 주택 외에 한 채를 추가로 취득하는 것에 대한 진입장벽은 크지 않다.

2023년 8월 현재는 조정대상지역이 아닌 이상 2주택자까지는 기본세율(1~3%)이고, 조정대상지역 내 2주택 이상이거나 그 외 지역이라도 3주택 이상부터 취득세 중과가 적용이 된다. 하지만 강남3구(강남구, 서초구, 송파구)와 용산구를 제외한 모든 지역이 조정대상지역에서 해제된 만큼 실제로 중과를 적용받는 경우가 많지 않다. 이러한 상황이 개정안에도 반영될 가능성이 높다.

정부의 취득세 규제 완화 계획			
구분	지역	현행	정부안
1주택	전 지역	1~3%	1~3%
2주택	조정대상지역	8% *	1~3%
	비조정대상지역	1~3%	1~3%
3주택	조정대상지역	12%	6%
	비조정대상지역	8%	4%
4주택 이상·법인	전 지역	12%	6%

* 일시적 2주택 제외

양도세 단기세율 및 중과세율 완화

2020년 7·10 대책에서는 개인이 주택을 사서 짧은 기간 동안 보유했다가 팔기를 반복하는 이른바 '단타' 투기수요를 억제하기 위하여 보유기간 2년 미만의 단기 양도세율을 최고 70%까지 높였다. 양도소득세의 10%가 추가되는 지방세까지 합산하면 사실상 양도차익의 대부분을 국가에서 가져가는 징벌적 세금이다.

그나마 주택과 입주권의 경우는 2년이 넘으면 일반세율(6~45%)을 적용받아 세금 부담이 조금은 줄어들었지만, 분양권의 경우 새 아파트로 완공되지 않는 상태에서 매도하면 일반세율이 아닌 무조건 단기세율을 적용하기 때문에 최소 60%의 양도세율을 적용받아야만 했다. 그렇다 보니 실제 현장에서는 암암리에 서류상 계약금액을 낮춰 적는 다운계약이 성행하여 거래의 투명성이 무너지고, 계약 이후에 매도인과 매수인 사이에 불미스러운 사건이 발생하는 등의 부작용도 생기게 되었다.

현 정부는 단기 양도세율을 2020년 이전 수준으로 환원하겠다는 움직임을 보이고 있다. 이렇게 되면 분양권 상태에서도 다운계약서를 쓸 이유가 없어지고, 다주택자들이 분양권 시장에 참여할 기회를 넓혀줌으로써 미분양물량 소진과 거래량 회복에 실질적인 도움이 될 것이다. 물론 단타세력이 다시 등장하여 자칫 부동산 시장이 다시 과열될 위험성도 있기 때문에 이 부분은 정부에서도 마지막까지 조심스러울 것이다.

이 밖에 현 정부는 조정대상지역 내 2주택자 이상에게 적용되었던 양도세 중과세율(2주택자는 기본세율에 20%p 추가, 3주택자 이상은 기본세율에 30%p 추가)도 완화하려는 움직임을 보이고 있다. 2024년 5월 9일까지는 규제지역과 주택 수에 상관없이 중과 배제, 즉 중과를 적용하지 않는다는 것이다.

현행법으로는 양도세 중과가 적용되면 장기보유특별공제도 자동으로 적용이 불가능해진다. 장기보유특별공제는 오래 보유한 주택의 경우 양도세 부담을 줄여주는 제도이기 때문에, 아무리 오래 보유한 주택이라도 양도세 중과가 적용되면 양도세에 대한 부담이 더욱 크다. 그래서 매도자들도 웬만해서는 매도를 하지 않고 버티다 보니 거래량은 더욱 줄어들게 된다.

정부도 양도세 중과와 관련하여 근본적인 개편안을 마련한다고 하였는데, 어쩌면 중과세율 자체를 폐지할 수도 있다. 다만 입법 과정의 문제 때문에 폐지가 쉽지 않다면, 중과세율이 적용되는 조정대상지역을 해제함으로써 법 개정 없이 사실상 중과의 효력 자체가 없어지도록 개편할 수도 있다.

정부의 양도소득세 규제 완화 계획		
구분	**현행**	**정부안**
분양권	1년 미만 70%	1년 미만 45%
	1년 이상 60%	1년 이상 폐지
주택·입주권	1년 미만 70%	1년 미만 45%
	1년~2년 60%	1년 이상 폐지

종합부동산세 중과세율 완화

그동안 종합부동산세(이하 종부세)는 위헌소송이 제기될 정도로 이중과세라는 꼬리표가 매년 따라다녔다. 보유한 부동산에 대해 이미 재산세를 납부하는데 종부세까지 추가로 납부하는 건 세금을 이중으로 과세한다는 목소리가 높았던 것이다. 게다가 아직 실현하지 않은 수익에 대해 매년 납부해야 하다 보니 여기저기서 조세 저항 움직임까지 나타났다.

이전 정부들도 이를 의식하여 종부세를 합리적으로 개정하기 위해 꾸준한 노력을 해온 것이 사실이다. 그 결과 내야 하는 세액의 최고한도인 세부담상한율을 300%에서 150%로 낮추고, 기본공제금액을 6억 원에서

과세표준	현행		정부안
	2주택 이하 (조정대상지역 2주택 포함)	3주택 이상 (지역 불문)	주택 수, 지역 불문 (중과 없음)
3억 원 이하	0.5%		0.5%
3억 원 초과~6억 원 이하	0.7%		0.7%
6억 원 초과~12억 원 이하	1.0%		1.0%
12억 원 초과~25억 원 이하	1.3%	2.0%	1.3%
25억 원 초과~50억 원 이하	1.5%	3.0%	1.5%
50억 원 초과~94억 원 이하	2.0%	4.0%	2.0%
94억 원 초과	2.7%	5.0%	2.7%
법인	2.7%	5.0%	2.7%

정부의 종합부동산세 규제 완화 계획

9억 원(1주택자는 12억 원)으로 높이고, 1세대1주택자에 대해서는 특별공제를 도입하고, 고령자 및 장기보유자에 대해서는 납부유예 제도를 도입하고, 1주택자와 일시적 2주택자(이사 등의 이유로 일정 기간 동안 일시적으로 2주택자가 된 경우)를 위한 특례를 신설하는 등의 개선이 이뤄졌다.

하지만 아직까지 3주택 이상이면서 과세표준이 12억 원을 초과하는 경우 종부세가 중과되는 것은 여전하다. 현 정부에서는 이러한 종부세와 관련하여 주택 수에 상관없이 중과세율 자체를 삭제하는 쪽으로 개편할 것으로 예상된다.

민간임대주택 등록 및 세제 혜택 복원

문재인 정부 초기인 2017년 발표된 12·13 대책에서는 주택임대사업자에게 취득·보유·양도 등 모든 단계에서 세제 혜택을 줌으로써 임대주택 등록을 장려하는 정책을 펼쳤다. 하지만 채 1년도 되지 않아 부동산 가격 상승의 원인인 투기세력이 주택임대사업자 제도를 악용하고 있다며 2018년의 9·13 대책과 2019년의 12·16 대책을 통해 혜택을 폐지하거나 축소하였다.

정점은 2020년의 6·17 대책과 7·10 대책이다. 주택임대사업자의 대출을 전면 금지하였고, 아파트는 단기임대 및 장기임대 모두 등록이 불가능하도록 하였다. 당장 눈앞에 보이는 부동산 가격 상승을 억제하겠다고 주택임대사업을 장려했다가 1년 만에 규제하는 무리한 정책을 펼치게 된 것이다.

공공에서 제공하는 주택임대의 물량은 전·월세 임차 수요를 모두 충족시킬 수가 없기 때문에 부족한 역할은 결국 주택임대사업자들이 민간임대주택을 공급함으로써 해결할 수밖에 없다. 하지만 대부분의 임차인이 선호하는 아파트를 임대주택으로 신규등록하는 것이 불가능해지자 양질의 주택 공급은 더욱 어려워지고 있다. 민간임대주택 등록에 대한 규제가 완화되지 않으면 앞으로도 이런 현상은 지속될 수밖에 없다.

정부는 주택임대사업자의 순기능보다는 투기에 악용된다는 부정적 측면만 보고 혜택을 축소했지만, 부족한 주택 공급을 모두 공공에서 해결할 수 없다면 결국 민간의 주택임대사업자가 제 역할을 할 수 있도록 허용해줌으로써 전·월세 시장의 안정을 도모할 수 있도록 해야 한다. 물론 주택임대사업자의 본래 취지를 훼손하지 않으려면 투기에 악용될 수 있는 일부 조건은 여전히 유지함으로써 시장의 분위기를 흐트러뜨리지 않게끔 해야겠지만 말이다.

다행히 현 정부는 2023년 1분기에는 85㎡ 이하 아파트의 경우 10년 장기임대주택 신규등록을 허용하고, 2분기에는 맞춤형 세제 혜택을 부여하는 등 주택임대사업자 규제를 완화하겠다는 입장을 밝혔다. 구체적으로는 등록임대주택에 대한 종부세 합산 배제, 양도세 중과 배제, 법인세 추가과세 배제 등이다.

2023년 8월 현재까지는 아직 구체적으로 시행된 것이 없다. 다만 하반기 경제정책방향 발표에서 '건물·부속토지 소유자가 상이하여도 종부세 합산배제'라는 세제 혜택 내용과 '민관협력 등으로 임대주택 공급을 활성화한다'는 내용이 일부 담겨 있는 것을 보면 정부의 의지를 조금이나마 확인할 수 있다. 정부도 임대차 시장의 장기적 안정에 기여할 수 있는 임대사업자를 육성한다고 했던 만큼 이 또한 시기의 문제일 뿐 곧 규제가 완화될 것으로 예상된다. 또한 최근 사회적 문제로 불거진 전세사기 문제를 민간임대등록과 연관시키는 정책이 나올 수도 있지 않을까 생각한다.

다만 실제 내용이 예상과 다를 때도 대비해야 한다. 세제 혜택을 주는 대신 임대기간을 10년에서 15년으로 늘린다거나, 세제 혜택의 이점이 생각보다 크지 않은 경우 주택임대사업자를 나의 절세 포트폴리오에 활용할 수 있을지를 미리 계산해 보는 것이 좋다. 이런 식으로 정책 변화를 지켜보면서 포트폴리오의 다변화를 가져갈 수 있다.

입주권 비과세
: 대세는 정비사업

살(buy) 수 없더라도 누구나 살고(live) 싶은 곳, 서울! 반대로, 살(live) 수는 없더라도 누구나 사고(buy)는 싶은 곳, 서울! 그만큼 서울은 사는 (buy) 곳으로든 사는(live) 곳으로든 대기자가 항상 있을 정도로 수요가 풍부한 도시다.

하지만 서울은 그린벨트를 해제하지 않는 이상 추가적인 대규모 택지 공급이 어려운 상황이며 신축 아파트를 공급할 수 있는 방법은 재건축·재개발 같은 정비사업뿐이다. 실제 서울 아파트의 준공연차별 현황을 보면 절반 이상이 20년 이상 된 아파트로서 도시가 점점 노후화되어가고 있음은 분명하다.

그렇다고 경기도나 인천시 등 다른 수도권도 상황이 나은 것은 아니다. 1기 신도시가 몰려 있는 경기도의 경우 1992년부터 1995년 사이에 준공을 해서 이미 30년이 되었거나 거의 되어가는 아파트가 많다. 1993년에 입주한 아파트, 즉 2023년에 준공 30년차가 되는 아파트는 수도권에만 17만6,109가구(서울시 4만4,010가구 + 경기도 11만856가구 + 인천시 2만1,243가구)일 정도다.

시간이 지날수록 재건축연한인 30년을 넘긴 아파트는 계속 쌓여만 갈 텐데, 이는 사회적으로 큰 이슈이기에 정부도 모른 척 방치만 하고 있지는 못할 것이다. 그래서 「1기 신도시 마스터플랜을 통한 특별법」을 발의하였고 재건축에 관련된 각종 규제를 완화하면서 사업 속도에 박차를 가할 수 있도록 돕는다는 대책

서울 아파트 준공 연차별 현황

36만241세대 (20.4%) 30년 초과

32만3,573세대 (18.3%) 10년 이하

176만 5,349세대

20~30년 (32.3%) 57만299세대

10~20년 (29.0%) 51만1,236세대

(출처 : 부동산R114)

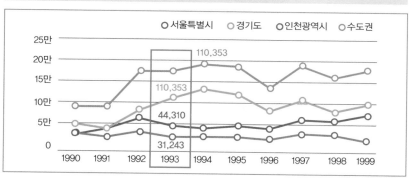

서울의 90년대 입주 아파트 세대수

○ 서울특별시   ○ 경기도   ○ 인천광역시   ○ 수도권

110,353

110,353

44,310

31,243

1990 1991 1992 1993 1994 1995 1996 1997 1998 1999

(출처 : 네이버 포스트 (naver.com))

을 세우고 있다.

노후화되고 있는 수도권뿐만 아니라 지방의 광역시와 거점지역을 보더라도 마찬가지다. 최근 부동산 시장은 전국적으로 신축 아파트 선호 현상이 대세였으며 지상에 차 없는 단지, 커뮤니티 공간의 존재, 지하주차장 연결, 조식 서비스 등이 당연시되고 있다. 이제는 모두가 삶의 질을 보다 높이는 방향으로 설계된 신축 아파트에 대한 열망과 관심이 많다.

뿐만 아니라 정부의 제도 개선 또한 정비사업의 속도에 박차를 가하는 쪽으로 진행되고 있다. 일례로 2023년 하반기 경제정책방향 발표에서는 노후주택 및 도시의 재건축 · 재개발 등을 통해 주택 공급이 원활히 이루어질 수 있도록 관계법령을 개정, 제도개선을 추진한다고 밝혔다.

대표적인 것이 정비사업 시행 · 운영에 대한 신탁사 특례(신탁사의 정비구역 지정 제안 및 정비계획·사업계획 동시 수립을 허용)이다. 이는 기존 조합방식과 비

구분	주요 내용
정부의 정비사업 규제 완화 계획	
분양가 상한제	* 정비사업 필수 비용 반영 (이사비, 금융비, 명도소송비, 총회, 영업 손실보상비 등) * 기본형 건축비 탄력적 운영 (동관, PHC파일 비조정 대상 품목 변경 등)
재건축 부담금	* 면제 대상 초과이익 상향 (3,000만 원 초과 → 1억) * 초과이익 기준 구간 범위 변경 (2,000만 원 → 7,000만 원) * 부과 개시시점 변경 (추진위 구성 → 조합설립인가) * 1세대 1주택 장기보유자 감면 (최대 50%) 및 고령자 납부유예 * 공공기여 감면 인센티브 적용 * 재건축 부담금 평균 절반 수준으로 현실화
재건축 안전진단	* 평가항목 비중 조정 (구조안전성 50% → 30%, 주거환경 15% → 30% 등) * 조건부 재건축 판정 구간 조정 (30점~55점 → 45점~55점) * 공공기관 적정성 검토 개선 (대상, 절차, 검토범위 탄력적 운영)

　　　　　　　　　　　　　　　　　　　　　　부트2024:부자되는 트렌드

교했을 때 정비사업에 필요한 소요기간을 2~3년 이상 단축할 수 있는 계획이다.

또한 2023년 9월 26일에는 '주택공급 활성화 방안'도 발표되었다. 핵심 내용은 재개발 · 재건축 사업절차 개선(분쟁 등으로 인한 중단·지연 없는 정비사업 추진기반 구축 및 절차통합 및 전자총회 도입 등으로 사업 속도 대폭 제고)과 소규모 정비 사업 사업성 개선(도심 수요에 신속 대응 가능한 소규모 정비사업의 사업성 보완)이다. 이를 통해서 신속한 정비사업을 추진하여 도심공급기반을 확충한다는 것이다.

이렇게 준공된 지 30년이 이미 넘었거나 곧 30년이 되는 수많은 아파트 문제, 정부의 정비사업 규제 완화 및 제도 개선, 그리고 삶의 질을 높이고자 하는 실수요자들의 신축아파트에 대한 열망 등을 종합해보면 2024년에는 그 어떤 투자 종목보다도 재개발과 재건축 사업이 대세일 수밖에 없다. 그렇기 때문에 정비사업과 관련된 정부의 정책은 물론이고, 입주권과 관련된 세금 지식은 필수로 알아야 한다.

이 책에서는 입주권을 보유함에 따라 납부해야 하는 취득세, 보유세,

조합방식과 신탁방식의 사업절차

조합 방식	기본계획 수립	안전 진단	구역 지정, 정비계획	추진위 설립	조합 설립	사업시행 인가	관리처분 인가	착공 및 분양	입주

신탁 방식	기본계획 수립	안전 진단	신탁사 특례		관리처분 인가	착공 및 분양	입주
			구역 및 사업시행자 동시지정	정비사업계획 통합수립			

양도세 등 널리 알려진 이야기들은 핵심만 정리하였다. 대신 입주권을 활용한 양도세 비과세 전략에 대해서 자세히 서술하였다.

입주권 관련 세금의 주요 내용 요약

취득세	* 멸실 이전 : 주택과 동일 (다주택자 중과) * 멸실 이후 : 4% (주택 수와 상관없음) * 공시가격 1억 원 이하라고 하더라도 정비구역 지정된 곳은 중과
보유세	* 멸실 이전 : 주택분 재산세 납부, 종부세 납부 대상 * 멸실 이후 : 토지분 재산세 납부, 종부세 납부 대상 아님
양도세	* 입주권 자체로는 원조합원만 비과세 가능 (승계조합원은 불가능) * 일시적 2주택 비과세가 아닌, 1주택+1입주권 비과세 특례 적용 가능 * 입주권 상태로 2년 이상 보유시 일반세율 가능 (분양권은 2년 이상이어도 단기세율)

입주권의 정확한 정의

「소득세법」 제88조의 9에 따르면, 조합원입주권(이하 입주권)의 정의는 아래와 같다.

> **"조합원입주권"**이란 「도시 및 주거환경정비법」 제 74조에 따른 관리처분계획의 인가 및 「빈집 및 소규모주택 정비에 관한 특례법」 제 29조에 따른 사업시행인가로 인하여 취득한 입주자로 선정된 지위를 말한다. 이 경우 「도시 및 주거환경정비법」에 따른 재건축사업 또는 재개발사업, 「빈집 및 소규모주택 정비에 관한 특례법」에 따른 자율주택정비사업, 가로주택정비사업, 소규모재건축

사업 또는 소규모재개발사업을 시행하는 정비사업조합의 조합원(같은 법 제 22조에 따라 주민합의체를 구성하는 경우에는 같은 법 제2조 제6호의 토지 등 소유자를 말한다)으로서 취득한 것(그 조합원으로부터 취득한 것을 포함한다) 으로 한정하며, 이에 딸린 토지를 포함한다.

쉽게 설명하자면, 주택이 아니라 주택에 입주할 수 있는 권리, 즉 입주 자로 선정된 지위가 입주권이다. 이때 주택의 소유권이 입주권으로 전환 되는 기준일은 「도시 및 주거환경정비법(도정법)」에 따라 진행되는 일반적인 정비사업일 경우에는 관리처분계획 인가일 이후이다. 그리고 2022년 1월 1일 이후 취득분부터는 「빈집 및 소규모주택 정비에 관한 특례법」에 따라 진행되는 자율주택정비사업, 가로주택정비사업, 소규모 재건축 사업 및 소규모 재개발 사업도 입주권의 범위에 추가되었는데 이 경우에는 사업시행계획 인가일이 기준이라는 점을 헷갈리면 안 된다. 단, 지역주택조합이나 리모델링은 입주권에 포함되지 않으니 유의해야 한다.

정비사업의 진행 절차

기본계획
↓
정비계획
↓
정비구역 지정
↓
시행자 결정
↓
사업시행계획 인가
↓
분양신청
↓
관리처분계획 인가
↓
철거 · 공사
↓
준공인가 · 공사완료 고시
↓
이전고시 (분양처분)
↓
분양등기 · 청산

정비사업은 앞장의 그림과 같은 절차대로 진행이 된다. 일반적으로 관리처분계획 인가일 기준 이전에 주택 상태에서 해당 권리를 취득했으면 '원조합원'이라고 하고, 이후에 취득했으면 원조합원의 권리를 그대로 승계했다는 의미에서 '승계조합원'이라고 한다. 원조합인지 승계조합원인지에 따라 세법이 다르게 적용되고 이에 따른 각종 비과세 특례 조항도 다르기 때문에 두 가지를 구분하여 서술하겠다.

원조합원의 양도세 비과세 전략

원조합원의 양도세 비과세가 가능한 경우는 세 가지다.

① 관리처분계획인가일 기준으로 비과세 요건을 충족한 경우

주택을 보유하고 있다가 입주권으로 전환된 상태에서는 1세대1주택 비과세가 적용되지 않는다. 왜냐면 1세대1주택 비과세는 말 그대로 '주택'을 매도할 때 적용되는 비과세이기 때문이다.

하지만 원래는 주택이었고 1세대1주택 비과세 대상이었는데, 입주권으로 전환되었다고 비과세를 적용해주지 않는다면 형평성의 문제가 발생한다. 따라서 일정 조건을 만족하는 경우에는 입주권 상태에서 매도해도 양도세 비과세 적용이 가능하다(「소득세법」 제89조1항 4호 가목 참조). 여기에서

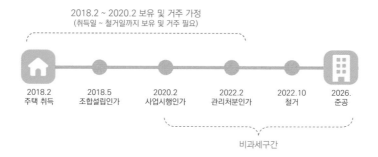

말하는 일정 조건은 두 가지다.

조건① : 관리처분계획 인가일까지 비과세 요건을 충족해야 한다(단, 「빈
집 및 소규모주택 정비 특별법」을 따르는 입주권은 사업시행계획 인가일까
지).

조건② : 매도 시 다른 주택 또는 2021년 이후로 취득한 분양권이 없는
무주택 상태여야 한다.

조건①에서 말하는 '비과세 요건'이란 취득일로부터 2년 이상 보유해야
한다는 것, 그리고 조정대상지역일 때 취득했다면 2년 이상 거주해야 한다
는 것이다(단, 2017년 8월 2일 이전 취득분은 조정대상지역일 때 취득했더라도 '2년 이상
거주' 요건은 해당되지 않음).

만약 관리처분계획 인가일까지 보유 및 거주한 기간이 2년을 채우지
못했더라도, 철거일까지 실제 거주했거나 임차인이 거주한 경우 그 기간
이 2년 이상이면 보유(거주) 요건을 충족한 것으로 본다. 관리처분계획 인

가가 이뤄졌다고 해도 실제로는 바로 그날 철거가 되는 것이 아니기 때문에 철거일까지의 기간은 인정해 주는 것이다.

이는 양도세를 과세할 때 법률상 또는 서류상의 상황보다 실제 상황을 더 우선시 해야 한다는 실질과세원칙에 따른 것이다. 즉, 어떤 서류가 있고 무슨 거래를 했든지 간에 실제로 발생한 내용에 따라 과세를 한다는 원칙이다.

② 조건에 맞게 1주택을 추가로 매입한 경우

관리처분계획 인가일까지 1세대1주택의 비과세 조건을 갖춘 입주권을 보유한 상태에서, 신규주택을 취득하고, 신규주택을 취득한 날부터 3년 이내에 입주권을 매도하면 비과세가 가능하다(「소득세법」 제89조 1항 4호 나목 참조).

③ 거주를 위한 대체주택을 매입한 경우

원조합원일 경우에는 이른바 대체주택 비과세 전략도 가능하다. 1주택을 소유한 1세대가 그 주택에 대한 재개발·재건축이나 소규모 재건축 사업 등이 확정된 경우 공사가 진행되는 동안 거주하기 위하여 다른 주택(대체주택)을 취득한 경우를 말한다(「소득세법」시행령 156조의2 5항 참조).

주의할 점은 비과세가 적용되는 대상이 새로 지어질 신규주택이 아니라, 거주를 위해 마련한 대체주택이라는 점이다. 또한 이 경우에도 일정 조건을 충족해야만 비과세 적용이 가능하다.

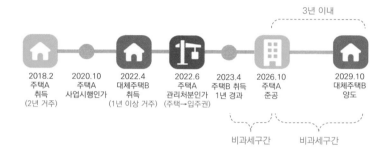

조건①: 대체주택은 종전주택이 재개발·재건축 및 소규모 재건축 사업의 사업시행계획 인가일 이후에 취득한 것이어야 한다. (사업시행계획 인가일 이전에 대체주택을 취득하는 것은 실수요자의 갈아타기가 아닌 투기수요로 본다.)

조건②: 사업시행계획 인가일 당시 1주택자여야 한다. (최근 조세심판원에서는 사업시행계획 인가일 당시 2주택자였더라도 대체주택 취득 전에 1주택을 매도한 상태에서 또 다른 대체주택을 취득했다면 특례 적용이 가능하다는 해석을 한 바 있지만, 아직까지 법 개정이 된 것은 아니므로 주의해야 한다.)

조건③: 대체주택에 1년 이상 거주해야 한다. (이 경우 반드시 계속 거주할 필요는 없고, 총 거주기간을 합산해서 1년 이상이면 가능하다. 또한 대체주택이 조정대상지역 내에 있더라도 2년 이상이 아니라 1년 이상만 거주하면 된다.)

조건④ : 재개발 · 재건축 또는 소규모 재건축 사업을 통해 종전주택이 새로운 주택으로 준공되기 전 혹은 준공된 후 3년 이내에 해당 주택으로 세대 전원이 이사하고, 1년 이상 계속 거주해야 한다. (이때 취학, 근무상의 형편, 질병의 요양, 그 밖의 부득이한 사유로 세대의 구성원 중 일부가 이사하지 못하는 경우는 예외로 인정하되 증빙을 필수로 해야 한다.)

조건⑤ : 재개발 · 재건축 및 소규모 재건축 사업을 통해 종전주택이 새로운 주택으로 준공된 후 3년 이내에 대체주택을 매도해야 한다. (다른 비과세의 경우 종전주택을 먼저 매도할 때 비과세를 적용받고 나중에 취득한 주택을 먼저 매도할 경우 비과세 적용이 불가하지만, 대체주택 비과세의 경우는 나중에 취득한 대체주택을 먼저 매도해야 적용이 가능하다.)

해당 특례를 활용할 때의 꿀팁은 다른 특례와 달리 종전주택을 취득하고 1년이 경과하지 않은 상태에서 대체주택을 취득해도 해당 특례 적용이 가능하다는 것이다. 원조합원은 이 세 가지 경우를 제외하고는 비과세가 불가능하다.

승계조합원의 양도세 비과세 전략

이번에는 승계조합원일 때 비과세 전략을 알아보자. 앞에서 설명한 원조합원의 비과세 특례는 승계조합원에게는 적용되지 않는다. 왜냐면 원조합원 비과세 특례는 관리처분계획 인가일까지 1세대1주택을 보유하면서 비과세 요건을 충족하는 것이 전제조건인데, 승계조합원은 관리처분계획 인가일 이후에 입주권을 취득하기 때문에 애초부터 2년 보유 및 거주라는 요건을 만족시킬 수 없기 때문이다. 그러므로 승계조합원이라면 앞의 내용은 잊어버리고 새롭게 지식을 받아들이기 바란다.

승계조합원의 비과세가 가능한 경우는 두 가지다. 일반 주택의 양도세가 일시적 1세대2주택일 때 비과세되는 것처럼, 1주택과 1입주권을 보유한 상태에서도 일정 요건을 갖춘다면 비과세 적용이 가능하다(「소득세법」시행령 제156조의2 3항과 4항 참조). 해당 특례는 친절하게도 비과세 기회가 총 두 번 주어진다.

① 일시적 형태의 '1주택 + 1입주권'인 경우

1주택(종전주택)을 소유한 1세대가 입주권을 취득하고, 취득한 날부터 3

년 이내에 종전주택을 매도하는 경우 비과세가 가능하다. 이때 종전주택
은 당연히 앞에서 설명한 것과 동일하게 비과세 요건, 즉 2년 이상 보유 및
거주 요건을 충족해야 한다.

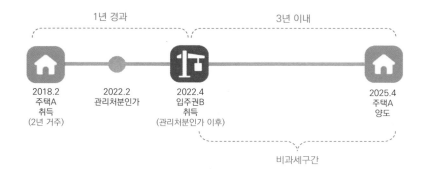

여기서 유의해야 할 포인트가 있다. 바로 관리처분계획 인가일 이후에
취득한 입주권이어야 한다는 점이다. 입주권의 정의 자체가 어차피 관리
처분계획인가일 이후에 취득한 것인데 이게 무슨 말인가 싶을 수도 있다.
하지만 현실에서는 관리처분계획 인가가 얼마 남지 않은 상황에서 물건을
서둘러 취득한 뒤 곧바로 관리처분계획 인가가 진행된 경우에도 비과세
특례가 적용된다고 잘못 알고 있는 경우가 많다.

이런 경우에는 '일시적 1주택 + 1입주권' 상태가 아니라 '1주택 + 1주
택'의 상태, 즉 2주택으로 취득한 것이기 때문에 비과세 대상이 아니다. 따
라서 반드시 관리처분계획 인가일 이후의 물건을 취득해야 해당 특례를
적용할 수 있다.

② 매도기간이 지났어도 사후조건을 충족한 경우

앞에서 입주권을 취득한 날부터 3년 이내에 종전주택을 매도하면 비과세 특례 적용이 가능하다고 했는데, 3년이 지나도 특례 적용이 가능한 경우가 있다. 하지만 이것은 일종의 패자부활전처럼 아쉽게 기회를 놓친 경우 한 번 더 기회를 주는 것이기 때문에 몇 가지 사후조건을 반드시 충족해야만 한다.

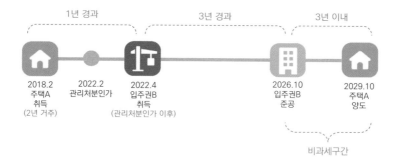

조건① : 입주권이 신규주택으로 준공된 후 3년 이내에 세대 전원이 이사해야 한다. (이때 취학, 근무상의 형편, 질병의 요양, 그 밖의 부득이한 사유로 세대의 구성원 중 일부가 이사하지 못하는 경우는 예외로 인정하되 증빙을 필수로 해야 한다.)

조건② : 신규주택에 1년 이상 계속 거주해야 한다. (이때는 반드시 계속 거주여야 한다. 즉, 중간에 거주기간이 끊어졌다가 이어지면 안 된다.)

조건③ : 신규주택 준공 후 3년 이내에 종전주택을 매도해야 한다. (참고로, 분양권의 경우 비슷한 특례를 받으려면 잔금지급일과 등기접수일 중에 빠른 날로부터 3년 이내여야 하지만, 입주권의 경우 잔금지급일과 등기접수일에 상관없이 사용승인일(준공일)을 기준으로 3년을 계산하므로 헷갈리면 안 된다. 만일 임시사용승인이 이뤄졌다면 그날이 취득일이다.)

또 한 가지 주의할 점은 입주권의 취득일이 종전주택을 취득한 날부터 1년이 경과한 후여야 한다는 것이다. 2022년 2월 15일 이전 취득분은 1년을 경과하지 않았어도 비과세 특례가 가능했지만, 2022년 2월 15일 이후 취득분은 반드시 이 조건을 충족시켜야 비과세를 받을 수 있다.

입주권을 활용한 비과세 특례의 경우 일반적으로 알고 있는 일시적 1세대2주택보다 중복 보유기간이 더 길고, 실제로는 2주택자이지만 세제 혜택은 1주택자와 거의 비슷하게 적용받을 수 있다. 때문에 비과세 특례는 일반 주택이나 분양권보다 입주권을 활용할 때 더 다양한 경우의 수를 활용할 수 있다. 적재적소에 잘 활용하면 최고의 절세 방법이 될 것이다.

1주택으로만 갈아타기를 하는 사람과 일시적 2주택으로 다양한 경우의 수를 활용하여 갈아타기를 하는 사람은 자산 증식 속도 측면에서 차이가 날 수밖에 없다. 때문에 정비사업과 관련된 정부의 정책과 입주권을 활용한 절세 전략은 부동산 투자자뿐만 아니라 1주택을 소유한 사람들도 반드시 알아야 할 정도로 매우 중요하다. 정비사업이 대세로 자리잡을 2024

년의 부동산 시장에서는 다른 사람들보다 효과적으로 절세하며 빠른 속도로 자산을 증식할 수 있는 입주권을 활용해서 포트폴리오를 설계하는 해가 되었으면 한다.

똑똑한 2주택
: 다주택자의 숨통이 트인다

전 정부에서는 '똑똑한 1주택'이 유행이었다. 왜냐면 살 때의 취득세, 보유할 때의 종부세, 팔 때의 양도세를 생각할 경우 일시적 2주택이 아닌 이상 대부분의 다주택자는 중과를 적용받기 때문이다.

1억 원을 조금만 넘는 주택이 여러 채이면 다주택자라서 중과를 적용받는 반면, 수십억 원짜리 주택이라 하더라도 1주택이기만 하면 중과가 적용되지 않고 일부 금액은 비과세가 적용되기도 했다. 그래서 똑똑한 1주택을 만들기 위해 여러 채의 자잘한 주택을 매도하여 하나로 합치거나, 가장 똑똑한 것만 남기고 남은 투자금은 상가 및 토지 등의 비주택에 투자하는 것이 유행이었다.

다주택자들은 진입도, 보유도, 탈출도 어렵도록 그물망처럼 촘촘한 규제가 만들어지자 경기 위축과 주택거래 침체라는 결과가 나타났고, 정부는 이제 단계별로 규제 완화를 통해 위기를 극복하고자 노력하고 있다. 하지만 이러한 정부의 시도가 부동산 시장에 급격한 상승 신호를 주지 않기 위해서 조심스럽게 움직이는 모습이다. 2주택자의 취득세와 종부세 부담을 덜어줌으로써 사실상 실거주 외 한 채, 즉 2주택까지는 허용했지만, 3주택부터는 여전히 부담스러운 규제를 남겨둠으로써 주택 수를 쉽게 늘리지 못하게 하고 있다.

이렇게 조금은 숨통이 트인 분위기에서 여전히 '똘똘한 1주택'만 고집하는 것은 아쉬운 일이다. 이제는 '똘똘한 2주택'으로 바뀌어야 하지 않을까 싶다. 현 정부에서 시행한 규제 완화 정책들을 보면서 2024년에는 왜 '똘똘한 2주택'이 유행할 수밖에 없는지 취득세 · 종부세 · 양도세 관점에서 살펴보도록 하겠다.

취득세의 2주택 전략

2023년 8월 현재 취득세율은 조정대상지역의 경우 2주택부터 8%가 적용된다. 하지만 강남3구와 용산구를 제외한 지역이 조정대상지역에서 해제된 만큼 대부분의 지역에서는 2주택까지 취득세 기본세율(1~3%)로 취득할 수 있다.

설령 취득한 두 번째 주택이 조정대상지역 안에 있더라도 종전주택을 3년 이내에 매도하면 일시적 2주택이 되므로 역시나 기본세율로 취득이 가능하다.

반면 비조정대상지역이라도 3주택자의 취득세율은 여전히 8%이기 때문에 그 이상의 주택을 매수하기에는 부담스럽다. 예를 들어 매수가격 5억 원짜리(85㎡ 이하) 아파트를 매수한 경우 지방세까지 포함하면 취득세가 4,200만 원이고, 매수가 10억 원짜리의 경우는 8,400만 원이다. 물론 취득세는 나중에 양도세에서 공제가 된다고 하지만 취득세가 커질수록 초기 투자금이 많이 필요해지는 것은 어쩔 수 없다.

때문에 어쩔 수 없이 다주택자가 되어야 하는 상황이 아니라면 어설픈 3주택자가 되기보다는 똑똑한 2주택으로 포트폴리오를 구성하는 게 유리할 것이다.

정부의 취득세 규제 완화 계획			
구분	지역	현행	정부안
1주택	전 지역	1~3%	1~3%
2주택	조정대상지역	8% *	1~3%
	비조정대상지역	1~3%	
3주택	조정대상지역	12%	6%
	비조정대상지역	8%	4%
4주택 이상 · 법인	전 지역	12%	6%

* 일시적 2주택 제외

종합부동산세의 2주택 전략

기존에는 공시가격이 낮아도 조정대상지역의 2주택이라는 이유만으로 종부세 중과를 적용받았다. 하지만 이제는 공시가격과 상관없이 2주택자까지는 종부세 중과를 적용받지 않기 때문에 부담이 한결 가벼워졌다. 2023년 8월 현재 종부세율은 3주택 이상이면서 과세표준이 12억 원 초과인 경우에만 중과되는 것으로 규제가 한결 완화되었다.

다주택자들이 가장 무서워하는 것을 꼽으라면 아마도 첫 번째는 역전세, 그리고 두 번째가 보유세 부담이 아닐까 싶다. 취득세는 취득할 때 일회성으로 한 번만 납부하면 되고, 양도세의 경우는 금액이 크긴 하지만 일회성이면서 매도가 확정될 때 시세차익에 대해서만, 즉 돈을 벌었을 경우에만 납부한다. 하지만 종부세의 경우 시세가 올랐다는 이유만으로 아직 실현되지도 않은 수익에 대해서, 일회성도 아니고 매년 납부해야 하기 때문이다.

종부세가 적거나, 근로소득이 넉넉하거나, 근로소득 외 현금흐름이 매월 꾸준히 발생하는 사람들은 그나마 버틸 수라도 있다. 하지만 은퇴 이후 근로소득이 없는 상태라면 현금으로 종부세를 계속 납부하면서 주택을 보유하기는 부담스럽다. 이런 분들에게는 2주택까지 종부세가 면제된다는 점을 감안하여 어설픈 3주택자가 되기보다는 중과를 적용받지 않는 똑똑한 2주택으로 포트폴리오를 구성하는 것이 절세에 유리하다.

양도소득세의 2주택 전략

양도세는 '세금의 꽃'이라고 할 만큼 부동산 세금 중에서 가장 엄격한 잣대가 적용되고, 금액 부담도 상당하다. 그만큼 투자자들이 가장 부담스러워하는 세금이기도 하다. 특히 전 정부에서는 조정대상지역 내의 주택에 대해서 양도세를 중과했는데, 조정대상지역에 2주택을 보유하고 있으면 기본세율에 20%p가 추가되었고, 조정대상지역에 3주택 이상을 보유하고 있으면 기본세율에 30%p가 추가되었다.

문제는 조정대상지역으로 지정된 곳이 너무 많았다는 점이다. 전국 곳곳이 조정대상지역으로 지정되면서 양도세 부담이 전국적으로 커지다 보니 이미 보유하고 있는 사람은 매도를 하지 못하고, 반대로 주택을 매수하고 싶은 사람은 추가로 매수할 수가 없게 되었다. 때문에 취득세 및 양도세 중과를 적용받지 않는 오피스텔이나 공시가격 1억 원 이하의 지방 소형 아파트 같은 물건에 투자자들이 유행처럼 몰리기도 했다.

그런데 양도세에는 중과를 피해 가는 것은 물론 비과세까지 받을 수 있는 좋은 특례제도가 있다. 대표적인 것이 널리 알려진 일시적 2주택으로, 몇 가지 요건을 지키면 양도세 비과세를 받을 수 있다. 첫째로는 종전주택(기존에 보유했던 주택)을 2년 이상 보유해야 하고(조정대상지역일 경우 2년 이상 거주도 해야 함), 둘째로는 종전주택을 매수한 날부터 1년이 지난 후 신규주택(추가로 매수하는 주택)을 매수해야 하고, 셋째로는 신규주택을 매수한 날부터 3년 이내에 종전주택을 매도해야 한다는 것이다. 이렇게 되면 최대 3년까지는 주택 두 채를 중복으로 보유할 수 있게 된다.

그런데 앞에서 설명했던 것처럼, 단순히 주택뿐만 아니라 1주택과 1분양권, 1주택과 1입주권, 대체주택 비과세 등 다양한 특례를 활용하여 꽤 오랜 기간 동시에 2주택을 보유할 수 있다. 실제로는 2주택을 보유하고 있어도 세제 혜택은 1주택자와 거의 비슷하게 적용받을 수 있는 것이다. 따라서 이런 혜택을 적극 활용할 필요가 있다.

어설픈 3주택자가 되어서 앞에서 벌고 뒤에서 세금으로 다 납부하는 투자를 할 바에는 2주택을 똘똘하게 세팅하여 둘 다 비과세를 받음으로써 시세차익을 극대화하는 포트폴리오를 구성해 보자.

미리 공부해야 빠르게 대응한다

사실은 정부도 잘 알고 있다. 징벌적 수준의 세금을 납부하고서라도 투자를 강행하는 투자자는 소수에 불과하고, 굳이 큰 리스크를 떠안고 투자하는 투자자는 별로 없을 것이며, 강력한 규제는 곧 거래량을 줄어들게 만들어서 그로 인한 세수도 줄어든다는 것을 말이다. 취득세처럼 지방자치단체의 중요한 재원이 되는 지방세뿐만 아니라 양도소득세 및 종합부동산세 같은 국세가 줄어들면 결국에는 중앙정부의 재원도 줄어들어 재정

운영을 제대로 할 수가 없는 상황이 된다. 때문에 정부는 이런 상황을 가만히 바라만 보고 있지는 않을 것이다.

미래는 신만이 알 수 있기 때문에 시장을 예측한다는 행위 자체가 무의미하다고 생각할 수도 있다. 부동산 투자는 예측이 아닌 대응의 영역이라는 말이 있을 정도니 말이다. 하지만 상승을 하면 하락을 하고, 하락을 하면 상승을 하는 패턴이 역사적으로 반복되어 온 것처럼 부동산 시장은 연속성이 있다. 그렇기에 과거 정부에서 시행했던 대책과 그 당시 부동산 시장의 흐름을 유심히 살펴보면 앞으로 발표될 규제 방향이 강화인지 완화인지, 완화라면 어떤 내용일지 어느 정도는 예측할 수 있다.

이를 통해 남들보다 정보의 우위를 차지하고 험난한 부동산 시장에서 살아남아 성공할 수 있다면, 과거의 데이터를 분석하여 전망을 예측하는 것이 결코 무의미한 시간은 아닐 것이다. 요즘같이 정보의 속도가 중요한 시장에서 남들이 다 알고 관심 가질 때는 이미 한 타임, 아니 두 타임 늦은 것이다. 투자에서 돈을 버는 사람이 있는 반면 잃는 사람이 있는 이유는 남들보다 한 발자국을 미리 내다보는 선견지명과 이에 대한 적절한 대응의 유무 때문일 것이다. 실력뿐만 아니라 운과 타이밍도 작용했겠지만 제대로 공부하지 않은 사람은 운과 타이밍이 온 것도 모르고 지나치게 된다.

지난 모든 정부들은 부동산 시장이 침체될 때마다 다양한 혜택으로 다주택자에게 손을 내밀어 부동산 시장을 정상화한 경험이 있다. 많은 국민들이 전 정부의 부동산 정책 실패를 극복하였으면 하는 기대를 현 정부에

걸고 있다. 현 정부 역시 이를 위해서라도 2024년에는 부동산 시장의 정상화를 추진하는 과정 속에서 급격한 상승이 되지 않도록 하는 방향을 추구할 것으로 예측된다.

섣부른 예측과 정책 하나에 일희일비하면 안된다. 이전 정부들의 다양한 정책들을 살펴볼 수 있다는 점에서 부동산 투자라는 것은 나름 오픈북(open book) 시험이라고 할 수 있다. 하지만 제대로 된 북(book)을 펴봐야 실패를 줄이고 성공할 확률에 가까이 다가설 수 있고, 제대로 된 북을 만들기 위해서는 그만큼 꾸준한 관심을 가지고 공부해야 된다. 여러분이 지금 읽고 있는 이 책도 시험을 제대로 준비할 수 있도록 도움을 줄 것이라고 믿어 의심치 않는다.

기대해볼 만한
정책들

지금부터는 정부가 명확한 입장을 밝히지는 않았지만 필자가 개인적으로 기대하고 있는 규제 완화 방향에 대해 적어보려고 한다. 공부한 것을 바탕으로 예상해 본 것이기 때문에 정말 이렇게 될 거라고 확신을 하기보다는 이런 쪽으로 흘러갈 수도 있겠다는 하나의 의견으로 참고하면 좋을 것 같다. 역사적으로 부동산 규제는 '완화 - 강화 - 완화 - 강화'를 반복해 왔기에 과거 정부들이 펼쳐왔던 정책들과 현 부동산 시장의 흐름을 관심 있게 살핀다면 적절한 대응으로 성공적인 투자를 할 수 있을 것이다.

대출 규제 추가 완화 가능할까

세간의 화제를 모았던 특례보금자리론은 2023년 9월 28일부터 일반형 신청이 불가능하게 되었고, 50년 만기 주택담보대출 상품의 경우도 이제는 만 34세 이하만 가능하다. 이렇게 보면 최근 들어 대출 규제가 다시 강화된 것처럼 보이지만, 전 정부와 비교했을 때는 상당히 완화된 것이 사실이다.

15억 원 초과 아파트 구입 시에도 주택담보대출이 가능해졌고, 분양가에 상관 없이 중도금대출이 다시 가능해졌으며, 주택담보대출 후 기존 주택을 처분해야 하는 의무도 완화되었다. 또 규제지역 내 신규주택을 구입할 때 다주택자도 주택담보대출이 가능해졌고, 임차인의 전세보증금 차액을 반환하기 위해 대출을 받을 경우 DSR 40%를 적용하는 대신 DTI 60%를 적용하면서 대출한도가 늘어나는 효과도 생겼다.

이처럼 대출 규제 완화를 통해 부동산 시장이 연착륙하는 데 일조한다는 게 현 정부의 방침이지만, 여기에 추가로 규제 완화가 진행될 거라는 기대도 해볼 수 있다. 그래야 무주택자 및 갈아타기를 준비하는 1주택자, 저소득층, 실수요자들이 내 집 마련을 하는 데 도움을 줄 수 있기 때문이다.

지난 이명박 정부와 박근혜 정부에서도 거래 절벽이라는 문제를 해결하기 위해 주택담보대출 한도를 높여주는 등의 대출 규제 완화를 실시했다. 몇 번의 부침은 있었지만 결과적으로 전국 주택 가격은 다시 우상향 그래프를 그릴 수 있었다. 물론 대출규제 완화만으로 가능했던 것은 아니고, 세금 등의 다른 규제 완화도 일조하였지만 말이다.

다만 DSR이 완화된다는 의미는 아니다. DSR은 '총부채원리금상환비율'로서 대출을 받으려는 사람의 소득 대비 전체 금융부채의 원리금 상환액 비율을 말한다. 즉, 1년간 갚아야 할 원리금 상환액을 연간소득으로 나눠 산출한 값이다.

DSR = (주택대출 원리금 상환액 + 기타대출 원리금 상환액) / 연간소득

좀 더 이해하기 쉽게 설명하자면 어떤 사람의 연간소득이 얼마인지, 얼마의 부채(마

Insight

이너스통장 및 신용대출 포함)를 갖고 있는지를 고려하여 그중 일부 금액만큼만 대출해준다는 것이다. 고소득자는 그만큼 많은 금액의 대출이 가능하고, 저소득자는 원하는 금액이 아닌 일부만 대출을 받을 수 있다는 의미다.

DSR이 기존의 DTI보다 강력한 이유는 단순히 주택담보대출금만 포함하는 게 아니라 다양한 모든 대출을 합쳐서 계산하기 때문이다. 기존에 받았던 여러 가지 대출 때문에 추가로 받을 수 있는 대출의 한도가 크게 줄어든다. 참고로, 모든 대출이 DSR 계산 시에 포함되는 것은 아니고, 아래의 대출은 DSR 계산 시 예외적으로 제외된다.

> 분양주택에 대한 중도금 대출 / 재건축·재개발 주택에 대한 이주비 대출, 추가분담금에 대한 중도금대출 / 분양 오피스텔에 대한 중도금 대출 / 서민금융상품(새희망홀씨, 바꿔드림론, 사잇돌대출, 징검대리론, 대학생·청년 햇살론 등) / 3백만원 이하 소액 신용대출(유가증권담보대출 포함) / 전세자금대출(전세보증금담보대출은 제외) / 주택연금(역모기지론) / 정책적 목적에 따라 정부, 공공기간, 지방자치단체 등과 이차보전 등 협약을 체결하여 취급하는 대출 / 자연재해 지역에 대한 지원 등 정부정책 등에 따라 긴급하게 취급하는 대출 / 보험계약대출 / 상용차 금융 / 예적금담보대출 / 할부·리스 및 현금서비스

전 정부는 가계부채 위험성을 관리한다는 명목하에 2017년부터 대출심사 지표를 마련했는데 이때부터 DSR이 단계적으로 확대 도입되었다. 현 정부에서도 다른 대출 규제가 완화된 것과 달리 DSR만큼은 오히려 2022년 7월부터 규제를 강화한 상황이다. DSR 적용 대상을 총대출액 1억 원 초과 대출자로 확대해서 연간 원리금상환액이 연

소득의 40%를 넘지 못하도록 하는 3단계가 현재 시행 중이다.

사실 우리나라의 가계부채 상황은 별로 좋지 못하다. 전세보증금을 포함할 경우 가계부채 규모는 3,000조 원에 육박해서 OECD 가입국 중 1위를 기록하고 있다. 대부분의 규제를 완화하고 있는 현 정부도 DSR만큼은 전 정부의 규제를 이어받아 계속 유지하고 있는 점, 추경호 경제부총리 겸 기획재정부 장관도 "잘못 건드렸다가는 뇌관이 될 수 있는 가계부채 상황을 고려할 때 DSR만큼은 일관되게 유지할 것"이라고 지속적으로 못을 박고 있는 점, 역전세로 인한 전세금 반환 차액에 한해서만 한시적·예외적 완화를 하겠다는 정부의 방침 등을 고려해 볼 때 DSR만큼은 완화되기 힘들 것으로 예상된다.

결국 대출 규제 완화는 LTV와 DTI의 점진적 완

GDP 대비 가계부채 비율

국가	비율
한국	**102.2%**
홍콩	95.1
태국	85.7
영국	81.6
미국	73.0
말레이시아	66.1
일본	65.2
중국	63.6
유로 지역	55.8
싱가포르	48.2

(출처 : 연합뉴스)

대출 시 DSR 적용 원칙

구분	주택담보대출	신용대출
기존	투기과열지구 9억 원 초과주택	연소득 8,000만 원 초과 & 1억 원 초과
1단계 ('21년 7월~)	① 규제지역 6억 원 초과주택	② 1억 원 초과
2단계('22년 1월~)	총 대출액 2억 원 초과시 적용, ①② 유지	
3단계('22년 7월~)	총 대출액 1억 원 초과시 적용, ①② 폐지	

화, 저소득층·무주택자 위주의 DSR 면제 등을 통해 이루어질 것이고, 이와 함께 지금은 특례보금자리론의 일부(일반형)가 폐지되었지만 비슷한 성격의 대출상품 출시를 예상해 볼 수 있다. 실제로 2023년 1월, 정부는 가파른 부동산 추가 하락 방지 및 멈춰있는 거래량을 회복하고자 1년 동안 한시적으로 DSR 규제가 적용되지 않는 저금리 대출상품인 특례보금자리론을 출시해 대출 규제의 숨통을 트여주었다. 실수요자를 대상으로 한 대출이었지만 특례보금자리론이 출시되자마자 거래량이 빠르게 회복하며 부동산 연착륙에도 어느 정도 역할이 컸다는 평이 지배적이다.

특례보금자리론의 효과를 경험한 이상 정부는 DSR을 전면 해제하지는 못하더라도 부동산 시장이 불안정할 때마다 규제 완화의 카드로 사용할 가능성이 있다. 대표적으로 지난 8월 '저출산 극복을 위한 주거 지원 방안' 발표 시에 '신생아 특례 구입·전세자금 대출'을 도입함으로써 특례보금자리론에 이어 또 한 번의 실질적 대출 규제 완화를 해주었다. 물론 특례보금자리론처럼 자격조건이 광범위하지 않고 출산가구로 한정하였지만, 소득자산·대상주택·대출한도의 기준을 완화함으로써 거래량을 회복하는 데 일조할 것으로 예상되기에 이러한 흐름을 관심 있게 지켜보는 것이 필요하다. DSR이 완화된다면 대출은 어느 한도까지 실행할 것인지, 이를 통해 나의 투자 포트폴리오는 어떻게 수정해야 할지 미리 공부하고 생각하여 바로 실행에 옮길 수 있는 준비가 되어야겠다.

취득세 및 양도세 감면

정부가 다주택자를 바라보는 시각은 늘 부정적인 것 같다. 상승장에서는 '적폐'라 하고, 하락장에서는 전세 사기의 잠재적 범인이라고 한다. 물론 계약 전부터 부동산 중개업소와 짜고 일부러 세입자를 속이는 죄는 마땅히 상응하는 벌을 받아야 하나, 이런 사기꾼과 투자자는 엄연히 다른 것이다. 하지만 정부에서도 언제까지 다주택자를 적폐나 사기꾼으로만 취급할 수는 없다. 2022년부터 이어져 온 하락장에서 부동산 가격을 연착륙시키기 위해서는 결국 다주택자에게 손을 내밀 수밖에 없기 때문이다. 다주택자가 시장에 나설 수 있도록 하는 가장 효과적인 것은 미분양 주택을 취득하면 주택 수에서 제외해주는 방식이나 특정 조건에서 취득세와 양도세를 감면해주는

신생아 특례 구입 · 전세자금 대출(안)

구분	구입자금 대출		전세자금 대출	
	기존(신혼 · 생초)	특례	기존(신혼)	특례
소득	7,000만 원 이하 (8,500만 원 상향 예정)	1억3,000만 원 이하	6,000만 원 이하 (7,500만 원 상향 예정)	1억3,000만 원 이하
자산	5억600만 원 이하	5억600만 원 이하	3억6,100만 원 이하	3억6,100만 원 이하
대상주택	주택가액 6억 원 이하	주택가액 9억 원 이하	(보증금) 수도권 4억 원 이하, 지방 3억 원 이하	(보증금) 수도권 5억 원 이하, 지방 4억 원 이하
대출한도	4억 원	5억 원	3억 원	3억 원
소득별 금리 (1자녀)	8,500만 원 이하 → 1.85 ~ 3.0%	1.6 ~ 2.7%	7,500만 원 이하 → 1.2 ~ 2.4%	1.1 ~ 2.3%
	8,500만 원 초과 ~ 1억3,000만 원 이하 → 이용 불가	2.7 ~ 3.3%	7,500만 원 초과 ~ 1억3,000만 원 이하 → 이용 불가	2.3 ~ 3.0%

※적용금리, 지원대상 등 세부 지원조건은 시장 상황 등에 따라 변동 가능

방식이다. 물론 둘 다 된다면 투자자 입장에서는 더할 나위 없이 좋지만 말이다.

지난 정부들도 부동산 시장이 어려워지면 다주택자가 주택을 매수·매도하는데 큰 장애물이 없도록 세제 혜택을 주어 위기를 극복한 적이 많다. 때문에 지난 정부들의 정책과 비슷한 완화 정책이 나올 가능성이 크다. 아래의 표는 이명박 정부와 박근혜 정부의 완화 내용이다.

수도권의 경우 중심지부터 미분양물량이 점점 소진되며 시장이 회복되어 가고 있지만, 지방의 경우 일부 지역은 미분양물량이 계속 증가하고 있거나 소진되더라도 수도권에 비해 속도가 한참 느리다. 미분양물량이 증가하게 되면 건설사들은 공사에 들어간 대출금을 상환하지 못해 자금난에 빠지게 되고, 하도급 업체들도 자금을 받지 못하기 때문에 부도 현상이 연쇄적으로 일어날 가능성이 크다.

이 문제는 건설사와 하도급 업체 선에서 그치는 것이 아니라 금융기관까지 이어진다. PF(Project Financing : 대규모 자금이 필요한 건설 사업에 사업성과 현금흐름을 보고 담보 없이 자금을 지원하는 금융기법) 대출을 제공한 금융기관 역시 부실이 전이될 수밖에 없는

이명박 · 박근혜 정부의 부동산 부양 정책

구분	주요 내용
이명박 정부 (2008~2013년)	* 지방 미분양 주택 취득시 1년간 취 · 등록세 50% 감면 * 다주택자 양도세 중과 한시적 완화
박근혜 정부 (2013~2017년)	* 신규분양주택 등 구입시 5년간 양도세 면제 * 주택 취득세율 영구 인하(2~4% → 1~3%) * 다주택자 양도세 중과 폐지

구조이다. 대기업 건설사는 보유하고 있는 현금으로 위기를 극복할 수도 있지만 중소 건설사, 특히 지방에 거점을 잡고 있는 중소 건설사의 경우 존폐 위기에 빠질 정도로 직격탄을 맞을 수밖에 없다.

건설업의 부도 위기는 심각한 상황이다. 실제로 국토교통부 건설산업지식정보 시스템(KISCON) 신고 현황에 따르면 2023년 초부터 4월까지 폐업 신고한 종합·전문건설업체가 1,000여 곳을 넘을 정도다. 2023년 1분기 기준 KISCON의 수치상 폐업한 회사는 종합건설업 119곳, 전문건설업 820곳으로 총 939곳이라고 집계된다.

물론 실제 폐업 현황은 조금 다르다. KISCON 신고 현황에는 경영 악화로 인한 폐업 외에도 업종 전환등록으로 기존 면허를 반납하는 경우, 개인사업자의 대표자가 변경되는 경우, 복수 건설업 면허를 보유하고 있는 기업이 경영전략상 일부 면허를 반납

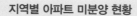

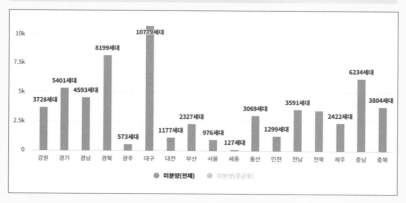

지역별 아파트 미분양 현황

하는 경우 등도 포함되기 때문이다. 이런 점을 감안하여 실제로 폐업한 곳은 종합건설업 82곳, 전문건설업 518곳으로 약 3분의 2 정도다. 문제는 그래도 역대 가장 높은

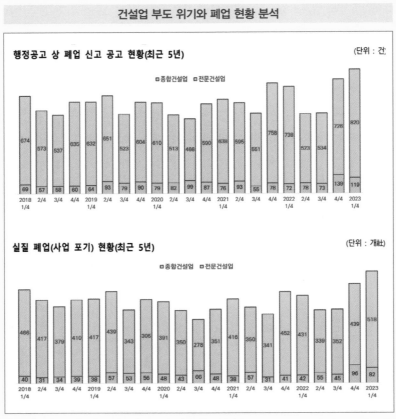

건설업 부도 위기와 폐업 현황 분석

행정공고 상 폐업 신고 공고 현황(최근 5년)

(출처 : 한국건설산업연구원 건설동향브리핑 제907호)

수치라는 점은 마찬가지란 것이다. 공사비가 치솟은 탓도 있겠지만 미분양까지 속출하다 보니 더 이상 자금적으로 버틸 수가 없는 것이다. 폐업하는 중소 건설사는 더욱 늘어날 전망이다.

미분양물량이 증가하면 어디 한 곳만 문제가 터지는 것이 아니라 연쇄적으로 문제가 발생하게 된다. 이는 경제에 미칠 파장이 적지 않은 만큼 정부가 나서서 적극적으로 해결해야 하는 중대 문제이다. 정부에서는 아직까지 개입할 수준이 아니라고 하지만 미분양물량이 계속 증가한다면 결국 적절한 대응책을 강구할 수밖에 없다. 예를 들어 미분양 아파트를 취득하면 취득세 감면 또는 양도세 면제 및 주택 수 제외 등의 정책이 만들어질 수 있다.

이때는 해당 특례를 지방에만 적용하거나 지방 중에서도 광역시는 제외한다는 조건을 붙을 가능성도 크다. 이런 식으로 규제가 완화되면 어느 지역의 어느 아파트를 매수할 것인지에 따라 성과가 달라질 것이다. 지금부터 임장을 다니면서 완화에 따른 첫 번째, 두 번째, 세 번째 시나리오를 미리 세워본다면 다른 사람들보다 더 싼 가격으로 반 박자 빠른 매수 타이밍을 잡을 수 있을 것이다.

토지거래허가제 폐지를 위한 움직임들

토지거래허가제는 투기 억제를 위하여 국토교통부 장관과 시·도지사가 특정 지역을 거래 규제지역으로 지정하는 제도로서, 해당 지역의 부동산을 거래할 때는 지자체의 허가가 필요하도록 한 제도다(단, 기준면적 6㎡ 미만의 주택, 법원경매·상속·증여 등으로 취득한 주택은 적용하지 않음). 2023년 8월 현재 압구정동, 청담동, 삼성동,

대치동, 잠실동, 여의도동, 성수전략정비구역, 목동신시가지아파트 등이 대표적인 토지거래허가제 구역이다.

서울시 토지거래허가구역 지정현황

토지거래허가구역으로 지정되면 매수 후 잔금 지급일로부터 6개월 이내 입주를 해야 하고, 입주 후 2년간은 실거주를 하겠다는 조건으로만 거래 허가가 나온다. 즉, 매수 후 전·월세 임대를 놓는 것이나 세입자가 살고 있는 상태에서 매수하는 이른바 '갭투자'가 불가능하다. 반대로, 매도자 입장에서도 자신의 주택을 사줄 사람이 2년 이상 실거주가 가능한 매수자밖에 없다 보니 서로 대등한 입장에서 매도하기가 힘들 수밖에 없는 웃지 못할 상황이 생겨난다.

토지거래허가제는 최근에 생긴 규제가 아니라 정부마다 규제와 완화를 반복하면서 오락가락해온 꽤 오래된 역사를 가진 규제이다. 최초 시작은 1979년 박정희 대통령 당시 '토지의 소유와 처분은 공익을 위해 제한할 수 있다'는 토지공개념 제도가 처음 생겨나서부터였고, 1985년에 대덕연구단지 건설이 예정된 대전과 대덕군 일부 지역이 처음으로 토지거래허가구역으로 지정되었다.

김대중 정부 시절에는 IMF라는 국가적 위기를 극복하고 침체된 부동산 경기 활성화 방안으로 토지거래허가제도를 폐지했지만, 부동산 투기가 심해지자 노무현 정부에서 토지거래허가구역이 부활하였다. 그러다가 또다시 부동산 경기가 악화되자 이명박 정부에서는 다시 폐지하는 등 정권마다 부동산 시황에 따라 부활했다 폐지되었다를 반복하고 있다. 이후 2020년 문재인 정부에서 6·17 대책으로 다시 부활한 토지거래허가제는 2023년 현재도 1년씩 갱신되며 계속 유지되고 있다.

정부는 집값 안정이라는 공익적인 목적을 위해 토지거래허가제를 계속 연장하고 있지만, 오히려 헌법에 보장된 주거이전의 자유 및 사유재산권의 보장을 침해한다는 위헌 논란으로까지 번지고 있다. 헌법 제37조 2항을 보면 '모든 국민의 자유와 권리는 국가안전보장 · 질서유지 또는 공공복리를 위하여 필요한 경우에 한하여 법률로써 제한할 수 있다'고 규정하고 있는데, 여기서 '필요한 경우에 한하여'라는 문장이 과연 어디까지 인정되느냐가 문제이다. 지난 1989년과 1997년에 헌법재판소에서 합헌 결정이 나기는 했다. 부동산 투기 방지를 위해서는 토지거래허가제 외 다른 강구책이 없기 때문에 일부 사유재산권 제한이 불가피하고, 토지거래허가제가 사유재산권의 본질을 침해하지 않는다는 것이 합헌 근거였다.

하지만 최근에는 움직임이 달라지고 있다. 토지거래허가구역 내 주민들이 똘똘 뭉쳐 직접적인 항의와 건의를 이어가고 있으며, 해당 자치단체 역시 상급 행정기관인 서울시에 해제를 요청하는 등 적극적으로 대응하고 있다. 실제로 여당 국회의원들은 거주이전의 자유를 침해하는 토지거래허가제는 명백한 위헌이며, 정부의 정책 기조를 역행하는 것이라는 목소리를 높이고 있다.

이렇게 해당 지역 주민들과 자치구, 국회의원들이 폐지를 위해 한 뜻으로 움직이는 만큼 정부에서도 토지거래허가제를 기약 없이 연장하지는 못할 것이다. 물론 현재 지정되어 있는 모든 지역을 한 번에 해제할 수는 없겠지만 일부 지역부터 상황을 보아가며 조금씩 해제해 줄 가능성이 크다.

토지거래허가 지역은 누구나 진입하고 싶어 하는 상급지 지역이 대부분이다. 그렇기

Insight

때문에 폐지가 되면 투자자는 물론, 당장 실거주를 하지는 않더라도 전세를 끼고 미리 매수해 놓음으로써 갈아타기를 원하는 실수요자들까지 합세할 것이고, 수요가 공급 이상으로 많아진다면 그동안 토지거래허가제 때문에 눌려온 상승폭이 단숨에 폭발할 수도 있다. 따라서 만약 토지거래허가제가 폐지된다면 어느 지역에 투자할 것인지, 갈아타기는 어느 아파트로 할 것인지를 미리 공부하고 생각하여 바로 실행에 옮길 수 있는 준비가 되어야겠다.

토지거래허가지역 지정 현황(2023.08)

지정권자	주택담보대출	지정기간	면적(㎢)
서울특별시장	강남 · 서초 자연녹지지역 (강남구 개포 · 세곡 · 수서 · 율현 · 자곡 · 일원 · 대치동, 서초구 내곡 · 신원 · 염곡 · 원지 · 우면 · 방배 · 서초 · 양재)	2021. 05. 31. ~2024.05.30	27.29
	국제교류복합지구 및 인근지역 (강남구 삼성 · 청담 · 대치동, 송파구 잠실동)	2022.06.23. ~2023.06.22	14.4
	공공재개발 후보지(기존) 8곳 (종로, 동대문, 강북, 영등포, 동작, 관악)	2022.01.26. ~ 2024.01.25	0.13
	공공재개발 후보지(신규) 16곳, 신속통합기획(재개발 사업) 선점지 5곳(노원, 강동, 동작, 성동, 종로, 양천, 서대문, 송파, 동대문, 중랑, 성북, 영등포)	2021.04.04. ~ 2024.04.03	1.39
	주요 재건축 단지 등(양천, 영등포, 성동, 강남)	2023.04.27. ~ 2024.04.26	4.57
	신속통합기획 주택재개발 후보지 16곳 (종로, 용산, 성동, 동대문, 중랑, 성북, 강북, 은평, 마포, 양천, 강서, 구로, 영등포, 동작, 송파, 강동)	2023.01.02. ~2024.01.01	0.87
	신속통합기획 주택재개발 사업예정지 13곳 (선정 7곳, 미선정 6곳) (종로, 중고, 동대문, 중랑, 강북, 마포, 양천, 구로, 영등포, 송파, 강동)	2022.01.29. ~ 2024.01.28	0.87
	공공재개발 후보지, 신속통합기획(재건축 · 재개발 사업) 예정지 등 47곳	2022.08.31. ~ 2023.08.30	2.64
	신속통합기획(재개발) 공모추천지, 신속통합기획(재건축) 선정지 54곳(종로, 용산, 성동, 광진, 동대문, 중랑, 성북, 강북, 도봉, 은평, 서대문, 마포, 양천, 구로, 금천, 영등포, 동작, 관악, 송파, 강남)	2023.01.04. ~ 2024.01.03	3.38
	소　계		55.54
국토부장관	강서구 (오곡동)	2021.12.26. ~ 2023.12.25	0.02
	강서구 (과해, 오곡, 오쇠동)	2023.05.13. ~ 2024.05.12	2.19
	용산구 (이촌, 한강로1 · 2 · 3가, 용산동3가)	2023.05.20. ~ 2024.05.19	0.77
	소　계		2.98
합　계			58.52

대세는 쉽게
변하지 않는다

이상으로 여덟 개 분야에서 2024년 트렌드를 살펴보았다. 적지 않은 분량이지만 끝까지 읽었다면 빨리 '돈이 되는 곳'을 찾아 이동하고 싶은 마음에 설렐지도 모르겠다.

하지만 너무 서두를 필요는 없다. 이 책을 기획할 때 우리는 너무 빠르게 떴다가 지는 트렌드가 아니라, 대세로 자리잡을 만큼 굵직한 흐름을 짚어주자고 논의했기 때문이다. 잠깐 반짝하고 없어질 트렌드가 아니다. 그러니 서두르다 낭패를 보지 말고 차분히 준비해서 정확한 성과를 얻기 바란다.

이 책을 완성하기까지 많은 사람들의 노력이 있었다. 바니이모를 필두로 효라클, 슬라브, 싱그레, 집이두채, 오래임장, 와이직, 깨깨부 모두 혼신의 힘을 다해 원고를 집필했다. 독자들에게 조금이라도 좋은 정보, 최신의 정보를 전달하기 위해 우리는 매주 밤잠을 설쳐가며 「투자고수의 비밀노트」라는 네이버 프리미엄 콘텐츠에 포스팅을 한다. 몸이 아파도 병마와 싸워가며 글을 쓰고, 여행을 가도 마음 편히 놀지 못한 채 노트북을 붙잡고 있다.

그런 노력이 이렇게 『부트 2024 : 부자 되는 트렌드』라는 손에 잡히는 결과물로 이어지고 더 많은 독자들을 만나게 되어 무척 기쁘다. 이런 우리의 진심이 조금이라도 닿기를 바라며 책을 마친다. 좋은 책을 기획하고 출판해주신 잇콘출판사 록산 대표 이외 모든 관계자분들께도 감사를 전한다.